基础教育测评模型构建与应用丛书

◎丛书主编　宋乃庆

小学生几何直观能力

测评模型构建与应用研究

张和平　宋乃庆◎著

西南大学出版社
SWUP
国家一级出版社　全国百佳图书出版单位

图书在版编目(CIP)数据

小学生几何直观能力测评模型构建与应用研究 / 张和平，宋乃庆著. — 重庆：西南大学出版社，2024.4
ISBN 978-7-5697-1665-8

Ⅰ. ①小… Ⅱ. ①张… ②宋… Ⅲ. ①几何课—教学研究—小学 Ⅳ. ①G623.502

中国国家版本馆CIP数据核字(2023)第084309号

重庆市“十四五”重点出版物出版项目

国家社科基金重大项目“国家基础教育质量监测与评价体系研究”(编号:19ZDA359)
凯里学院博士专项“义务教育阶段数学素养的测评及培养研究”(编号:BS201808)

小学生几何直观能力测评模型构建与应用研究

XIAOXUESHENG JIHE ZHIGUAN NENGLI CEPING MOXING GOUJIAN YU YINGYONG YANJIU

张和平　宋乃庆 著

策划编辑 王　宁　周万华
责任编辑 刘　玉
责任校对 鲁　欣
装帧设计 汤　立
排　　版 王　兴
出版发行 西南大学出版社(原西南师范大学出版社)
地　址　重庆市北碚区天生路2号
邮　编　400715
印　　刷 重庆市圣立印刷有限公司
幅面尺寸 185 mm × 260 mm
印　　张 17.75
字　　数 351千字
版　　次 2024年4月 第1版
印　　次 2024年4月 第1次印刷
书　　号 ISBN 978-7-5697-1665-8
定　　价 88.00元

序言一

基础教育质量测评模型和标准是挖掘教育大数据价值和规避大数据风险的战略工具，能够在复杂的信息和数据中获取教育改革和发展的关键要素，将大数据变成“小数据”，从不确定性中寻找确定性，增强大数据对教育决策的价值，从而降低大数据带来的决策风险，是教育决策科学化和国家新型智库建设的有力支撑，也是教育研究科学化的重要突破口。

“基础教育测评模型构建与应用丛书”致力于基础教育领域的测评研究，重在开发测评的指标体系及测评工具，既考虑学生课业负担、学生阅读素养、学龄儿童动商、学生美术表现素养、学生学习兴趣，也考虑教科书难度、教师数学素养、学校效能、学校特色发展，还考虑学生STEAM学习能力、劳动教育等；既考虑学生测评，也考虑教师测评、学校测评和政府测评；既考虑学生能力测评，也关注学生情意测评和学习负担，进而多学科、多角度地关注基础教育测评的重大问题，构建系统性、全局性的系列基础教育测评模型，并通过实践应用，充分体现出测评在教育中的指挥棒作用。该丛书围绕基础教育评价的重点、热点、难点问题，厘清相关问题的内涵与结构特征、测评指标体系，构建系列在国内具有原创价值的测评模型，有效回应基础教育领域相关主题的评价难题。这对基础教育质量监测、基础教育评估、基础教育督导等相关领域的研究与实践具有重要的学术贡献和参考价值。

由国家级教学名师、当代教育名家、中国基础教育质量监测协同创新中心首席专家、西南大学二级教授、教育部西南基础教育课程研究中心主任、西南大学基础教育研究中心主任、中国教育学会原副会长、教育部基础教育课程教材专家工作委员会原副主任、原西南师范大学校长、西南大学原常务副校长宋乃庆教授组织编写的“基础教育测评模型构建与应用丛书”，系深入落实中共中央 国务院《深化新时代教育评价改革总体方案》之作，该丛书贯彻习近平总书记“扭转不科学的教育评价导向”等讲话精神，创造性地提出基础教育测评模型构建范式及应用范例，对全面把握基础教育发展现状、科学诊断现存问题、有效提出改进策略、科学提供决策咨询等具有极强的理论价值和现实意义。近年来，该团队已完成20余个有影响力的基础教育测评模型构建及工具开发工作，走在全国前列；围绕基础教育测评成功申报国家级、省部级项目20余项；在《中国社会科学》《教育研究》《教育学报》《华东师范大学学报》等重要核心期刊发表论文60余篇。西南大学“教育测评之家”科技创新团队被共青团中央、全国青联、全国学联、全国少工委授予大学生“小平科技创新团队”称号，获得“第十一届中国青少年科技创新奖”，受到时任副总理孙春兰的接见，取得了丰硕的研究成果。

综上所述，该丛书设计视角独特，创新性强，具有较高的学术价值、应用价值和出版价值。虽难度较大，但团队积淀深厚，攻坚能力强。

江西财经大学

邱东

2023年10月8日

【邱东，经济学博士，全国哲学社会科学基金项目评审组统计学召集人，1993年经国务院学位办批准为博士生导师，国务院政府特殊津贴获得者。曾任东北财经大学校长、中央财经大学党委书记，世界银行第8轮ICP技术咨询组（TAG）成员、教育部学位办应用经济学学科评议组成员、教育部学位办统计学学科评议组成员、教育部科技委学部委员。现任江西财经大学讲席教授、统计学院名誉院长。】

序言二

教育测评是新时代党和国家教育事业发展的重大理论和实践问题。习近平总书记在全国教育大会上指出，扭转不科学的教育评价导向，坚决克服唯分数、唯升学、唯文凭、唯论文、唯帽子的顽瘴痼疾，从根本上解决教育评价指挥棒问题。2020年，中共中央 国务院颁布《深化新时代教育评价改革总体方案》，其中提出，到2035年，基本形成富有时代特征、彰显中国特色、体现世界水平的教育评价体系。然而，当前对如何在基础教育领域开展教育测评，发挥测评引领教育质量观、提升教育质量的功能这一全局性、战略性、前瞻性的研究尚不系统。

中国基础教育质量监测协同创新中心首席专家、中国教育学会原副会长、西南大学宋乃庆教授团队以国家“2011协同创新中心”中国基础教育质量监测协同创新中心西南大学分中心、重庆市人文社会科学重点研究基地西南大学基础教育研究中心等平台，以及教育学国家“双一流学科”、心理学国家重点学科、统计学一级学科为依托，多年来一直深耕基础教育测评研究，特别是创造性地开展基础教育测评模型研究，开辟了基础教育测评研究的新领域，构建了20余个原创性教育测评模型，并形成了基础教育测评模型的构建范式，取得系列高水平、标志性成果。

如今，西南大学宋乃庆教授团队将多年来的基础教育测评模型研究成果汇集成含16册书的“基础教育测评模型构建与应用丛书”，是基于2012年以来国家哲学社会科学重点基金课题，尤其是中国基础教育质量监测协同创新中心支持中国基础教育质量监测协同创新中心西南大学分中心开展的一系列测评模型构建与应用的课题研究，并结合国家2020年《深化新时代教育评价改革总体方案》的要求，研究与实践成果的集成表现，是团队在基础教育测评研究方面的阶段性成果总结，是对构建的系列重要教育测评模型的集中呈现。

该丛书创新性强，编写团队率先创造性地开拓了基础教育测评模型构建与应用这一研究领域，其成果“大数据时代的教育测评模型及其范式构建”在国内人文社科顶级刊物《中国社会科学》（2019年第12期）上发表，尝试构建中国特色的基础教育测评话语体系，具有重要的理论和现实意义。此外，基础教育测评模型构建是一个涉及教育学、心理学、管理学、信息科学、统计学、数学等多学科的跨学科领域，难度极高但意义重大。相信它对基础教育测评的研究、实践和决策都将产生重要的影响。

北京工商大学

2023 年 10 月 8 日

【郭建华，北京工商大学党委副书记、校长，统计学教授，博士生导师。第八届国务院学位委员会统计学科评议组召集人，国家杰出青年科学基金获得者，“新世纪百千万人才工程”国家级人选，教育部新世纪优秀人才。】

前言

几何直观能力是人思维能力发展的基础，是公民的重要素养，也是数学素养的重要内容。21世纪以来，世界大多数国家中小学都注重对学生几何直观能力的培养，因此，更合理地设计有利于几何直观能力发展的数学课程已经成为国际关注的问题。在我国教育界倡导实证研究以及《义务教育数学课程标准(2011年版)》将“几何直观”列为核心概念的背景下，学生几何直观能力实证研究已然成为一项重要课题。然而，当前相关研究中多数注重探讨几何直观能力的含义、教学策略、解决问题和现状调查等问题，但忽视了对小学生几何直观能力操作性定义、测评指标和测评模型构建等问题的探讨，导致在培养几何直观能力的数学课程教材建设、课堂教学和学生学业评价等方面缺乏一些支撑的研究和成果。

基于这些思考，本书确定了两个具体的研究问题：

(1)构建小学生几何直观能力操作性定义，探索几何直观能力的测评指标；

(2)构建小学生几何直观能力的测评模型及其验证。

借鉴已有的教育研究领域测评模型构建思路和方法，本书将定性研究与定量研究方法相结合，综合使用文献法、访谈法、测试调查法、问卷调查法以及探索性因子分析、验证性因子分析、单因素方差分析、独立样本t检验等方法开展研究工作。对来自北京、天津、浙江、内蒙古、重庆、贵州、海南、吉林和山东等省(自治区、直辖市)的数学教育专家、小学数学教师与教研员进行问卷调查，对我国东、中、西部地区10多所有代表性学校小学生进行测试调查。在文献研究和实证调查的基础上，构建操作性定义与探索测评指标。基于构建模型的理论和方法，权衡客观赋值法和主观赋值法的意义，利用因子分析法与专家评分法综合构建了小学生几何直观能力测评模型，开发测试工具，并利用专家判断和测试方法验证了测评模型，分析了小学生几何直观能力特征。2018年博士论文《小学生几何直观能力测评模型的构建研究》在中国知网收录后，得到同行专家学者以及一线教师、研究员的关注，对测评模型积极地加以推广应用，本书选择在天津、河南、重庆、甘肃、新疆等地区的运用情况作为测评模型推广应用的典型案例，进一步证实了该测评指标和测评模型的可操作性、合理性与适用性，以及应用的广泛性。

全书共十一章。第一章绪论，主要介绍研究起点、研究的主要内容与思路、研究方法与意义等；第二章至第五章介绍研究的理论基础，为构建测评模型奠基学理性依据；第六章至第八章重点构建几何直观能力操作性定义、测评指标和测评模型，并验证了测评模型的可操作性、合理性与适用性；第九章是基于前述研究提出培养策略；第十章是测评模型应用的典型案例介绍，再次说明模型应用的可操作性和广泛性；第十一章是结论和展望，对全书的总结以及进一步的思考。

该书既有基本理论的阐释，又构建了几何直观能力操作性定义、测评指标和测评模型，并对模型进行了广泛的推广应用；既有测评模型工具的开发，又有落地课堂教学实践的指导策略。因此，本书可作为研究者的理论学习读本，也可以为一线教师提供教学和评价的参考。

数形本是相倚依，焉能分作两边飞。
数缺形时少直观，形少数时难入微。
数形结合百般好，隔裂分家万事非。
几何代数统一体，永远联系莫分离。

——华罗庚[①]

①这首诗是我国著名数学家华罗庚先生在谈论 Hadamard 不等式 $\begin{vmatrix} a_{11},\cdots,a_{1n} \\ \cdots\cdots\cdots\cdots \\ a_{n1},\cdots,a_{nn} \end{vmatrix} \leqslant \sum_{i=1}^{n} a^2{}_{1i} \sum_{i=1}^{n} a^2{}_{2i} \cdots \sum_{i=1}^{n} a^2{}_{ni}$ 时，感叹“对有丰富几何直观的人来说此式之发明并非出人意料了”而作（引自王元等《华罗庚科普著作选集》，上海教育出版社，1984）.

目录

第一章 绪 论

第二章 数学素养概念的提出与演变

第一节 核心素养 ……22
第二节 数学素养和数学核心素养 ……28
第三节 数学素养经典测评:TIMSS与PISA ……32

第三章 数学直观思维发展及特征

第一节 数学思维 ……38
第二节 学生几何思维发展与测试 ……41
第三节 两种重要的数学直观思维形式 ……45
第四节 几何直观思维内涵及特征 ……47

第四章 教育测评模型构建基本理论

第一节 现代系统理论思想 ……58
第二节 测量、评价及两者与教学的关系 ……60
第三节 教育测评模型的构建方法 ……61
第四节 教育测评的相关政策及监测概况 ……68
第五节 教育实证研究发展趋势 ……70

第五章 几何直观能力研究进展

第一节 几何直观概念的提出与发展 ……76
第二节 几何直观研究趋势分析 ……78

第三节　对几何直观概念的三种认识 ……80
第四节　几何直观能力的内涵及相关概念辨析 ……82
第五节　几何直观能力培养在国内外课程标准中的体现 ……89
第六节　几何直观能力的相关测评研究 ……92

第六章　小学生几何直观能力测评指标体系构建

第一节　几何直观能力行为表现的探析 ……100
第二节　小学生几何直观能力操作性定义的构建 ……105
第三节　小学生几何直观能力测评指标的探索 ……107
第四节　小学生几何直观能力测评指标的初步确定 ……114

第七章　小学生几何直观能力测评模型构建

第一节　调查工具的设计与调查的实施 ……118
第二节　测评指标的认同度与验证性因子分析 ……125
第三节　小学生几何直观能力测评模型构建的框架与假设 ……134
第四节　小学生几何直观能力测评模型的构建 ……138

第八章　测评模型验证与几何直观能力特征分析

第一节　专家对测评模型的初步判断 ……150
第二节　测试验证的调查工具设计与实施 ……152
第三节　测试工具的技术指标分析 ……159
第四节　测试数据的基本情况分析 ……162
第五节　测试验证与几何直观能力特征分析 ……165

第九章　小学生几何直观能力培养路径

第一节　对课程中几何直观培养目标的重构 ……190
第二节　开展有针对性、发展性的课堂教学 ……193
第三节　实施有建设性育人目标的多元评价 ……198

第十章　小学生几何直观能力测评模型应用的典型案例

第一节　案例 1:六年级学生几何直观能力的调查研究 ……207
第二节　案例 2:四年级学生几何直观能力调查研究 ……211
第三节　案例 3:小学高年级学生几何直观能力现状调查研究 ……214
第四节　测评模型应用的突破:从小学阶段推广到初中阶段 ……218

第十一章　小学生几何直观能力测评研究的结论与展望

第一节　需要讨论的问题 ……226
第二节　结论与展望 ……229

附　　录 ……235
参考文献 ……251
后　　记 ……269

第一章

绪论

几何直观是一种意识，是一种思维方式，更是一种能力。几何直观能力是公民的一项基本素养，对人的终身发展意义重大。在认识新事物或解决复杂问题过程中，我们首先要考虑如何借助直观图形、图像来描述和分析，尽量让复杂、抽象问题变得简单、形象，有利于帮助我们认识、理解和记忆。同时，为了契合新课程改革现实，需要提高学生几何直观能力，需要对其进行测量与评价，这是当前我国深化课程改革亟待解决的问题。基于此，本书开展了小学生几何直观能力测评的专项研究。

一、研究起点

早期数学是在尼罗河、底格里斯河与幼发拉底河、黄河与长江、印度河与恒河等河谷地带首先发展起来的[①]。几何学也发源于此，是解决河流泛滥毁坏田地后重新测量地界的知识累积[②]，其原意是测地学[③]。在人类的数学课程发展史上，几何学是最早成为人们以课程的形式进行学习的科目，在发展过程中，不断在直观形象和逻辑推理两方面显示着它的重要作用。19世纪以前，欧氏几何一直在几何课程中占据统治地位，到了20世纪初，贝利-克莱因数学教育改革运动对传统几何课程内容提出了质疑，之后欧氏几何的地位逐渐走向衰落。直到20世纪末，几何教学在国际数学教育大会上再次受到重视，1998年，国际数学教育委员会出版的专辑 *Perspective on the teaching of geometry for the 21st century*(*new ICMI Study series volume* 5)[④]中也明确提出了复兴几何教学的口号。紧接着，世界各国新颁布的数学课程标准重新确认了几何学的重要地位。

我国对几何学历来是比较重视的。自1952年《小学算术教学大纲：草案》到2000年《九年义务教育全日制小学数学教学大纲(试用修订版)》[⑤]的七次课程改革中对几何课程内容的要求逐步增加，在直线、线段、长方形、正方形、长方体与正方体基础上逐次增加了三角形、平行四边形、圆、柱体、扇形和球等内容[⑥]。2001年教育部颁布的《全日制义务教育数学课程标准(实验稿)》(以下简称《标准(实验稿)》)[⑦]经10年的实

①李文林.数学史概论[M].北京：高等教育出版社，2002：16.

②秦元勋.几何学通论[M].长沙：湖南科学技术出版社，1981：1-2.

③马忠林.几何学[M].长春：吉林人民出版社，1984：3-4.

④Mammana C，Villain V. Perspectives on the teaching of geometry for the 21st century：An ICMI study[M]. New York：Springer Science，Business Media，B.V.，1998.

⑤课程教材研究所.20世纪中国中小学课程标准·教学大纲汇编(数学卷)[M].北京：人民教育出版社，2001.

⑥代婷.1949—2000年中国小学数学教学大纲的比较研究[D].兰州：西北师范大学，2007.

⑦中华人民共和国教育部.全日制义务教育数学课程标准(实验稿)[S].北京：北京师范大学出版社，2001.

验，于2011年修订出版了《义务教育数学课程标准(2011年版)》(以下简称《标准(2011年版)》)，其中各学段安排了“数与代数”“图形与几何”“统计与概率”和“综合与实践”四个部分内容[①]，几何内容成为数学课程的重要内容之一。这次课程改革，争议也比较大，小学几何课程内容有很多变化，内容包括空间和平面基本图形的认识，图形的性质、分类和度量，图形的平移、旋转、轴对称和投影，认识物体的相对位置，掌握初步的测量、识图和画图的技能与方法，等等[②]。不仅如此，还把几何课程的空间观念和几何直观列为核心概念。由此可见，在我国中小学数学课程改革中很重视对学生几何直观能力的培养。

(一)几何直观能力是公民的一项基本素养

所谓公民素养，是指当代公民在生活中必须具备的生活技巧、素质或能力，它的表现性要素包括社会生活各领域中公民所拥有的规范意识与活动能力[③]，如生存素养、人文素养、阅读素养、数学素养、科学素养和思维能力等。几何直观能力是重要的数学素养、科学素养和思维能力，是公民的一项基本素养。在认识新事物或解决问题过程中，首先要考虑如何借助实物或图形来描述和分析，尽量让复杂、抽象问题变得简单、直观、形象，有利于帮助小学生认识、理解和记忆。浦劳塔斯(Plautus)说：“十次耳闻不如一次目见。”[④]说明了看到的事情比听到的易于辨真伪，更容易把握。在户外旅游中查看地图、把握路向，判断所处位置的东南西北等，这些都需要有识图、读图的直观素养，更是一种生存能力。《标准(2011年版)》也指出：“借助几何直观可以把复杂的数学问题变得简明、形象，有助于探索解决问题的思路，预测结果。”[⑤]说明发展几何直观能力意义重大，对人的思维能力发展、对科学研究和数学问题解决都很重要，也有很大帮助。德国数学家范德瓦尔登通过在黑板上画几个小图的办法证明一个数论猜想问题。物理学家麦克斯韦用几何形象化的数学方法描述物理学问题并解决之[⑥]。对于希尔伯特空间的内积和测度论中的测度，这样一些十分抽象的概念，在它们的形成和对它们的理解过程中，图形形象仍然保持其应有的活力[⑦]。

①中华人民共和国教育部.义务教育数学课程标准(2011年版)[S].北京：北京师范大学出版社，2012:4.

②中华人民共和国教育部.义务教育数学课程标准(2011年版)[S].北京：北京师范大学出版社，2012:5-12.

③赵凌云.传承与担当：青少年公民素养研究[M].上海：上海交通大学出版社，2011:33-34.

④夸美纽斯J A.大教学论[M].傅任敢，译.北京：教育科学出版社，1999:142.

⑤中华人民共和国教育部.义务教育数学课程标准(2011年版)[S].北京：北京师范大学出版社，2012:9.

⑥徐本顺，商应钢.关于思维中的几何直观问题[J].西北大学学报(自然科学版)，1984(2):91-96，105.

⑦周学海.数学形象思维及其教育意义[J].数学教育学报，1992(1):83-84.

20世纪70年代以来，素质、素养和核心素养逐渐成为世界范围内共同关注的话题。20世纪90年代开始，联合国教育、科学及文化组织（简称“联合国教科文组织”，UNESCO），经济合作与发展组织（简称“经合组织”，OECD），欧洲联盟（EU）等以核心素养为主线开展了基础教育改革①②。2014年教育部印发的《关于全面深化课程改革落实立德树人根本任务的意见》明确提出要培养学生的核心素养，表明我国也在积极思考如何培养未来公民的素养和核心素养等问题。几何直观能力是公民的一项基本素养，需要长期注重发展公民的几何直观能力。然而，这恰恰也是人们在认识上长期忽视的一个问题。通过比较全面、系统的研究，人们将对几何直观能力的意义与作用有更多的认识，特别是对作为公民基本素养的价值有所认识，提高对长期培养小学阶段学生几何直观能力的重视。

（二）一线教师对发展学生的几何直观能力认识不足

随着基础教育课程改革的深入，国家对培养几何直观能力已很重视。然而，对几何直观能力的培养需要在数学课堂落实，需要一线数学教师的教学设计。因此，随着《标准（2011年版）》的推行，一线数学教师对“几何直观”的正确认识意义重大。为了解一线数学教师与教研员的一些看法，我们调查了来自重庆、贵州两地2015年暑期国培、素质提升工程培训等的小学数学教师和教研员（调查工具详见附录1）。共发放问卷330份，收回有效问卷325份，有效率98%，其中农村（包括乡镇及以下的小学）教师占62%。调查结果如图1-1、图1-2所示。从图中数据可知，一线数学教师大部分还是听说、知道“几何直观”这个核心概念③，但是真正了解几何直观含义的依然不多。关于培养学生几何直观能力的重要性调查（如图1-3）中，认为“重要”的仅占30.8%，而认为“一般”和“不重要”的占69.2%。

①滕珺.21世纪核心素养：国际认知及本土反思[J].教师教育学报，2016(2)：103-110.

②魏锐，刘晟，师曼，等.21世纪核心素养教育的支持体系[J].华东师范大学学报（教育科学版），2016(3)：46-51.

③《标准（实验稿）》和《标准（2011年版）》使用“核心词”“核心概念”，《义务教育数学课程标准（2022年版）》使用“核心素养”.

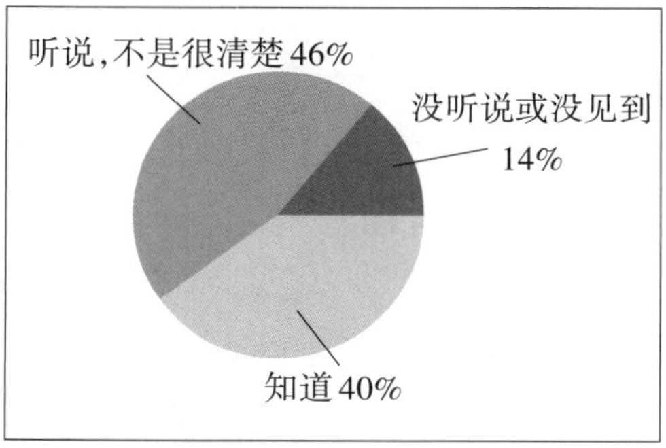

图 1-1　教师知道“几何直观”的调查结果

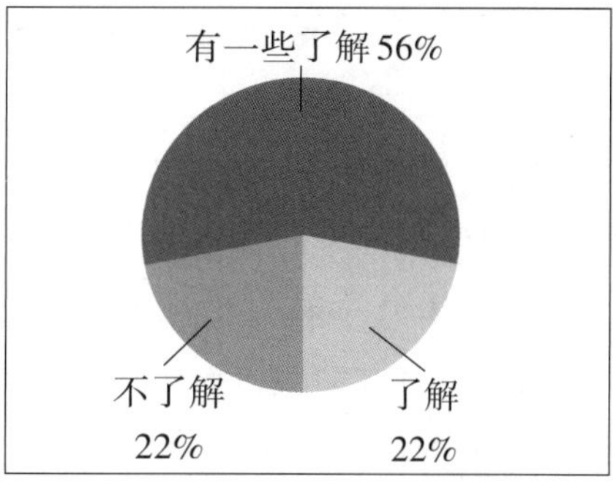

图 1-2　教师了解“几何直观”内涵的调查结果

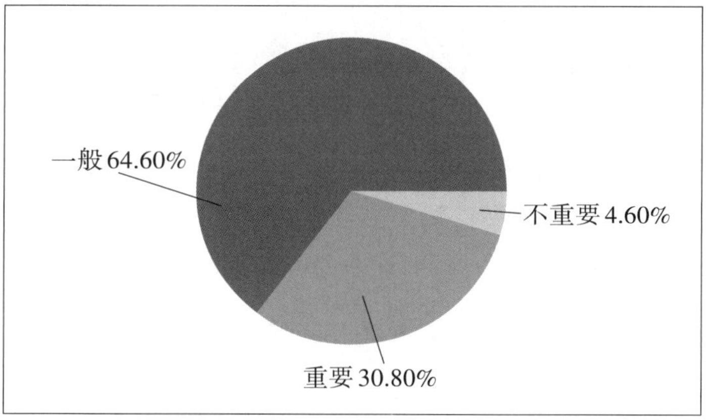

图 1-3　培养学生几何直观能力的重要性调查情况

问卷调查过程中，针对一些问题对被调查的老师进行访谈发现，尽管有的老师认为对几何直观有所了解，但他们说不清什么是几何直观，对教学中影响因素、教学建议等问题思考不多，更没考虑关于学生发展几何直观能力的诊断问题。

也有相关研究发现①，被调查的教师（山东省）有 54%“很清楚”几何直观的表现形式和内涵，有 46% 对几何直观的表现形式和内涵“有一定的了解”；有 33% 的教师“偶尔用几何直观帮助学生理解算法及算理”，还有 8% 的教师“从来不用几何直观帮助学生理解算法及算理”。由此可知，一方面存在差异，即西部地区与山东省教师对几何直观能力的关注存在差异；另一方面，调查结果与已有研究也有一定的一致性，即大部分一线数学教师知道“几何直观”这个核心概念，对其内涵有一定的了解，而且在课堂教学中有些教师也“偶尔用几何直观帮助学生理解算法及算理”，但是依然还是有一些一线教师对发展几何直观能力认识不足。

①王丽娟. 小学生几何直观能力培养的课堂教学研究[D]. 哈尔滨：哈尔滨师范大学，2015.

（三）开展几何直观能力研究是深化课程改革的需求

1.几何直观是2011年版数学课程标准的一个核心概念，需要对其进行比较系统、全面的探析

《标准（2011年版）》指出："在数学课程中，应当注重发展学生的数感、符号意识、空间观念、几何直观、数据分析观念、运算能力、推理能力和模型思想。为了适应时代发展对人才培养的需要，数学课程还要特别注重发展学生的应用意识和创新意识。"[①]这就是数学课程标准提出的10个核心概念或关键词。它们是数学课程内容的核心和主线，它们的提出有利于教育者理解课程内容的本质，把握课程内容的线索，抓住教学中的关键，并在数学内容的教学中有机地发展学生的数学素养[②]。这些核心概念都是数学课程目标点，应该成为数学课堂教学的目标，并通过教师的教学予以落实。为推进我国义务教育数学课程改革进程，对新课程有更清晰的认识，深入一线教育工作者的心里，落地生根到课堂教学之中，北京师范大学、东北师范大学、西南大学等部属知名大学组织团队对10个核心概念展开研究和解析，当前已对数感、符号意识、空间观念、数据分析观念和推理能力等开展相关研究并取得较大突破，包括理论与实践、教学与测评等方面都有丰硕的成果。例如，《小学生空间观念的发展规律及特点研究》[③]、《7～9年级学生几何推理能力发展及其教学研究》[④]、《小学生数感的发展及特征研究》[⑤]、《小学生数据分析观念发展过程的研究》[⑥]和《小学低段数学符号意识测评模型的构建研究》[⑦]等。随着《标准（2011年版）》的颁布和推行，对义务教育数学课程标准的解读及对核心概念的研究，是数学教育研究者的使命与责任，更需要担当和落实。然而，比较遗憾的是，《标准（2011年版）》颁布已经6年之久，彼时仍然还有几何直观、模型思想、运算能力以及应用意识和创新意识5个核心概念没有得到比较系统的深入研究。因此，对几何直观能力研究是一个重要而紧迫的课题，是国家现实的需要。

①中华人民共和国教育部．义务教育数学课程标准（2011年版）[S].北京：北京师范大学出版社，2012:5.

②史宁中．义务教育数学课程标准（2011年版）解读[M].北京：北京师范大学出版社，2012:78.

③刘晓玫．小学生空间观念的发展规律及特点研究[D].长春：东北师范大学，2007.

④李红婷.7～9年级学生几何推理能力发展及其教学研究[D].重庆：西南大学，2007.

⑤郭民．小学生数感的发展及特征研究[D].长春：东北师范大学，2009.

⑥张丹．小学生数据分析观念发展过程的研究[D].长春：东北师范大学，2015.

⑦李艳琴．小学低段数学符号意识测评模型的构建研究[D].重庆：西南大学，2017.

2.课程目标要求和课本内容设置的差异,造成对重要文本理解困难

在小学阶段,《标准(2011年版)》和数学课本几乎是教学的全部载体。调查研究发现,关于几何直观,课程标准要求和数学课本内容设置存在一些差异,造成一线教师理解困惑[①]。《标准(2011年版)》中的总目标明确指出:“建立数感、符号意识和空间观念,初步形成几何直观和运算能力,发展形象思维与抽象思维。”在学段目标阐述中,第一学段要求是“在从物体中抽象出几何图形、想象图形的运动和位置的过程中,发展空间观念”。第二学段要求是“初步形成数感和空间观念,感受符号和几何直观的作用”。第三学段是“经历借助图形思考问题的过程,初步建立几何直观”。从表述中发现,总目标对几何直观能力的培养要求是明确的,但也是笼统的,可以认为是学生义务教育阶段学习结束后应初步形成几何直观能力。从各学段目标的表述中发现,学段目标对“几何直观”的要求是:抽象出几何图形,发展空间观念(第一学段)—感受几何直观的作用(第二学段)—初步建立几何直观(第三学段)。《标准(2011年版)》的目标要求这样安排,很好地体现了课程目标是“义务教育阶段的数学课程学习应该达到的目标”要求,符合“逐步提高、螺旋上升”的认知发展规律[②]。可仔细分析发现,在第二学段的“感受几何直观的作用”,这句话又如何理解?例如,在四年级下册和五年级上册就要求学生通过画线段图来帮助理解行程问题[③]和植树问题[④],那么这属于“感受”还是“掌握与利用”?在第一学段目标要求中没有出现“几何直观”一词,是否对“几何直观”没有要求?但是,在第一学段数学课本中又到处出现借助图形来认识数、理解概念、理解算理,直接感知与整体把握图形的形状以及通过示意图来分析问题、帮助理解等知识点。课程标准与课本内容设置的一些差异,给数学教育实践者带来困扰,这些问题都需要研究解决或深入解读,特别是要给一线老师讲清楚,他们更多扮演的是执行者与知识传授者的角色。

3.几何直观能力是课程的隐性目标,且涉及四大领域内容,教学中需要抓住其核心行为指标

几何直观能力是几何直观的一种能力形式,不是具体的知识与技能,是隐性课程目标,教学中很容易忽视,而且对其培养涉及“数与代数”“图形与几何”“统计与概率”

①张和平.对小学第一学段几何直观目标要求的认识[J].教学与管理(小学版),2016(11):54-56.

②张和平.对小学第一学段几何直观目标要求的认识[J].教学与管理(小学版),2016(11):54-56.

③宋乃庆.义务教育教科书 数学(四年级下册)[M].重庆:西南大学出版社,2022:19.

④课程教材研究所,小学数学课程教材研究开发中心.义务教育教科书 数学(五年级上册)[M].北京:人民教育出版社,2012:104.

以及“综合与实践”四大领域内容，关系复杂，课堂教学中难以把握，对其研究的难度也较大。这可能也是多年来对几何直观能力没有展开深入研究的原因之一。《标准(2011年版)》把“几何直观”作为义务教育阶段数学课程的10个核心概念之一，说明“几何直观”很重要，而且必须抓紧研究和尽快落实在课堂教学之中。那么，几何直观能力的核心能力表现在哪里呢？在教学上，应该从哪些方面培养？一线小学数学教师是否清晰地、有意识地指导学生画线段图来描述问题，利用图形来思考与分析问题？这些问题也都需要研究。要做好这些问题的研究，需要实证调查，需要明确几何直观能力的内涵，构建操作性定义和划分测评指标等。基于测评指标方可有针对性实施数学课堂教学，才能够抓住几何直观能力的核心问题，促进学生几何直观能力的发展。

总之，对几何直观能力进行系统的、比较全面的研究，是深化我国义务教育数学课程改革的重要举措，有利于落实新课程改革和《标准(2011年版)》的课程目标理念，有利于指导数学课堂教学工作。

(四)构建几何直观能力测评模型是评价、督导和培养的要求

美国学者Webb认为：“我们生活在测评的时代。在美国教育史上，以及在其他国家，从来没有这么多的人、资源和时间用于测量学生的数学知识和成绩。这种松散结合的测评基本覆盖了全国每一所学校的每一间教室，至少在三至八年级和高中是如此。”[①]改革开放以来，中国教育取得了辉煌成就，但也迫切需要更高水平的教育研究。为此，北京大学、清华大学、华东师范大学、北京师范大学、东北师范大学、西南大学、厦门大学、浙江大学等14所大学的教育科学院(部)长，华东师范大学出版社，《北京大学教育评论》、《比较教育研究》、《课程·教材·教法》、《清华大学教育研究》等32家教育研究杂志主编以及全国教育科学规划办公室和光明日报教育研究中心负责人，于2017年1月14日在华东师范大学举行全国教育实证研究联席会议，大家一致认为，提升中国教育研究的质量和影响力，必须加强教育实证研究，促进研究范式转型[②]。这一举动在中国教育界反响很大，将会引领和引导我国教育研究的发展。实证研究有多种类型和不同层次，包括实验研究、调查研究、访谈研究、案例研究、观察记

①Webb N L. Mathematics content specification in the age of assessment [C]// Lester F K. Second handbook of research on mathematics teaching and learning: A project of the National Council of Teachers of Mathematics.Greenwich, Connecticut: Information Age Publishing Inc, 2007:1281-1292.

②教育实证研究华东师范大学行动宣言[J].全球教育展望,2017(3):3-5.

录和计算机模拟等，同时，现代信息技术的快速发展为实证研究提供了新的手段和新的方法[①]。我国《2018年度国家自然科学基金项目指南》增设"学习分析与评测"（代码：F070109）研究项目，凸显国家对学生学习能力测评的高度重视。

小学生学习测量评价及其研究很重要，特别是过程性评价和形成性评价，它对学生学习、教师教学的重要价值已在全球范围达成共识，如Black和Wiliam的元研究指出将测评与学习目的相联系可以促进学生的学习[②]。测评模型是评价与督导的关键，它是指根据一定的规则把事物特征进行定量分析所抽象出来的关系式，是一种重要的测评工具。当前，在中国基础教育研究中已出现构建测评模型研究范式[③④⑤⑥]，它是一项重要的实证研究，是实验研究、调查研究、计量研究和计算机模拟等的综合运用。现在，我国教育学界正倡导在教育研究转型中注重实证研究的大背景下，做好基础教育测评工作是课堂教学评价、督导以及学生培养的重要举措，是时代使然，是国家人才培养的需要。

数学课程改革提出10个核心概念或关键能力，它们是数学课程的重要目标，构建对它们的测量评价体系意义非凡。然而，通过文献研究发现，当前学界对几何直观能力的研究更多关注内涵探讨、解题策略、课堂教学以及现状调查等问题，在数学教育中长期忽视对学生几何直观能力测评的研究，缺乏测量工具。几何直观能力测评模型是科学、客观检测学生几何直观能力的一种定量评价手段。基于测评模型可以开发测试工具，可以测量、诊断学生的问题，促进学生的发展。随着数学课程改革的深化，缺乏测评工具会阻碍教师诊断学生几何直观能力发展水平，也会影响数学课堂教学中有效的测评和教学，不利于促进素质教育的发展。同时，对学生几何直观能力的定量研究是时代的需求，是实证研究范式转型的导向引领。课题组通过研究，试图解决素质教育过程中长期缺乏测评工具这一棘手问题。

综上所述，发展几何直观能力很重要，几何直观能力是数学素养的一项重要指标，是人思维能力发展的基础，在《标准（2011年版）》的目标要求和义务教育数学课本

①教育实证研究华东师范大学行动宣言[J].全球教育展望，2017(3)：3-5.

②Black P, Wiliam D. Assessment and classroom learning[J]. Assessment in Education: Principles, Policy & Practice, 1998, 5(1): 7-74.

③史宁中，孔凡哲，李淑文.课程难度模型：我国义务教育几何课程难度的对比[J].东北师大学报：哲学社会科学版，2005(6)：151-155.

④蔡庆有，邝孔秀，宋乃庆.小学数学教材难度模型研究[J].教育学报，2013(5)：97-105.

⑤杨欣.课业负担测评模型的构建研究——基于义务教育阶段学生的调查[D].重庆：西南大学，2015.

⑥李艳琴.小学低段数学符号意识测评模型的构建研究[D].重庆：西南大学，2017.

的内容设置中很重视对几何直观能力的培养。然而，一方面，义务教育阶段数学课程已在全国实施，但对几何直观能力的研究还在探索之中，在我国基础教育阶段从应试教育逐步转向素质教育的大环境下，一线数学教师在教学中仍比较注重几何知识与技能教学，对几何直观能力培养依然不足；另一方面，已有的研究成果是比较零散、单一，尚缺系统地、比较全面地从几何直观能力的内涵出发构建小学生几何直观能力的操作性定义、探索测评指标和构建测评模型的研究，缺乏可靠、合理和多样的用于测试小学生几何直观能力的测评题目。几何直观是数学课程提出的核心概念，是课程教材的目标点，如果能将几何直观能力分解为多个可操作行为指标，那么分别对这些行为指标进行培养将是有积极意义的。此外，在我国数学教育理论与实践研究中尚缺少小学生几何直观能力特征的研究成果。基于这些思考，本书试图解决从探析几何直观能力内涵出发构建小学生几何直观能力的操作性定义、探索测评指标和构建测评模型等相关问题。

基于上述分析，为使研究问题更明确，可细化为以下两个方面，(1)构建小学生几何直观能力操作性定义，探索几何直观能力的测评指标；(2)构建小学生几何直观能力的测评模型及其验证。

二、主要内容与思路

(一)主要内容

基于研究问题，本书聚焦以下六个方面的内容。

1.基于理论基础分析构建本研究的理论框架

本书主要利用的基本理论基础包括核心素养、数学素养、数学核心素养及其TIMSS和PISA、数学直观思维发展、现代系统论、教育测评模型构建等，对这些理论进行凝练、归纳与分析，构建了研究的理论框架。

2.构建小学生几何直观能力的操作性定义

通过文献梳理，明确小学生几何直观能力的内涵，提炼几何直观能力行为表现的不同观测点，以此为依据对数学教育专家、一线数学教师与教研员等进行访谈调查，构建小学生几何直观能力的操作性定义。

3.探索小学生几何直观能力测评指标

在构建操作性定义的基础上初步划分小学生几何直观能力的测评指标，编制测试题（详见附录4）并实施调查，对几何直观能力测评指标进行探索性因子分析。利用主成分分析法提取特征值大于1的因子，初步探索出小学生几何直观能力的测评指标。按照测评指标编制调查问卷，调查收集数据，并进行信度、认同度分析以及构建结构方程模型进行验证性因子分析，最终确定了小学生几何直观能力测评指标。

4.构建小学生几何直观能力的测评模型

要构建小学生几何直观能力测评模型，首先要确定模型的权重系数。本书利用主客观赋值法来确定测评模型的权重系数，第一种方法是因子分析法，利用结构方程模型的因素负荷量计算测评指标权重系数，第二种方法是通过设计调查问卷采用专家评分方式来确定权重系数。将两种方法的权重系数综合起来，经四舍五入后取整十数最终确定测评模型的权重系数，并用数学线性表达式写出测评模型。

5.对测评模型的验证及其能力特征分析

在构建测评模型的基础上编制访谈、调查提纲和测试题，一方面考察专家和教师对模型的初步判断；另一方面抽取具有代表性的学校对学生进行测评分析，验证模型的可靠性、可操作性、合理性与适用性。依据测试数据，对小学生几何直观能力的教育特征，包括年级、性别与城乡等进行分析。

6.小学生几何直观能力测评模型及其测试工具的推广应用

论文《小学生几何直观能力测评模型的构建研究》在中国知网收录后，得到了一线教师以及天津师范大学、石河子大学、河南师范大学、贵州师范大学、天水师范学院和重庆三峡学院等高校学者的推广使用。在天津市、新疆石河子市、河南省新乡市、甘肃省天水市和重庆市万州区等五个地区的四年级、五年级、六年级以及初二、初三等五个不同年级进行调研，进一步验证小学生几何直观能力测评模型的可靠性、合理性与适用性，体现模型的普适性。在本书中，将这些研究的相关内容作为推广应用的典型案例进行了简要介绍。

（二）思路框架

通过文献梳理，介绍核心素养、数学素养、数学核心素养、数学直观思维发展及特征、测评模型的理论和国际数学素养测试理论与工具，为研究提供理论与方法、工具，构建一个基本的研究理论框架。

在教育科学领域的测评研究中，对某一事物的测量往往从准确认识和界定概念的内涵开始，并将测量对象不断分解为可观测、可测量、可操作的指标，然后开发测量工具对这些指标进行有效测量，通过分析指标之间的数量关系构建测评模型。尽管当时没有关于小学生几何直观能力测评模型的研究，但在教育科学领域开始出现了测评模型构建的研究，如小学数学教材难易度测评模型研究、学生课业负担测评模型研究、学校特色发展测评模型研究、教师胜任力模型与测评研究、基于结构方程模型的初中生学校满意度测评研究和小学低段数学符号意识测评模型的构建研究等，这些研究均采用了比较相同的研究思路和方法，对本书的研究具有很大启示意义。本书基于现代系统理论思想的指导，结合小学生几何直观能力的特殊性提出了研究思路：明确小学生几何直观能力的内涵—构建小学生几何直观能力操作性定义—探索测评指标—构建测评模型—对模型进行验证—测试分析学生能力特征并提出培养路径—测评模型的推广应用。具体思路和流程如下：

第一步，构建小学生几何直观能力的操作性定义。小学生几何直观能力操作性定义的构建过程，实际上是明确小学生几何直观能力内涵与确定测评指标的过程。通过梳理文献明确小学生几何直观能力的内涵和探析几何直观能力行为表现，基于文献研究、课程教材分析和专家咨询等编制访谈提纲（详见附录3），经调查与讨论以及理论分析，构建了小学生几何直观能力的操作性定义。

第二步，探索小学生几何直观能力测评指标和构建测评模型。这部分就是构建小学生几何直观能力测评指标体系，包括小学生几何直观能力测评指标、指标权重两大要素，其最终形式用数学表达式进行呈现。首先，基于相关文献研究和操作性定义，初步划分测评指标，借此编制测试卷（详见附录4）进行测试调查，利用探索性因子分析法初步探索小学生几何直观能力的测评指标；然后，按照测评指标编制调查问卷，经过初试、修改和完善，形成正式的调查问卷，即“小学生几何直观能力测评指标的调查问卷”（详见附录5）。对数学教育专家、小学数学教师和教研员、小学数学教材编委等做问卷调查，收集数据，对数据进行信度、认同度分析，并利用验证性因子分析法验证观测变量对潜在变量的解释度以及样本数据与预设模型的拟合度等问题，最终确定了“小学生几何直观能力测评指标”。最后，利用因子分析法构建的结构方程模型因素负荷量以及专家评分法，综合确定了小学生几何直观能力的测评指标权重，并用数学表达式进行呈现。

在探索测评指标的设计中需要说明的是，通过文献综述发现，探索测评指标可以通过三种路径实现。一是基于理论基础、专家讨论编制测试题，通过测试分析探索并验证测评指标；二是通过编制问卷调查专家、一线教师与教研员等来探索和验证测评指标；三是利用测试与问卷混合的方式完成探索与验证测评指标。但是，鉴于学科差异，从整个研究的设计看，必定都经过测试调查（如能力测试等）和问卷调查（如意见、态度等调查）两个环节。此外，为便于测评指标的认同度分析和模型构建，同时又能为测评研究做铺垫，该研究还存在每个测试题目与测评指标的一一对应困难的问题。

第三步，小学生几何直观能力测评模型的初步验证及其学生能力特征分析。测评模型的验证与初步应用分为专家的初步判断和测试分析两个部分：一方面，编制访谈问卷提纲，考察专家学者对模型的初步判断；另一方面，基于测评模型以及参照PISA、TIMSS的测试框架等编制测试卷“小学生几何直观能力的测试题”（详见附录7），测试分析学生几何直观能力是否与已有研究或事实一致，从而验证模型的可靠性、合理性与适用性。同时，还借此测试数据分析学生几何直观能力的年级、性别和城乡等方面的特征。

第四步，基于研究成果对课程教材建设、课堂教学与学习评价提出一些具体的参考意见，即小学生几何直观能力培养路径。

第五步，小学生几何直观能力测评模型及其测试工具的推广应用。小学生几何直观能力测评模型得到一线教师以及天津师范大学、石河子大学、河南师范大学、天水师范学院、重庆三峡学院等高校学者的推广使用，有的案例还推广至初中阶段，反响很好。在本书中，将这些案例的研究过程和结果做简要介绍，作为推广应用的典型案例放在第十章。

三、研究方法与意义

（一）主要研究方法

本研究主要采用文献法、调查法、课堂观察法和统计分析法，具体包括文献法、访谈调查法、测验调查法、问卷调查法以及探索性因子分析、验证性因子分析、单因素方差分析和独立样本 t 检验等方法，采用EXCEL、SPSS21.0和AMOS24.0软件对测试和问卷调查的数据进行统计分析。

1. 文献法

文献法也称历史文献法或文献研究法[1]，就是搜集和分析研究各种现存的有关文献资料，从中选取信息，以达到某种调查研究目的的方法。通过对文献资料进行整理、分析，了解研究问题的现状，即已经做了什么，哪些工作还没有做，通过对过去史料整理与分析，可以研究现在与预测未来。

本书查询文献的渠道主要包括中国知网、人大复印报刊资料系列数据库、超星数字图书馆、贵州数字图书馆、万方数据库、维普数据库、Google学术搜索、SPRINGER LINK等，查找"几何直观""几何直观能力""数形结合""测评模型""数学素养""intuition""geometrical intuition""visualization"等主题和关键词，从中梳理相关信息。通过文献分析与统计，从中可以提取关于几何直观能力的一级指标，结合问卷和专家访谈，最后构建小学生几何直观能力的操作性定义并探索出测评指标。

2. 调查法

本书使用了三种调查方法：访谈调查法、测验调查法和问卷调查法。

（1）**访谈调查法**

访谈，就是研究性交谈，是以口头形式，根据被询问者的答复收集客观的不带偏见的事实材料，以准确地说明样本所要代表总体的一种方式[2]。它包括正式和非正式访谈，个别和团体访谈等形式。

为了构建小学生几何直观能力的操作性定义、探索测评指标以及验证测评模型，本研究采用了正式访谈和非正式访谈，有个别访谈还结合了多种形式，如举行小型会议访谈等。在研究中，个体访谈主要是与一些专家探讨从文献中提取的小学生几何直观能力行为表现的适切性、全面性、可操作性等问题。借助2016年5月在重庆市举办的"第二届全国小学数学文化优质课大赛暨课堂教学观摩研讨会"之机，组织优质课大赛的一些评委召开了一次小型会议，讨论议题是"小学生几何直观能力的内涵及测评指标"，在小型会议上参会人员都提出了自己的看法。在验证测评模型中也经常采用访谈法，主要调查专家学者对测评模型结构的合理性、可操作性等的了解程度。另外，还对学生测试结果的突出特征展开个别访谈。

①徐红.教育科学研究方法[M].武汉：华中科技大学出版社，2013：46.

②裴娣娜.教育研究方法导论[M].合肥：安徽教育出版社，1995：180.

(2)测验调查法

测验调查法,是用一组测试题(标准化试题或教师自编题目)去测定某种教育现象的实际情境,从而收集资料数据进行研究的一种方法。其基本特点是根据一定法则,以测验为工具对研究对象进行测试并进行数量化分析[①]。它可以把抽象、概括的理论研究成果(如群体发展的平均指标、一般特征等)转化为反映个体发展水平的方便工具并提供可靠依据。根据研究假设,在研究过程中有两次测试:第一次是通过文献研究、专家访谈构建操作性定义和初步划分测评指标,在此基础上编制测试题(详见附录4)对学生进行测试,基于测试数据利用探索性因子分析法聚类,探索出学生几何直观能力的测评指标;第二次是基于测评指标和测评模型,结合TIMSS和PISA测试理论框架编制"小学生几何直观能力的测试题"(详见附录7),对小学四年级、五年级、六年级学生进行测试,检验测评模型的可靠性、合理性与适用性,并分析学生几何直观能力的一些特征。同时,在推广应用中也使用测验调查的方法。

(3)问卷调查法

问卷调查法是一种以书面问题的方式收集资料的研究方法。研究者将所要研究的问题编制成问题表格,以邮寄、当面作答或追踪访问等方式填写,又称为问题表格法[②]。此研究方法考查意见、态度或看法,往往以一个人或一群人为调查对象。依据探索出的测评指标编制"小学生几何直观能力测评指标的调查问卷"(详见附录5),调查小学数学教师与教研员、高校教师、科研院所研究员等,旨在了解他们对探索出的测评指标重要性、适切性、可操作性的认同度,依据数据调查观测变量对潜在变量的解释度以及预设模型与样本数据的拟合度,并利用调查数据构建测评模型。对小学数学教师与教研员的问卷调查,主要是利用各种集中培训(国培、省培以及其他培训等)对参训教师进行调查;对高校教师与科研院所研究员的调查主要是利用数学教育会议展开调研。另外,在验证测评模型中也采用问卷调查,调查数学教育专家学者、一线数学教师等对测评指标划分、测评模型结构、权重合理性的判断。

3.课堂观察法

课堂观察法是指研究者或观察者带着明确的目的,凭借自身感官(如眼、耳等)以及有关辅助工具(如观察表、录音笔、录像机等),直接或间接从课堂情境中收集资料

①裴娣娜.教育研究方法导论[M].合肥:安徽教育出版社,1995:196.
②裴娣娜.教育研究方法导论[M].合肥:安徽教育出版社,1995:167.

信息，并依据资料进行相应研究的一种教育科学研究方法。课堂观察，要有目的性。进入课堂观察前，往往先确定一个主题，依据主题编制观察量表，在课堂观察时仔细记录观察到的师生表现，课后对收集到的资料进行定量、定性相结合的综合分析，形成继承和改进的对策建议。本书为了解小学生几何直观能力发展情况，以及教师课堂教学对几何直观培养的实际效果，在贵州省从江县加鲁小学、台江县台盘小学、黄平县太平小学、麻江县杏山小学等，以及重庆市大渡口区实验小学、西南大学附属小学和华润谢家湾小学等学校进行听课，开展课堂观察研究工作，收集材料并整理分析。

4.统计分析法

(1)因子分析

因子分析有两种方法：探索性因子分析和验证性因子分析。

探索性因子分析，是指按照一定的统计规则可以将杂乱无章的变量重新排列组合，理出头绪，达到聚类与降维的目的。验证性因子分析是指使用者根据相关理论或文献编制一个含有数个层面的量表（或指标），再确认量表各层面及所包含的题项是否如原先使用者所预期的情况一致，探究量表的因素结构是否能与抽样样本适配[①]。本书使用探索性因子分析法初步探索出3个测评指标，然后按照指标编制问卷并实施调查，调查专家、一线数学教师与教研员对测评指标的认同度，利用验证性因子分析法验证观测变量对潜在变量的解释度，验证预设模型与样本数据的拟合度，以此为基础构建测评模型。

(2)单因素方差分析

单因素方差分析是平均数差异验证的一种方法。单因素方差分析是要判断因素不同的水平对指标是否有显著影响，这实际上是判断不同总体是否有相同分布的问题。一般试验结果都可以近似认为服从正态分布，而且在试验中为准确判断因素的影响会尽量控制试验条件一致，所以问题可以简化为判断若干等方差正态总体均值是否相等[②]。单因素方差分析适用于3个及以上群体间平均数的差异检验[③]。在研究中涉及四、五、六年级的差异比较，属于3个群体类别情况，本书使用单因素方差分析。

---

①吴明隆.问卷统计分析务实——SPSS操作与应用[M].重庆：重庆大学出版社，2010:266-268.

②王晓民.Excel 2002高级应用——数理统计[M].北京：机械工业出版社，2003:131.

③吴明隆.问卷统计分析务实——SPSS操作与应用[M].重庆：重庆大学出版社，2010:328.

(3)独立样本t检验

独立样本t检验是平均数差异检验的另一种方法。不同于单因素方差分析,其主要用于两个平均数的差异检验,适用的检验对象是自变量为二分间断变量(两个群体类别),因变量为连续变量。在研究中,涉及四、五、六年级两两比较以及性别、城乡等差异比较是属于两个群体类别,本书使用独立样本t检验。

在进行独立样本t检验时,平均数差异检验的基本假设之一就是方差同质性,采用Levene检验法来检验。在Levene检验中,当$p>0.05$,表示应将两组方差视为相等,因而t检验数据要看"假设方差相等"中的数值;如果Levene检验法的F值检验结果达到显著水平($p<0.05$),接受对立假设$H_1:\sigma^2_{X1}\neq\sigma^2_{X1}$,此时应查看"假设方差不相等"中的$t$统计量的数据,表示两组样本方差不同质,采用校正过的t检验法。独立样本t检验的判断流程如图1-4和图1-5所示[①]。

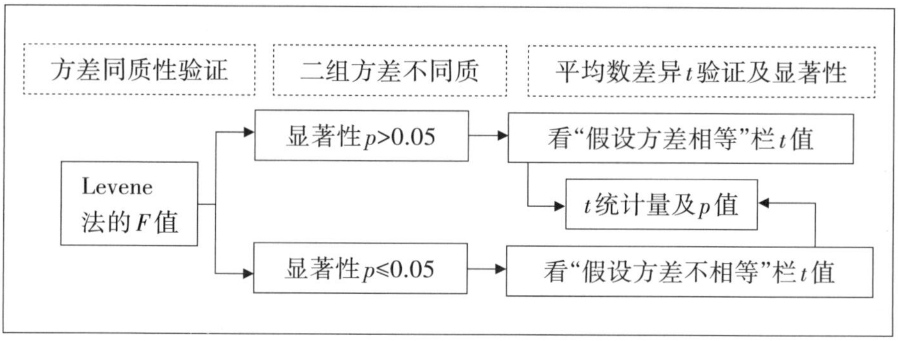

图1-4 独立样本t检验第一轮判断方法

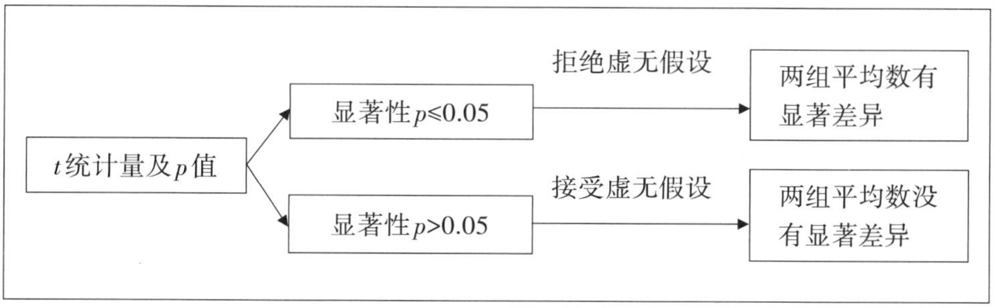

图1-5 独立样本t检验第二轮判断方法

①吴明隆.问卷统计分析务实——SPSS操作与应用[M].重庆:重庆大学出版社,2010:335.

(二)研究意义

1.现实意义

几何直观能力是公民的一项基本素养,是现实的需要。我国数学教学大纲及数学课程标准都十分重视对几何直观能力的培养,《标准(2011年版)》把“几何直观”作为一个核心概念或关键词,成为数学课程的目标点。为了做好10个核心概念的培养,我国多所大学分别组织团队攻关研究,基本完成对数感、符号意识、空间观念、推理能力和数据分析观念的研究工作,其他的核心概念还在探索之中。几何直观能力与空间观念共同构成“图形与几何”课程的主要培养目标,对几何直观能力的研究意义重大。而测评模型又是测评、培养公民基本素养的现实需要,因此,本书从梳理学术界关于几何直观能力不同含义出发,整合现有含义理解不一致现状,基于《标准(2011年版)》的描述定义、专家咨询意见和逻辑分析,使用概念演绎法界定小学生几何直观能力含义,构建小学生几何直观能力的操作性定义和探索测评指标,从而构建用于测评小学生几何直观能力的测评模型。在构建模型过程中关注数学课程标准,关注领域专家、小学数学教师和教研员对课程教材中几何直观能力培养的意见,特别是对测评模型的权重系数确定、编制测试工具等研究内容的意见。可见,探讨小学生几何直观能力内涵与操作性定义,探索测评指标与构建测评模型,对《标准(2011年版)》的解读是重要补充,能够促进我国义务教育数学课程改革进程。同时,在我国教育界倡导教育实证研究转向的背景下,小学生几何直观能力测评模型构建研究更是时代诉求。

2.实践意义

发展几何直观能力,不是脱离于课程教材内容之外,它是“图形与几何”课程的目标点,是数学课程内容的线索,因此,需要在数学内容的教学中有机地去发展学生的几何直观能力。本书探索出的测评指标和构建的测评模型具有重要的实践意义:一方面,一线小学数学教师与教研员、教育行政监测部门直接根据反映学生几何直观能力的综合指数和若干类指数判断或预测学生几何直观能力的发展情况;或者是可以参照测评指标、测评模型以及样卷等开发测试工具,通过测试分析对学生几何直观能力水平进行有效的诊断。另一方面,以小学生几何直观能力测评指标以及测试分析结果为抓手开展课堂教学,有利于培养与发展学生的几何直观能力。

3.理论价值

本书借鉴已有的测评模型构建思路与方法，开展小学生几何直观能力测评模型构建的研究工作，认为在理论上可能提供两个方面的贡献：一方面，从探讨小学生几何直观能力内涵出发，借助实证，将定性与定量研究相结合构建操作性定义、探索测评指标和构建测评模型，对《标准(2011年版)》在隐性目标评价上是重要补充，丰富小学生几何直观能力的测评理论研究；另一方面，构建小学生几何直观能力测评指标和测评模型是教育统计理论上的一个贡献。同时，依据小学生几何直观能力的测评指标和测评模型开发了测试工具，利用此工具测试分析了学生能力特征并取得了一些研究成果，为小学生几何直观能力的培养和发展从学理上予以理论参考。

第二章

数学素养概念的提出与演变

数学素养包括数学"思维块"、数学方法、数学思想和数学人文精神等方面的内容①。经合组织、联合国教科文组织以及欧盟等都把数学素养作为人发展核心素养基本框架的重要内容。梳理数学素养的发展与演变历史,了解数学素养、数学核心素养的提出背景及其内涵对研究具有重要意义。

第一节 核心素养

一、核心素养概念提出与演变

"核心素养"这个概念来自西方,英文词是"key competencies"。"key"在英语中有"关键的""必不可少的"等含义。"competencies"也可以直译为"能力",但从它所包含的内容看,译成"素养"更为恰当。简言之,"核心素养"就是"关键素养"。"核心素养"最早出现在经合组织的研究报告中。1997年经合组织启动了"素养的界定与遴选:理论和概念基础"(Definition and selection of competencies: Theoretical and conceptual foundations,即DeSeCo)研究项目,此时并未在项目名称中直接使用"核心素养"一词,于2003年出版最终研究报告《核心素养促进成功的生活和健全的社会》时,则使用了该词。为推进核心素养走进教育实践,2005年经合组织又发布了《核心素养的界定与遴选:行动纲要》,以增强核心素养应用于教育实践的可操作性②。

在经合组织研究项目的影响下,2002年3月,欧盟发布的研究报告《知识经济时代的核心素养》中首次使用了"key competencies"这一概念,并认为"核心素养代表了一系列知识、技能和态度的集合,它们是可迁移的、多功能的,这些素养是每个人发展自我、融入社会及胜任工作所必需的"。2006年12月,欧洲议会和欧盟理事会通过了关于核心素养的建议案《以核心素养促进终身学习》,标志着8项核心素养最终版本正式发布③。在国际上,与"key competencies"同样火爆的一个词是"21st century skills",有人将之译为"21世纪技能"或者"21世纪能力",亦译为"21世纪素养"④。

①朱德全.数学素养构成要素探析[J].中国教育学刊,2002(5):53-55.
②褚宏启.核心素养的概念与本质[J].华东师范大学学报(教育科学版),2016,34(1):1-3.
③褚宏启.核心素养的概念与本质[J].华东师范大学学报(教育科学版),2016,34(1):1-3.
④张华.论核心素养的内涵[J].全球教育展望,2016,45(4):10-24.

2002年美国在联邦教育部的领导下，成立了“21世纪素养合作组织”，该组织制定了《21世纪素养框架》；2007年该组织发布了《21世纪素养框架》的更新版本。2010年3月新加坡教育部颁布了“21世纪素养”。日本国立教育政策研究所于2013年3月发布了题为《培养适应社会变化的素质与能力的教育课程编制的基本原理》的报告，提出了日本的“21世纪能力”①。

二、核心素养内涵与指标体系

核心素养是每个人发展与完善自我、融入社会及胜任工作所必需的基础性素养，是适应个人终身发展和社会发展所需要的必备品格与关键能力，是个体应具有的起基础和支撑作用的素养②。

在当今教育改革浪潮中，联合国教科文组织、欧盟、经合组织等国际组织，以及世界各个国家和地区都对以素养为核心的未来教学和课程给予了高度的关注，以学生发展核心素养推动教育和课程改革已经成为大势所趋。

（一）联合国教科文组织关键能力的基本框架

1996年，联合国教科文组织在《教育：财富蕴藏其中》的报告中，提出了21世纪公民必备的“基本素质”，即终身学习的四大支柱③；2003年，增加了“学会改变”④，构成了终身学习的“五大支柱”体系，如表2-1所示。

表2-1 联合国教科文组织终身学习关键能力指标体系⑤

五大支柱	具体指标
学会求知	学会学习；注意力；记忆力；思考力
学会做事	职业技能；社会行为；团队合作；创新进取；冒险精神
学会共处	认识自己的能力；认识他人的能力；同理心；实现共同目标的能力
学会发展	促进自我的精神；丰富的人格特质；多样化表达能力；责任承诺
学会改变	接受改变；适应改变；主动改变；引领改变

①褚宏启.核心素养的概念与本质[J].华东师范大学学报(教育科学版)，2016，34(1)：1-3.
②石鸥.核心素养的课程与教学价值[J].华东师范大学学报(教育科学版)，2016，34(1)：9-11.
③石鸥.核心素养的课程与教学价值[J].华东师范大学学报(教育科学版)，2016，34(1)：9-11.
④林崇德.21世纪学生发展核心素养研究[M].北京：北京师范大学出版社，2016：6.
⑤林崇德.21世纪学生发展核心素养研究[M].北京：北京师范大学出版社，2016：6.

终身学习及其五大支柱很快成为世界教育舞台上受人瞩目的焦点，它为世界各国反思教育和制定教育政策提供了理论基础。基于此，2012年，学习成果衡量特设工作组的标准工作组确定了联合国教科文组织核心素养的基本框架，如表2-2所示。

表2-2　联合国教科文组织核心素养的基本框架①

学习领域	内涵
身体健康	儿童和青年能合适地运用身体，发展运动控制力，对于营养、运动、健身，以及安全等方面具备一定的知识并能付诸行动
社会情绪	儿童和青年能发展和保持与成年人和同伴的关系，懂得如何看待自己和他人
文化艺术	能够创造性地表达，包括音乐、戏剧、舞蹈、视觉、媒体、文学艺术或其他创造性活动。同时，了解家庭、学校、社区及国家的文化经验
文字沟通	能在社会生活世界中运用第一语言进行交流，包括听、说、读、写，并能听懂或读懂各种媒体的语言
学习方式与认知	学习者投入、参与学习的过程就是学习方式，认知则是指通过各种方式开展的心理过程
数字与数学	能广泛应用数字与数量语言的科学来描述和表征在生活中所观察到的现象
科学与技术	科学素养指掌握包括物理规律和一般真理在内的具体科学知识或知识体系，技术素养则是要求开发或运用技术来解决问题

（二）欧盟终身学习的核心素养体系

2006年欧盟发布的《终身学习核心素养：欧洲参考框架》正式提出了八大核心素养，如表2-3所示。

表2-3　欧盟终身学习的八大核心素养及其内涵②

八大核心素养	内涵
母语交流	以口头和书面的方式表达和解释概念、想法、感受、事实和意见（听、说、读、写），以及在各种社会与文化场合以适当的及创造性的方式进行语言上的互动
外语交流	个人根据自己的愿望或需求，在工作、家庭、娱乐、教育与培训等社会背景下，通过口头和书面形式（听、说、读、写），运用母语之外的语言来理解、表达和解释概念、想法、感受、事实和意见，还要具有跨文化的理解力
数学素养与科技素养	数学素养强调发展与运用数学思维解决各种日常问题：包括过程、活动和知识。科技素养指的是掌握、使用和运用有关自然界的知识与方法论，它包含对人类活动造成的变化的理解，以及作为一个公民应担负的责任
数字化素养	个人能充满自信并采取批判性的态度去使用信息社会的各种技术，具备信息通信技术（ICT）方面的基本技能，例如，使用计算机查找、获得、存储、展现和交换信息，通过网络交流并参与团队合作

①林崇德.21世纪学生发展核心素养研究[M].北京：北京师范大学出版社，2016:42.

②林崇德.21世纪学生发展核心素养研究[M].北京：北京师范大学出版社，2016:64-65.

续表

八大核心素养	内涵
学会学习	个人根据自身需要以独立或小组合作的方式开展与组织自身学习的能力，具有学习的方法及机会意识
社交和公民素养	包括个人、人际和跨文化的素养，它涵盖了促使个人有效地和建设性地参与到社会和职业生活中（尤其是日益多元化的社会中），同时能够在冲突出现时予以解决的所有行为。基于对社会政治的概念结构的了解以及对民主的参与承诺，公民素养使个体能够充分地参与到公民生活中
主动与创新意识	是将思想转化为行动的能力，包括创造性、创新和冒险精神，以及基于目标的项目计划与管理能力。每个人要意识到自己工作的背景，并能把握机会，要掌握社会与商业活动所需的一些具体的技能与知识，包括道德价值观和良好的治理意识
文化意识与表达	能够在各种媒介（音乐、表演艺术、文学和视觉艺术）中认识到创造性的思想、经验和情感表达的重要性

（三）经合组织核心素养指标体系

经合组织是由38个市场经济国家组成的政府间国际经济组织，旨在共同应对全球化带来的经济、社会和政府治理等方面的挑战，并把握全球化带来的机遇。同时，也在教育领域开展了各种形式的国际教育合作项目，进一步推动了组织内甚至是世界范围内各国对教育事业的重视与投入。1997年，经合组织启动了“素养的界定与遴选：理论和概念基础”研究项目。2003年，经合组织发布了研究报告，构建面向21世纪的核心素养指标体系，如表2-4所示。

表2-4　经合组织核心素养指标体系[①]

一级指标	二级指标
能互动地使用工具	互动地使用语言、符号与文本的能力
	互动地使用知识与信息的能力
	互动地使用科技的能力
能在异质社会团体中互动	与他人建立良好关系的能力
	合作的能力
	控制与解决冲突的能力
能自主地行动	在复杂大环境中行动的能力
	设计人生规划与个人计划的能力
	维护权利、利益、限制与需求的能力

①林崇德.21世纪学生发展核心素养研究[M].北京：北京师范大学出版社，2016：14.

经合组织开展的DeSeCo项目结束后，PISA项目又依据DeSeCo的指标体系对阅读、数学及科学素养的评价进行了发展性的解释，如表2-5所示。

表2-5 PISA对阅读、数学及科学素养的解释①

指标	解释
阅读素养	为了实现个人目标、发展个人知识与潜能、增进社会参与而理解、运用和反思文本的能力
数学素养	认识和理解数学在现代生活中的地位，做出有充分根据的判断，有效地运用数学以满足一个具有建构性、反思性的热心公民的生活需求
科学素养	运用科学知识，发现科学问题并得出有证据的结论，从而帮助我们理解自然界，对其做出决策，并通过人的活动对其进行改造

经合组织在提出核心素养之后，还强调了素养的评价需要在终身教育的环境中去实施。DeSeCo核心素养的指标不能仅仅从学校教育中获得，还需要整个社会对个体的贡献。而且，核心素养是随着社会的变革而发生改变的，因此，终身教育的评价方式就显得很有必要。

三、我国学生发展核心素养的提出

党的十八大报告指出“坚持教育为社会主义现代化服务为人民服务，把立德树人作为教育的根本任务，培养德智体美全面发展的社会主义建设者和接班人”，明确强调了教育的本质功能和真正价值，也指明了我国教育改革发展的目标和方向。党的十八届三中全会要求：“全面贯彻党的教育方针，坚持立德树人，加强社会主义核心价值体系教育，完善中华优秀传统文化教育，形成爱学习、爱劳动、爱祖国活动的有效形式和长效机制，增强学生社会责任感、创新精神、实践能力。”为贯彻党的十八大和十八届三中全会精神，教育部启动了“立德树人”工程。

2014年3月，教育部发布了《关于全面深化课程改革 落实立德树人根本任务的意见》（以下简称《意见》），明确提出了立德树人工程的十大关键领域。其中，研究制定发展学生核心素养体系是首要环节，并提出把核心素养体系作为研究学业质量标准、修订课程方案和课程标准的依据，用于统领课程改革的相关环节。这也是首次在国家课程改革的重要文件中明确使用“核心素养”一词，体现了以人为本，尤其是以学生核心素养发展为本的教育改革思路，意味着党和国家把学生核心素养的培养问题放

①林崇德.21世纪学生发展核心素养研究[M].北京：北京师范大学出版社，2016：62.

到了一个前所未有的高度上[①]。党的十九大再次强调“落实立德树人根本任务”，报告指出“要全面贯彻党的教育方针，落实立德树人根本任务，发展素质教育，推进教育公平，培养德智体美劳全面发展的社会主义建设者和接班人”。

从本质上来说，关注学生的核心素养，就是关注“教育要培养什么样的人”这一最根本的教育问题。关于这个问题，林崇德先生认为要从国际趋势、党教育方针的落实、素质教育改革的需要三个方面来思考[②]。一是迎接21世纪挑战：核心素养研究的国际共识。从国际上来看，核心素养研究的兴起和发展，都与时代的发展、社会的变革，以及教育改革的深化紧密相连。此外，当前是一个大数据时代，随着信息技术的迅猛发展，各国的产业结构正在慢慢地发生变化。正是在这样的背景下，一种新型的人才观逐渐形成——它要求未来的教育应该致力于培养具有21世纪核心素养的人。二是党的教育方针的落实。从党和国家层面来看，核心素养体系是党的教育目标的具体体现，是连接宏观教育理念、培养目标及课程与教学目标的关键环节，也是建构科学的教育质量评价体系、推进教育问责的重要基础和依据。三是素质教育改革的需要。核心素养是对素质教育内涵的解读与具体化，是全面深化教育改革的一个关键方面。同时，由于我国长期形成的以中考、高考成绩作为教育质量评价标准的观念引导，以素质教育为本的教育质量评价体系尚未建立和形成，导致素质教育的真正推行面临重重困境。这些现状与问题都迫切需要转变教育质量观念，进一步丰富素质教育的内涵，深入推进素质教育改革，真正确立起以“学生核心素养”为基本框架的教育质量评价体系和课程体系，以促进素质教育的深化与落实。鉴于此，我国提出学生发展核心素养的重要论断，并组织团队全面展开深入研究。

四、我国现行课程标准36种核心素养

林崇德先生组织团队在大量研究的基础上，整理出了我国现行课程标准共有36种核心素养指标[③]，它们是沟通与交流能力、团队合作、信息技术素养、语言素养、学习素养、独立自主、数学素养、计划—组织与实施、自我管理、创新与创造力、问题解决能力、主动探究、社会参与和贡献、公民意识、尊重与包容、科学素养、多元文化、健康素养、国际意识、生活管理能力、自信心、生涯发展与规划、冲突解决能力、可持续发展意

①林崇德.21世纪学生发展核心素养研究[M].北京：北京师范大学出版社，2016：2.
②林崇德.21世纪学生发展核心素养研究[M].北京：北京师范大学出版社，2016：2.
③林崇德.21世纪学生发展核心素养研究[M].北京：北京师范大学出版社，2016：186.

识、反思能力、适应能力、情绪管理能力、环境意识、审美能力、法律与规则意识、安全意识与行为、国家认同、实践素养、伦理道德、人文素养和价值观。

由此看出,“数学素养”是我国现行课程标准36种核心素养的重要指标之一,是现代社会公民的基本核心素养。

第二节 数学素养与数学核心素养

从前面研究发现,自20世纪中叶以来,数学素养开始成为人们关注的话题,特别是经合组织自2000年开展国际学生评价项目(PISA)以来,更是备受重视。数学素养作为现代社会公民的基本素养,已写进了我国《标准(实验稿)》和《普通高中数学课程标准(实验)》(简称《高中标准(实验)》)两个重要文件中。

一、数学素养内涵

何为数学素养呢?对它的认识将会因文化背景的不同而存在差异。由于语言差异,世界各地表示“数学素养”的用词很多,不同国家还有不同的用词习惯。如英国常用numeracy,美国常用mathematical literacy,mathematical proficiency等[①]。此外,还有用quantitative literacy,mathemacy,matheracy等词语。numeracy是最早出现的有关数学素养的用词,它源于1959年英国的Crowther报告,常用于英国、加拿大以及英国以前的一些殖民地区[②],如澳大利亚和新西兰等地。关于quantitative literacy(QL),1974年由美国马萨诸塞州技术学院Zacharias教授在《基于改革的课程中的数学素养和它对评价的意义》中首次定义为“公民必须拥有的,用来处理影响他自己、国家和所在世界的事情和论证的能力”[③]。mathematical literacy(ML)是美国学校数学标准委员会于1986年在着手拟定学校数学改革任务时,首次作为课程与教学的重要内容提出讨论的。ML的提出,主要是在19世纪早期,世界各国的课程以读(reading)、写(writing)、算(arithmetic)(简称3Rs)为基础,但随着时代的变化,3Rs已不再适应社会所需。因

①Jablonka E. Mathematical literacy[M]//Bishop A J. Second international handbook of mathematics education: Part I. Dordrecht, the Netherlands: Kluwer Academic Publishers, 2003.

②Colwell D, Macrae S, Boaler J, et al. Adult numeracy: Review of research and related literature[M]. London: National Research and Development Centre for Adult Literacy and Numeracy, 2003.

③Zacharias J R. The importance of quantitative thinking[J]. National Elementary Principal, 1974, 53(2): 8-13.

此，D'Ambrosio于1998年提出素养(literacy)、数学素养(matheracy)以及技术素养(technoracy)取代3Rs，作为时代新要求[①]。mathematical proficiency(MP)源于2001年美国数学学习研究委员会报告《加入起来，帮助儿童学习数学》，把MP作为一个数学学习用词，旨在实现美国所有年轻人学会数学思考和用数学思维来学习[②]。20世纪90年代中期，丹麦创造了"numeralitet"表示数学素养，强调"包含数学的日常能力和在不断变化的社会与技术背景下的功能性数学能力"。可见，数学素养在经济、科技快速发展的过程中已被广泛重视起来。

数学素养的内涵受多种因素影响，它随着时代不断发展。Neill发现，numeracy和literacy是numerate和literate的派生词。而literate是"读和写"或"用语言而非数字作为一种表达方式"的意思，literacy是指"受过教育、有文化、有知识、有修养"[③]。韦氏学院词典(1959年版)第一次把numerate解释为"具有数量的思想和表达能力"。这些词源对后来数学素养的含义也产生了影响。1959年数学素养(numeracy)在英国Crowther报告中，是作为与读写素养(literacy)相对应的用词。英国教育部认为，numeracy是沟通科学与读写素养文化的桥梁，是管理精英所需要的高水平技能和倾向。1982年，英国柯克克罗夫特报告又给数学素养作了一个比较宽泛的定义，就是很自信地处理家庭、工作场所和社区等日常生活中的问题所需要的数学能力，包括运用数字和数学技能处理家庭和日常生活中实际问题的能力；懂得和理解用数学语言如曲线、图表、百分比表达信息的能力[④]。1989年美国数学教师协会把数学素养内涵概括为"能理解数学价值、对自己能力有信心、成为数学的解题者、能用数学的方式沟通、会以数学去推理"[⑤]。经合组织在国际学生评价项目中将数学素养定义为：一个人确认和理解数学在这个世界上所起作用的能力，做出有充分根据的数学判断和投入数学，以此来

①D'Ambrosio U. Literacy, matheracy and technoracy—The new trivium for the era of technology[R]. The First Mathematics Education and Society Conference, Nottingham, 1998.

②Kilpatrick J, Swafford J, Findell B. Adding it up: Helping children learn mathematics[M]. Washington, DC: National Academy Press, 2001.

③Neill W Alex. The essentials of numeracy [C]. Paper prepared for New Zealand Association of Researchers in Education Conference, Christchurch, 6th-9th December 2001.

④Cockcroft Committee. Mathematics counts: A report into the teaching of mathematics in schools[R]. London: Her Majesty's Stationery Office, 1982.

⑤National Council of Teachers of Mathematics. Curriculum and evaluation standards for school mathematics[M]. Reston, VA: Author, 1989.

满足一个在当前和未来生活中作为积极的、参与的和具有反思性公民所需要的能力①。

在我国数学教育界，对数学素养的讨论由来已久，1956年《数学通报》刊登的一篇苏联文献译稿中就出现了“数学素养”一词②。此后，讨论数学素养的文献在我国虽有出现，但并未引起人们的重视。20世纪80年代中后期，随着素质教育的推行，数学素质的提法随之出现。然而，根据心理学的相关理论，素质是不可教的，只能成为教育的必要基础，不能构成教育的目标和内容，所以数学素质的提法不够准确。我国于1992年首次在官方文件《初级中学数学教学大纲》中提出“数学素养”一词③。进入21世纪，国际上一系列评估项目（如PISA和TIMSS）对数学素养进行了量化性考核，引发了人们对数学素养的研究。基于国内外文献分析，朱德全认为，数学素养构成要素主要是数学“思维块”、数学方法、数学思想、数学人文精神等④。康世刚和宋乃庆把数学素养界定为，数学素养指学生在已有数学经验的基础上，通过数学活动对数学的体验、感悟和反思，并在真实情境中表现出来的一种综合性特征⑤。基于此，数学素养的生成是个体在已建立数学经验基础之上对数学感悟、反思和体验的结果。学生具备数学素养即是说学生已在生活经验中形成了“数学头脑”，能用基本的数学思维、数学手段和数学方法去分析和解决数学具体问题以及其他一些现实问题。

二、数学核心素养

在教育部发布的《意见》中，明确界定了核心素养，即学生应具备的适应终身发展和社会发展需要的必备品格和关键能力。后来，数学素养作为现代社会公民的基本素养，写进我国的数学课程标准。何小亚通过对国内有关数学素养研究成果的梳理，认为包括数学知识、数学能力和数学情感态度价值观在内的多维度数学素养观已成为人们的共识，但这三要素结构在落实中不好具体区分，导致素养难以得到有效落实。他认为，数学新课程改革实施了十余年，但素质教育仍没有真正得到落实，数学教学中数学素养的缺失是一大原因⑥。基于对国内数学素养研究现状的反思和数学素养在实际落实过程中所存在的问题，以及以学科课程为载体来落实核心素养的大

①OECD. Measuring student knowledge and skills：The PISA 2000 Assessment of Reading，Mathematical and Scientific Literacy[M]. Ogdensburg，NY：Renouf Publishing，2000.

②吕世虎，吴振英.数学核心素养的内涵及其体系构建[J].课程·教材·教法，2017，39(9)：12-17.

③吕世虎，吴振英.数学核心素养的内涵及其体系构建[J].课程·教材·教法，2017，39(9)：12-17.

④朱德全.数学素养构成要素探析[J].中国教育学刊，2002，(5)：53-55.

⑤康世刚，宋乃庆.论数学素养的内涵及特征[J].数学通报，2015，54(3)：8-11，43.

⑥何小亚.学生“数学素养”指标的理论分析[J].数学教育学报，2015，24(1)：13-19.

背景需要，自2015年起，学界将关注点开始转向数学核心素养，在剖析数学学科本质和价值的基础上，明确哪些数学素养对学生的终身发展是最为关键和必要的，反思学生在数学中应获得的教育教学结果，从而更有效地开展数学教学及学习评价。2017年教育部组织专家对高中课程标准进行修订，要求把学科核心素养作为修订课程标准的主线，围绕学科核心素养制定教学内容、评价标准和进行教材编制，高中数学课程标准把数学学科的核心素养称之为数学核心素养。

关于数学核心素养内涵的研究，国内学者纷纷提出各自的观点。有的研究提出数学核心素养为学生学习数学应当达成的有特定意义的综合性能力，数学核心素养基于数学知识技能，又高于具体的数学知识技能，反映数学本质与数学思想，是在数学学习过程中形成的①。也有研究认为，数学核心素养是数学情感态度价值观、数学知识、数学能力的综合体现②。有研究强调学科核心素养是指学科的思维品质和关键能力，数学学科主要培养演绎和归纳的逻辑思维，培养相应的演绎和归纳的推理能力③。国外一些研究则关注数学素养的具体成分，提出数学核心素养具有情景性，具体包括数学思维能力、表征能力、符号和形式化能力、交流能力、建模能力、拟题与解题（数学题处理）能力等④。还有一些国际学者则更加重视对具体的数学素养成分的研究，其中出现频率较高的为数学问题提出、数学问题解决和数学交流。蔡金法和徐斌艳指出，从数学学科角度看，数学交流、数学建模、数学智能计算思维[computational thinking (technology related)]、数学情感（mathematical disposition）能刻画出满足培养目标的人才所拥有的素养。他们认为，提出这四个核心素养成分，不在于追求对数学素养认识的完整性，但是这四个核心素养成分体现了现代教育人才培养目标的需求，体现了数学的本质认识。另外，他们提出数学核心素养是可测试和培养的，它应该是在相关数学内容的学习与探究过程中养成的。⑤因此，他们提出了数学核心素养成分的培育离不开数学内容土壤的论断。

2020年教育部颁布的《普通高中数学课程标准（2017年版2020年修订）》明确提出“数学核心素养”的概念，并指出：“学科核心素养是育人价值的集中体现，是学生通过学科学习而逐步形成的正确价值观、必备品格和关键能力。数学学科核心素养是

①马云鹏.关于数学核心素养的几个问题[J].课程·教材·教法，2015(9):36-39.

②桂德怀，徐斌艳.数学素养内涵之探析[J].数学教育学报，2008，17(5):22-24.

③史宁中.推进基于学科核心素养的教学改革[J].中小学管理，2016(2):19-21.

④Turner R. Exploring mathematical competencies[J].Research Developments，2011(24):5.

⑤蔡金法，徐斌艳.也论数学核心素养及其构建[J].全球教育展望，2016，45(11):3-12.

数学课程目标的集中体现，是具有数学基本特征的思维品质、关键能力以及情感、态度与价值观的综合体现，是在数学学习和应用的过程中逐步形成和发展的。高中数学学科核心素养包括：数学抽象、逻辑推理、数学建模、直观想象、数学运算和数据分析。这些数学核心素养既相对独立、又相互交融，是一个有机的整体。”①

2022年教育部颁布的《义务教育数学课程标准(2022年版)》(简称《标准(2022年版)》)更具体、明确地提出了核心素养的概念，核心素养是通过数学活动逐步形成与发展的正确价值观、必备品格与关键能力。数学核心素养反映了数学学科的基本特征及其独特的育人价值，是现代社会公民素养系统的重要组成部分。核心素养具有高度的整体性、一致性和发展性，包括三个方面内容：会用数学的眼光观察现实世界、会用数学的思维思考现实世界和会用数学的语言表达现实世界②。同时指出，小学阶段，核心素养具体表现为：数感、量感、符号意识、运算能力、几何直观、空间观念、推理意识、数据意识、模型意识、应用意识、创新意识；初中阶段，核心素养具体表现为：抽象能力、运算能力、几何直观、空间观念、推理能力、数据观念、模型观念、应用意识、创新意识。

至此，我国自上而下，明确提出了数学学科核心素养的概念，在国家两个重要文件《高中标准(2017年版)》和《标准(2022年版)》中阐述了数学学科核心素养的内涵，把几何直观作为整个基础教育阶段培养学生数学核心素养的重要指标之一，足以体现几何直观作为一项重要的公民基本素养的价值，对其研究具有现实、实践与理论意义。

第三节　数学素养经典测评：TIMSS与PISA

对国内外比较成熟的关于数学素养测评的理论进行梳理，一方面是本研究不可缺少的理论支撑，另一方面直接提供开发测评工具的理论框架。关于数学素养，在国内外都有相关研究③④，全美数学教师协会(National Council of Teachers of Mathematics，NCTM)出台的《中小学数学课程与评估标准》提出五项条件(懂得数学的价值、对自己

①中华人民共和国教育部.普通高中数学课程标准(2017年版2020年修订)[S].北京：人民教育出版社，2020：4.

②中华人民共和国教育部.义务教育数学课程标准(2022年版)[S].北京：北京师范大学出版社，2022：5.

③Lengnik K. Reflecting mathematics an approach to achieve mathematical literacy [J]. ZDM Mathematics Education，2005，37(3)：246-249.

④朱德全.数学素养构成要素探析[J].中国教育学刊，2002(5)：49-51.

的数学能力有信心、有解决数学课题的能力、学会数学交流、学会数学推理)作为“有数学素养”的准则①。国际关于数学素养展开测评研究中TIMSS和PISA都是大规模跨国学生表现评价,对其进行梳理分析,旨在为研究提供测评框架借鉴。

一、TIMSS数学测评框架

TIMSS(Trends in International Mathematics and Science Study)是国际数学与科学的测评趋势研究,由国际教育成就评价协会(International Association for the Evaluation of Educational Achievement,IEA)发起和组织的关于各国学生的数学与科学成就的一个长期追踪的国际性研究项目②。TIMSS从1995年开始,每隔4年都要进行一次。TIMSS主要目的是通过对教育政策、教育实践和教育成就的调查,给相关国家和地区在课程和教学的政策制定方面提供建议③。评价对象是四年级和八年级的学生。TIMSS 2007—2015年的四年级数学测评框架④⑤⑥如表2-6所示。

表2-6　TIMSS 2007—2015年小学四年级数学测评框架

	2007年	2011年	2015年	占比/%
内容维度	①数(number)	①数(number)	①数(number)	50
	②几何图形与测量(geometric shapes and measures)	②几何图形与测量(geometric shapes and measures)	②几何图形与测量(geometric shapes and measures)	35
	③数据资料呈现(data display)	③数据资料呈现(data display)	③数据资料呈现(data display)	15
认知维度	①理解⑦(knowing)	①理解(knowing)	①理解(knowing)	40
	②运用(applying)	②运用(applying)	②运用(applying)	40
	③推理(reasoning)	③推理(reasoning)	③推理(reasoning)	20

①陈昌平.介绍美国最新课程标准[J].数学教学,1990(2):35-37,22.

②鲍建生.追求卓越:从TIMSS看影响学生数学成就的因素[M].上海:上海教育出版社,2003:27.

③盛秋玲.基于TIMSS 2011数学测试框架的小学数学试题研究——以上海市小学三、四年级为例[D].上海:上海师范大学,2014.

④Mullis I V S, Martin M O, Ruddock G J, et al. TIMSS 2007 assessment frameworks [R]. Boston: TIMSS & PIRLS International Study Center, Lynch School of Education, Boston College, 2005.

⑤Mullis I V S, Martin M O, Ruddock G J, et al. TIMSS 2011 assessment frameworks [R]. Boston: TIMSS & PIRLS International Study Center, Lynch School of Education, Boston College, 2009.

⑥Mullis I V S, Martin M O. TIMSS 2015 assessment frameworks [R]. Boston: TIMSS & PIRLS International Study Center, Lynch School of Education, Boston College, and IEA, 2013.

⑦Knowing翻译为“知道、认识、确信”,等同于“理解”.有些学者翻译为“了解”.

(一)内容维度确定

内容维度是指TIMSS 2007—2015年在小学四年级所要进行评价的数学学科知识包含的内容。内容维度的每一个类目都包含很多的知识点(表2-7),这些知识点都存在于参加测评的各个国家的小学数学课程当中。

表2-7　内容维度的三个领域指标分解①

一级	二级	指标明细分解
数的领域	整数	①能说明数位的意义,包括能够辨别和书写数字的展开形式,能够用语言、图示或符号来表示整数; ②比较整数的大小并对整数排序; ③能进行整数的加减乘除四则运算,运用近似数进行估算; ④认识倍数与因数; ⑤解决问题,包括在真实的生活中遇到的问题,如关于测量、钱和简单的比例问题。
	分数与小数	①认识分数,了解分数的意义:分数表示单位整体的一部分、集合的一部分、数轴上的一个点,并能用语言、数字或模型来表示分数; ②能识别相等的分数,对分数进行大小比较和排序; ③能进行简单的分数加减运算; ④理解小数的数位的意义,并能用语言、数字或模型来表示小数; ⑤能进行小数的加减运算; ⑥解决简单的有关分数和小数的问题。
	整数运算	①能求出算式中所缺失的数字; ②能根据所模拟的简单的情境,列出含有未知数的算式。
几何图形与测量领域	点、线和角	①长度的测量和估测; ②识别和绘制平行线和垂直线; ③比较角的大小,绘制直角、钝角和锐角; ④使用坐标系来表示平面中的一个点。
	平面图形和立体图形	①能识别常见的几何图形,并对几何图形进行分类和比较; ②回忆、描述、并运用几何图形的基本性质,包括直线和旋转对称; ③识别三维形状和二维图形之间的关系; ④计算正方形和长方形的面积和周长,能准确测量和估测几何图形的面积和体积。
数据资料呈现	阅读和解释	①能从表格、图像、条形统计图、扇形统计图中读取信息; ②能根据相关的数据资料来比较信息; ③能根据从数据资料得到的信息来回答不能直接读取答案的问题。
	组织和表述	①比较和匹配相同数据的不同表示形式; ②能运用表格、条形统计图和扇形统计图来组织和展示数据资料。

①鲍建生.追求卓越:从TIMSS看影响学生数学成就的因素[M].上海:上海教育出版社,2003:44-45.

(二)认知维度确定

TIMSS评价框架中的认知维度是具体描述学生在数学测评中其思维过程所应达到的认知水平。TIMSS 2007—2015年将四年级学生数学素养的认知维度分为三个水平:理解、运用与推理。详见表2-8。

表2-8　认知维度三个水平指标分解

水平	观测点及其明细分解
理解	记忆。记住定义、专有名词、数的特性、几何图形的特性和表示的方式。
	识别。识别数学的对象,例如形状、数字、表达式和符号;识别相等的数学本质,如等值的分数、小数和百分数,识别简单图形的不同分类标准。
	计算。能进行分数、整数和小数的加减乘除四则运算;运用近似数来进行估算;完成一般的代数算式。
	提取。从图形、表格或其他资源中提取信息;读出简单的尺度。
	测量。会使用测量工具;能选择适当的测量单位。
	分类与整理。能根据相同的特征对数学对象做出正确的种类判断;根据属性整理数学对象和数字;能对数学对象的形状、数字、符号进行分类或分组。
运用	选择。在已知的程序、算法和解决方法中,选择一个有效且适当的运算、方法或策略来解决问题。
	表征。运用表格、统计图表、曲线图等来展示数学信息和资料;能对一个给定的数学试题和关系进行同义表征。
	建立模型。建立一个适当的模型,如方程、几何图形或解决一般问题的图解。
	执行。执行一系列的数学指令(例如,根据说明来绘制图形和表格)。
	解决一般问题。能够解决与在课堂上学习过的水平相当的问题,这些问题可以是学生熟悉环境中的问题,也可以是纯数学的问题。
推理	分析。在数学的情境中,确定、描述或运用变量之间的关系;从所给出的信息做出有效的推论。
	一般化/特殊化。能用更普遍和更广泛使用的术语来描述结果,以扩大数学思维和解决问题结果的适用范围。
	整合/综合。对不同的知识要素和相关的表述,以及相关的数学概念进行整合;把数学事实、概念和程序相整合得出结果,并把结果联系起来,得出进一步的结果。
	证明。能根据已知的数学结论和性质说明理由。
	解决非常规问题。解决学生在数学上或现实生活情境中没有非常相近的相关知识点的问题,以及能在陌生的或者复杂的情境下运用数学的事实、概念和程序的能力。

按照表2-7和表2-8中的内容维度和认知维度来探析小学生几何直观能力的测评指标是一种思考视角,特别是在TIMSS 2007—2015年小学四年级数学测评框架中对内容维度、认知维度以及所占的权重都有明确要求,这些标准对研究是一个重要的参考。

二、PISA数学素养测评框架

数学核心素养是数学素养的核心部分，对数学素养进行测评的理论是数学核心素养测评的重要参考。PISA（Program for International Student Assessment）是一项由经合组织统筹的学生能力国际评估项目。PISA主要评价15岁学生在义务教育将近结束时对数学素养、科学素养和阅读素养的掌握情况。从2000年开始，每3年一次。PISA关注学生应用知识和技能解决实际问题的能力，而不是考核学生对课程内容的掌握情况，研究教育系统、学校、学生个人特征等方面对成绩的影响，为教育决策提供依据，而不只是对成绩的统计分析[①]。测试题目由所有参与国家和地区专家共同出题，剔除那些因经济、文化、宗教等差异难有共同理解，与学生将所学知识应用到生活中能力的测试目的相关度低，以及翻译成各种语言后存在歧义的题目后，所形成的国际共同文本。

PISA数学素养评估的是学生在遇到真实问题时充分运用数学的能力[②]。PISA数学素养测试包括以下三个维度：①学生需获得的数学知识内容；②学生需要进行的过程；③学生遇到问题并应用相关数学知识和技能的情境。具体见表2-9所示。

表2-9　PISA数学素养测试三个维度的内容说明[③]

维度	内容	说明
内容维度	空间和图形，变化和关系，定量推理，不确定性等	参与国（地区）就数学成绩国际比较的合理基础达成深入共识后确定的
过程维度	简单数学运算，运用多个观念解决直接问题，更广泛的数学思维	复制、定义和运算，问题解决过程中的联系与整合，数学化、数学思维和一般化
情境维度	个人的生活，学校生活，工作和体育运动，地方社团等情境	数学素养的一个重要特征就是在各种情境中应用数学

总之，分析相关研究发现，尽管TIMSS和PISA都没有直接对几何直观能力进行专门的测评，但有涉及利用几何图形能力（包括利用图形表示问题、利用图形分析问题等）的评价，特别是这两个评价体系中的内容维度具有极大的相似性，都包括数与代数（或变化和关系）、图形与几何（或空间与图形）、数据资料（或不确定性）等领域，这些领域也正是我国课程标准设计安排的“数与代数”“图形与几何”“统计与概率”和“综合与实践”四大领域内容的主要内容，对它们进行梳理将为测评指标及其测评工具的内容选择提供具体参考依据。

①陆璟.PISA测评的理论和实践[M].上海：华东师范大学出版社，2013：1.

②魏爱芳.PISA数学素养测试及其对我国青少年数学素养评价的启示[J].考试研究，2011(6)：78-87.

③魏爱芳.PISA数学素养测试及其对我国青少年数学素养评价的启示[J].考试研究，2011(6)：78-87.

第三章

数学直观思维发展及特征

几何直观是以几何学的目标体现，是几何思维的重要素养。学生几何思维能力发展及其测试理论对学生几何直观能力测评与培养研究是重要的理论支撑。大量的研究表明，Van Hiele夫妇与Hoffer Alam建立的几何思维水平体系是很有影响的理论之一，是比较准确描述学生几何思维发展的一个理论[①②]。因此，对数学思维、几何思维以及几何直观思维梳理与分析是本书研究的重要理论依据。

第一节　数学思维

数学思维这一概念是由数学、思维这两个子概念有机结合而成的。数学思维从属于思维，因此，要界定数学思维的含义，首先要对思维这一概念有个基本的理解和把握。另外，人们常说，数学是思维的体操，这表明思维是数学的核心内容。因此，从这个意义上说，也应该首先明确什么是思维。思维是一门科学，具有比较完整的科学体系和非常丰富的内容。

一、思维的概念

所谓思维，其同义词有思考、思想等。从心理学角度，思维是一种心理现象，并且是人的心理过程中最复杂的心理现象之一。目前心理学界对思维这一概念比较公认的定义是：思维是人脑对客观事物的本质属性及其内在规律性的反映[③]。换言之，思维就是人类专门去揭示事物内在的本质属性和规律性的心理活动。这是思维与其他心理活动根本不同的地方。从哲学认识论来说，思维是大脑对现实的一种反映。辩证唯物主义认为，存在是第一性的，思维是第二性的，存在决定意识。所谓思维，就是人脑对客观事物的本质属性、相互关系及其内在规律性的概括与间接的反映[④]。

由上可知，心理学和哲学对思维的定义基本上是相同的。思维作为人类的一种

①Battista M T. The development of geometric and spatial thinking[C]// Lester F K. Second handbook of research on mathematics teaching and learning. Charlotte, NC: Information Age Publishing, 2007: 843-908.

②Clements D H, Battista M T. Geometry and spatial reasoning[C]// Grouws D A. Handbook of research on mathematics teaching and learning. New York, NY: National Council of Teachers of Mathematics/Macmillan Publishing Co, 1992: 420-464.

③汪文贤.数学思维论[M].杭州：浙江摄影出版社，2007:7.

④汪文贤.数学思维论[M].杭州：浙江摄影出版社，2007:7.

理性认识活动，推动着人类社会的发展，同时它也推动着人类自身智能的发展。田运主编的《思维辞典》[①]中，给思维这一概念下了这样的定义：在特定物质结构中对客体深远区层实现穿透性反映的物质运动叫思维。按照钱学森对思维的分类，思维可分为逻辑思维、形象思维和灵感思维三种[②]。

二、钱学森的思维科学理论

钱学森在他的第三次科学创造高峰的过程中，对思维科学进行了创造性的探索，提出了一系列关于思维科学的构想[③]。钱学森认为，思维科学的构成可分为思维科学的基础科学、思维科学的技术科学以及思维科学的应用技术（工程技术），并对思维科学的构成从总体上作了颇富创见的论述。他指出："思维学，它是研究人思维的规律的，又可按人的思维类型分为抽象（逻辑）思维学、形象（直感）思维学及灵感（顿悟）思维学。目前，只第一种思维学有点门道，其他两种尚在摸索。""任何人们对具体问题的思维过程都是综合抽象思维的形象思维（有时也有灵感思维）以强人所难思维过程。……作为思维科学的应用的具体思维应该是综合性的，是一项系统工程，叫'思维工程'吧。"[④]

钱学森在关于思维科学的构成的探索过程中，其思想是不断发展的。他不仅指出思维科学由基础科学、技术科学和应用技术（工程技术）三个层次构成，而且认为这三个层次也是不断发展的。这不仅与他的现代化科学技术体系的思想相一致，而且深刻地体现着其辩证思维的思想。他认为，思维科学是一种开放的复杂巨系统，是一门综合交叉的复杂性科学，思维科学是与人文科学、社会科学、自然科学、技术科学、交叉科学等学科综合交叉而形成的一门复杂性科学，它不限于哪一门学科或只与某一门学科交叉，而是与多种学科综合交叉而形成和发展起来的一门复杂性科学[⑤]。

思维科学与人文科学的交叉，首先表现在与哲学的辩证互动，其次表现为与逻辑学的交互作用，再次体现在与美学、文学艺术的彼此促进。思维科学与社会科学的彼此交融，思维科学与语言学等学科交互作用。思维科学与自然科学的相互融通，不仅表现在思维科学与脑科学的交互作用，而且表现在与心理学的辩证互动。思维科学

①田运．思维辞典［M］．杭州：浙江教育出版社，1996：421．

②钱学森．关于思维科学［J］．自然杂志，1983（8）：563-567，572．

③冯国瑞．钱学森关于思维科学的构想［J］．西安交通大学学报（社会科学版），2011，31（6）：26-33．

④涂元季．钱学森书信：第4卷［M］．北京：国防工业出版社，2007．

⑤冯国瑞．钱学森关于思维科学的构想［J］．西安交通大学学报（社会科学版），2011，31（6）：26-33．

与技术科学的协同发展。思维科学与计算机科学、人工智能等技术科学彼此促进。思维科学与交叉科学相互渗透。思维科学与交叉科学中的边缘学科、横断学科、综合学科都存在着辩证互动的关系。思维科学包括逻辑思维、形象思维、灵感思维、社会思维、创造性思维、辩证思维和大成智慧[①]。

形象思维是钱学森着力探索的内容,他指出:“建立思维科学的突破口是形象(直感)思维学的创立。”[②]可知,形象思维对社会科学和科学技术发展都具有重要意义。

三、数学思维内涵

所谓数学思维,就是像数学家那样去思考,或者说数学思维就是数学活动中的思维[③]。从逻辑学角度,数学思维是人脑以数学为对象,并借助数学语言,以抽象和概括为工具,对客观事物的数学结构和模型的间接概括的反映[④]。从心理学角度,数学思维是指人脑对现实世界客观事物在数量关系、空间形式和抽象结构等方面的本质属性和内在规律性的反映[⑤]。从科学认识角度,由于数学思维的问题性和解决问题的目的性,因此,数学思维就是以数学问题为载体,通过发现问题,解决问题的形式,达到对现实世界数量关系和空间形式、抽象结构的本质的一般性认识的一种思维[⑥]。

总之,数学思维是数学活动中的思维,它具有一般思维的基本特征,但又有自己的个性,具有自己的特殊性。主要表现在思维活动的运演方面,是按照客观存在的数学规律的表现方式进行的,即具有数学思维的特点和操作方式。数学思维包括数学逻辑思维、数学形象思维、数学直觉思维和数学辩证思维四种类型,几何思维是数学思维的一个重要方面,是形象思维、直觉思维以及逻辑思维基础。由于数学学习的全过程是充满着思维的过程,而思维是数学认知的核心,它决定着数学学习的活动,因此,研究数学思维包括几何思维及其方法,对于更好地开展数学研究和教学都有极大的帮助。

①冯国瑞.钱学森关于思维科学的构想[J].西安交通大学学报(社会科学版),2011,31(6):26-33.

②涂元季.钱学森书信:第1卷[M].北京:国防工业出版社,2007.

③汪文贤.数学思维论[M].杭州:浙江摄影出版社,2007:1.

④汪文贤.数学思维论[M].杭州:浙江摄影出版社,2007:14.

⑤汪文贤.数学思维论[M].杭州:浙江摄影出版社,2007:14.

⑥汪文贤.数学思维论[M].杭州:浙江摄影出版社,2007:14.

第二节　学生几何思维发展与测试

一、Van Hiele几何思维发展理论

Van Hiele几何思维理论，是Pierre Van Hiele与Dina Van Hiele夫妇在乌特勒克大学共同完成的博士论文（1957年）内容。Van Hiele理论的核心内容有两个：一是几何思维的五个水平；一是与之对应的五个教学阶段。前者既可用于诊断学生的几何思维水平，也可用于教学活动的设计；后者则提出了一种几何教学的模式①。

关于学生几何思维发展的五个层级水平，它们具体特征描述如图3-1所示②③。随着研究的深入以及根据不同学段的需要，有学者以Van Hiele理论为基础，结合皮亚杰认知发展理论，发现比Van Hiele“水平1（视觉）”更为基本的层次即“前认知阶段”（former congnitive）。因此，经过逐步发展和完善的Van Hiele几何思维水平有时也称为六个水平。

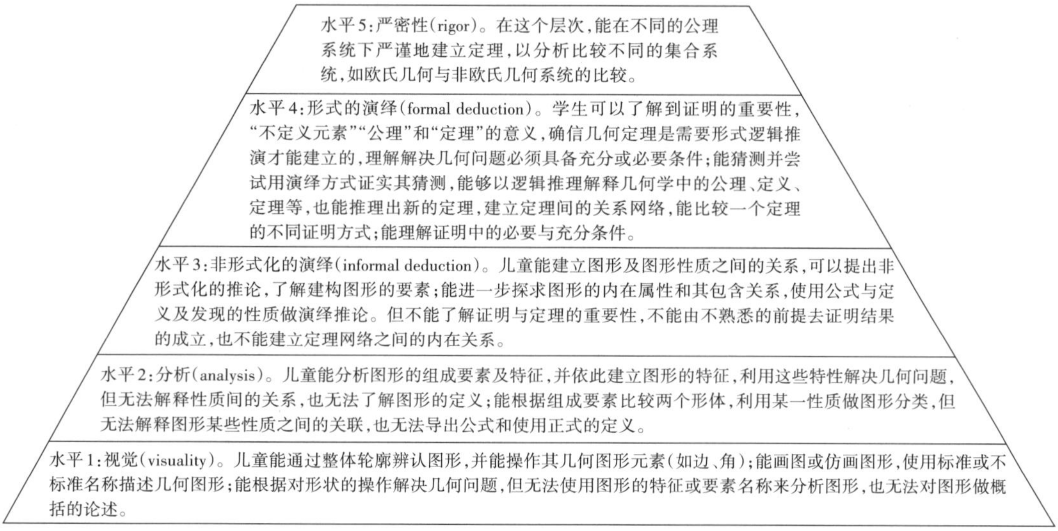

图3-1　Van Hiele几何思维发展的五级水平

①鲍建生，周超．数学学习的心理基础与过程[M]．上海：上海教育出版社，2009：4.

②Chimuka A. The effect of integretion of geogebra software in the teaching of circle geometry on Grade 11 students' achievement[D]. Institute for Science and Technology Education, 2017.

③Skelton C. Teaching geometry for IP and SP using Van Hiele levels[C]// Goba B, Naidoo J. Proceedings of the 22nd annual national congress of the association for mathematics education of South Africa. AMESA, 2016: 65-71.

20世纪80年代初期，Van Hiele又把五个思维水平合并为三个水平[①]，具体内容描述如下。①直观水平（visual level）：整体地认识几何对象。这一阶段是“学习者依据几何图形的外表来认识、命名、比较和画出这些图形”[②]。②描述水平（descriptive level）：通过几何性质认识几何对象。在这一阶段，学生按照图形的组成部分和这些组成部分之间的联系来分析图形。学生依据经验确立图形的性质并使用这些性质解决问题。③理论水平（theoretical level）：利用演绎推理证明几何关系。学生理解和接受了准确的定义，学生谈论形状时涉及这些定义，学生理解图形内部和图形之间的联系。这一阶段学生能够运用“如果……那么……”思想，并由此发展逻辑推理能力。图3-2是Van Hiele几何思维发展三个水平的关系变化图[③]。针对三水平模型，Fuys等人对直观水平作细化描述[④]：①找到外表是整体的形状示例，包括简单图形或一系列图形，在不同的位置，更复杂的形状；②构造、画出或复制形状；③命名或贴上几何图案的标签，使用标准或不标准的名字和适合的标签；④颜色或字母符号；⑤根据外表用词语描述形状；⑥借助于图画而不是性质来解释常规问题；⑦找出图形的部分，但不要求按照组成部分分析图形，思考用性质描述一组图形，关于形状或联系的语言做出概括。Holmes认为[⑤]，直观水平阶段适合学生的活动包括：操作和识别几何形状；分类和整理形状；画出和构造图形；用自己的语言描述形状；解决涉及图形的问题。

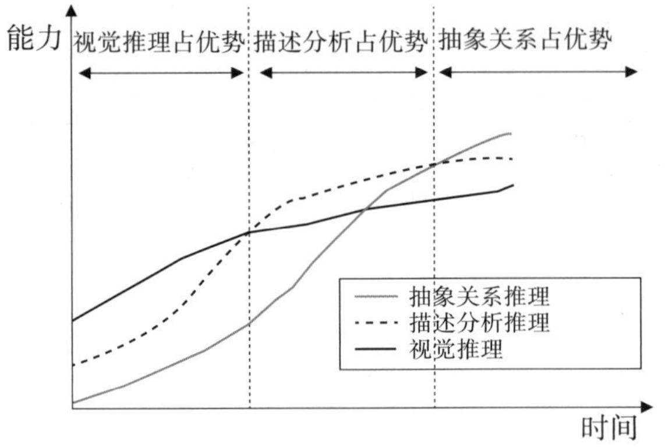

图3-2　Van Hiele几何思维发展三个水平变化图

①Van Hiele P M. Structure and insight[M]. Orlando, FL: Academic Press, 1986.

②Fuys D, Geddes D, Tischler R. The Van Hiele model of thinking in geometry among adolescents (Journal of Research in Mathematics Education Monograph No.3)[M]. Reston: National Council of Teachers of Mathematics, 1988.

③Battista M T. The development of geometric and spatial thinking[C]// Lester F K. Second handbook of research on mathematics teaching and learning. Charlotte, NC: Information Age Publishing, 2007: 843-908.

④Fuys D, Geddes D, Tischler R. The Van Hiele model of thinking in geometry among adolescents (Journal of Research in Mathematics Education Monograph No.3)[M]. Reston: National Council of Teachers of Mathematics, 1988.

⑤Holmes E E. New directions in elementary school maths: Interactive teaching and learning[M]. London:Pearson, 1995.

经过长期观察与研究，Van Hiele认为学生几何思维从一个水平进展到下一个水平更多地依赖于教导而不是年岁的增长或者身体的成熟，教导的类型会影响水平的进展。鉴于此，Van Hiele提出了五个教学阶段：学前咨询、引导定向、阐明、自由定向和整合。这五个教学阶段被视为一个连续的整体，与他们提出的几何思维五个水平结合起来，形成完整的教学理论体系，如表3-1所示。

表3-1 Van Hiele几何思维水平与教学阶段表

几何思维五级水平	五个教学阶段
水平1：视觉	阶段1：学前咨询
水平2：分析	阶段2：引导定向
水平3：非形式化的演绎	阶段3：阐明
水平4：形式化的演绎	阶段4：自由定向
水平5：严密性	阶段5：整合

在Van Hiele几何思维发展理论基础上，学界展开了许多相关的课题研究，并且取得一些研究成果，包括Finlow-Bates对几何证明的Van Hiele水平分析，Hoffer Alam和Lunkenbein等对空间概念的Van Hiele水平分析，以及我国台湾地区的学者对小学生三角形概念认知的Van Hiele水平分析①，等等。

二、Hoffer几何思维发展理论

基于Van Hiele几何思维发展五个水平理论，Hoffer Alam提出了培养学生几何思维能力较为科学的、可操作的一个基本框架②。他认为，几何是宇宙的一种模型③，几何学习不仅仅是证明，更应该培养包括直观化、口头表达、画图、逻辑与应用等方面的几何能力④，并描述了学生几何思维能力发展的五个水平⑤。图3-3是Hoffer提供的四个方面几何思维能力发展的五个水平框架。

①鲍建生，周超．数学学习的心理基础与过程[M]．上海：上海教育出版社，2009：13-19.
②Hoffer A. Geometry is more than proof[J].Mathematics Teacher，1981(1)：11-18.
③Hoffer A. Geometry：A model of the universe[M]. Menlo Park，Calif：Addison-Wesley，1979.
④Hoffer A. Geometry is more than proof[J].Mathematics Teacher，1981(1)：11-18.
⑤谢茜．欣赏《几何不仅仅是证明》一文随感[J]．数学教学，2005(5)：11-13.

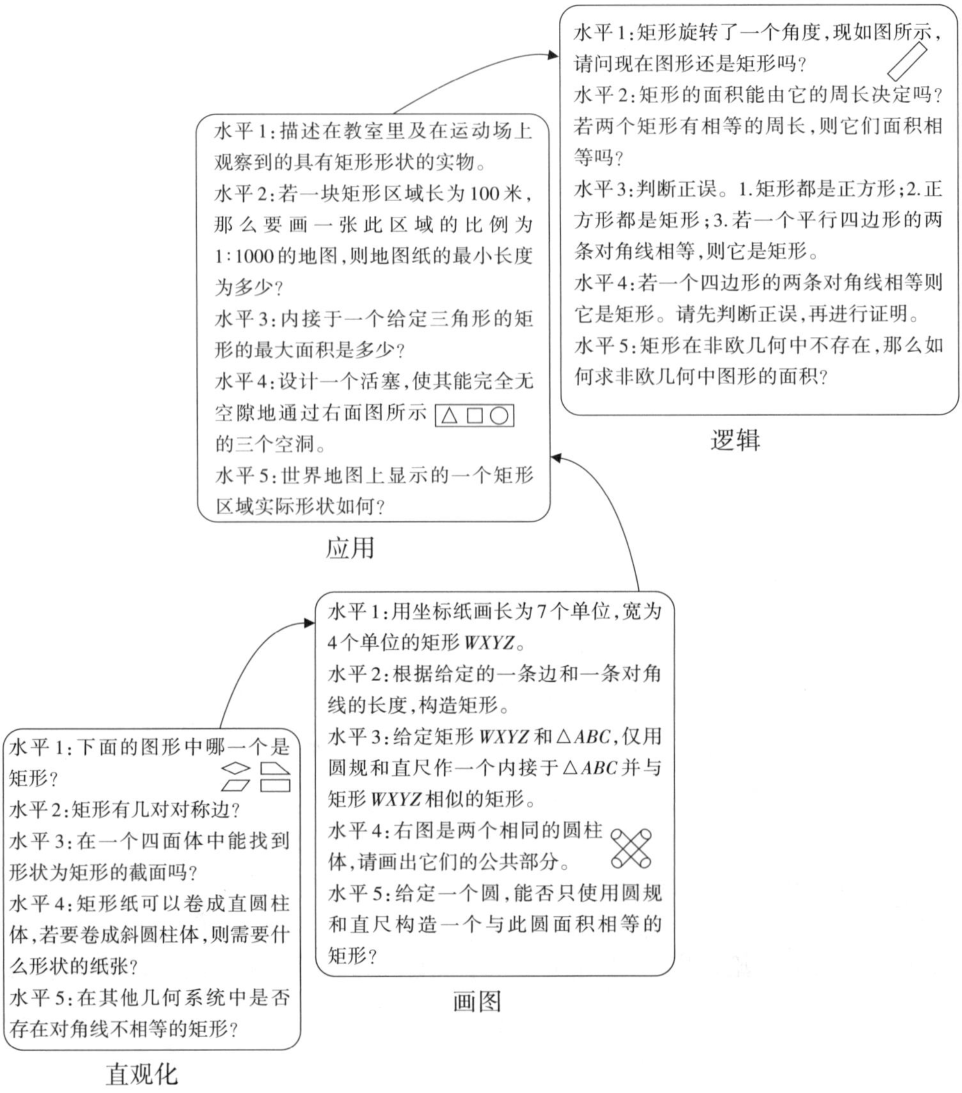

图3-3 Hoffer几何思维发展水平

Van Hiele的几何思维水平和教学理论以及Hoffer的直观化、画图等几何思维能力发展理论,对研究的认知维度划分、测评指标的提取和教学建议具有借鉴意义。

三、学生几何思维发展的测试研究

Van Hiele理论在数学教学与评价中的应用是多方面的,既可以作为诊断学生几何思维水平的评价指标,也可以用于设计每个水平上的教学目标与任务,还有一些国家包括俄罗斯、荷兰、德国与美国等将该理论用于数学课程编制[①]。

①鲍建生,周超.数学学习的心理基础与过程[M].上海:上海教育出版社,2009:11-12.

几何思维评价的应用，主要是在每个思维水平上设计出相应的测试题，并测试分析学生的Van Hiele思维水平。最经典的一项关于几何思维的研究，是芝加哥大学Usiskin的一个题为“中学几何课上学生认知的发展和成就”的课题。这项课题的测试对象包括了六个州学习高中几何课程的近2900名学生，研究的目的是确定学生的认知发展阶段以及学生的数学成绩对他们掌握几何概念和证明的影响。[①]

在我国台湾地区一些学者也开展了相关测试研究，例如，何森豪提出了Van Hiele几何思维水平的量化模型，用试题反应理论代替传统的“全有全无”的测试模式，以获得较精准的能力估计值；吴德邦、马秀兰将试题关联结构分析法应用于小学生Van Hiele几何思维层次的研究中，在台湾台中市、台中县、彰化县、南投县的各小学随机抽取3514名学生进行测试分析。[②]

在我国大陆地区，冯雪娇[③]、胡凤娟[④]、祁明衡[⑤]等分别对部分地区的初二、初三学生进行Van Hiele几何思维水平测试与分析，并取得一些结论。

总之，由Van Hiele几何思维发展的测评研究成果可知，它可以适合于测量不同学科、不同层次和不同学习任务的层次模型，对几何直观能力测评研究将是重要的理论支撑。

第三节　两种重要的数学直观思维形式

希尔伯特和康福森曾经指出：“在数学中，像在任何科学研究中那样有两种倾向。一种是抽象的倾向，即从所研究的错综复杂的材料中提炼出其内在的逻辑关系，并根据这些关系把这些材料做系统的、有条理的处理；另一种是直观的倾向，即更直接地掌握所研究的对象，侧重它们之间的关系的具体意义，也可以说领会它们的生动的形象。”[⑥]确实如此，在数学领域，生动的直观和几何形象能够概括其中主要成就，抽象的数学并没有限制人们的直观能力，相反地倒是增进了人们对抽象事物的直观理解[⑦]。

①Usiskin Z. Van Hiele level and achievement in secondary school geometry[R].Chicago: University of Chicago,1982.

②鲍建生，周超.数学学习的心理基础与过程[M].上海：上海教育出版社，2009：11-12.

③冯雪娇.多元文化背景下初中生几何认知水平比较研究[D].大连：辽宁师范大学，2011.

④胡凤娟.数学自主学习教学模式的研究[D].北京：首都师范大学，2012.

⑤祁明衡.范希尔理论下的初中生几何思维水平现状研究[D].北京：首都师范大学，2013.

⑥希尔伯特，康福森.直观几何[M].王联芳，译.北京：高等教育出版社，1964：序言.

⑦王健吾.数学直观思维研究[J].湖北民族学院学报（自然科学版），1996(2)：77-78.

由此可见,钱学森把形象思维和直觉思维作为科学研究与解决问题中两种重要思维形式的建议是正确而重要的。

一、形象思维

形象思维又称直感思维,是一种借助具体形象来反映现实的思维。它以形象为主要思维手段,包括把握对象的形象特征来识别对象,把握对象的形象联系来理解、判断对象,选择对象的形态、神情来描述对象,把握对象的形象构图来控制对象的操作活动这样四个方面[①]。这是一种二维形式的思维,也是人类最基本的思维活动之一。直观形象性是形象思维最基本的性质。表象、直感和想象是形象思维的基本形式。数学中的形象思维不同于其他形象思维形式(如艺术的形象思维、文学的形象思维),是一种以数学形象(包括图形、图像、图式等)为思维对象,以感性形象为思维材料,以意象为主要思维工具,从而把握数学对象的本质属性和内在规律的一种非数学逻辑思维形式[②]。几何中的一些基本概念,如点、直线、三角形、圆、球等概念的生成,都具有明显的形象思维的特点。数学形象思维是依靠对数学形象材料的意识领会,而得到对数学对象的理解把握的形象思维。数学思维材料高度形象化是它的主要特征,它的基本形式是数学表象、数学直感和数学想象。数学形象材料是有关数学对象整体在人脑中形成的数学表象。

数学表象是数学形象思维的基本元素。在数学表象的基础上对有关数学形象的特征进行数学判断,就是数学直感。把数学表象和数学直感在主体头脑里有机地结合或组合起来,对已有数学表象进行结合和改造,产生新的数学表象的思维过程,称为数学想象[③]。数学想象的基本材料是数学表象,基本手段是数学直感。

值得指出的是,数学表象、数学直感和数学想象之间存在着深刻的辩证关系,即数学表象和数学直感是数学想象的基本成分或材料,而数学直感与数学想象互为表里,互相渗透。数学想象是数学直感形成的过程,而数学直感又表现为数学想象的结果[④]。当然,在利用形象思维解决问题时,也应该注意运用逻辑思维,对形象判断进行检验,寻求论据,再下结论。

---

①汪文贤.数学思维论[M].杭州:浙江摄影出版社,2007:19.
②汪文贤.数学思维论[M].杭州:浙江摄影出版社,2007:19.
③汪文贤.数学思维论[M].杭州:浙江摄影出版社,2007:20.
④汪文贤.数学思维论[M].杭州:浙江摄影出版社,2007:20.

二、直觉思维

直觉思维又称灵感思维，这是一种依据已有经验直接领悟事物的本质并迅速做出判断的思维，是一种三维形式的思维。数学直觉思维是指人们对数学对象（或关系和结构）的某种直接的领悟和洞察，是以高度省略、简化、浓缩的方式洞察数学问题实质的思维[①]。数学直觉是一种直接反映数学对象结构关系的思维过程。思维者不是按部就班地推理，而是对思维对象从整体上进行考察，调动全部知识经验，通过丰富的想象做出敏锐而迅速的假设、猜想或判断，跳过若干中间步骤或放过个别细节而直接把握研究对象的本质。数学直觉思维的主要特征是迅速解决相关的数学问题。

数学直觉思维是数学创造性思维的基础。如果说逻辑思维用于数学的推理和证明，那么数学直觉思维可用于数学的发明或发现。对于直觉思维，应从两种意义上去理解。一方面，直觉思维是在丰富的知识与经验的基础上，在短时间内直观地把握事物的本质，瞬间做出判断的思维形式。另一方面，直觉思维是灵感思维，或称“顿悟”思维。直觉思维是经过长期思维后的瞬时顿悟，是思维信息急速转化和急剧重组，形成新的信息系统，从而使思维出现新的突破。直觉思维过程大体经历两个环节：一是经过长时间的思维而不得其解的情况下，思维从显意识转入潜意识；二是由于偶然因素的触发，使思维者的显意识与潜意识接通，思维的焦点迅速集中，形成瞬间的认识飞跃[②]。

第四节　几何直观思维内涵及特征

几何直观是一种意识，是一种技能与能力，更是一种思维方式[③]。几何直观作为一种思维形式，是人思维能力发展的基础，是公民的重要素养，也是基本素养。研究认为，几何直观思维是指借助图形及其形象关系思考和分析问题的一种思维形式，亦简称为几何直观。几何直观不仅兼具有直观性、操作性、感知性、跳跃性、创造性、感悟性等特点以及功能，更是“既有形象思维的特点，又有抽象思维的特点，是马列主义

①汪文贤.数学思维论[M].杭州：浙江摄影出版社，2007：23.

②汪文贤.数学思维论[M].杭州：浙江摄影出版社，2007：23.

③蔡宏圣.几何直观：小学数学教学的视角[J].课程·教材·教法，2013，33(5)：109-115.

中介理论在创造思维中的具体体现。”[①②]它是思维心理学的范畴，是唯物史观的一种中介思想，是非常重要的一种数学思维形式，在科学研究、发明创造和问题解决包括中小学生的学习以及学生创造性思维的培养等方面都有重要意义。

一、直观主义哲学观

“直观”概念是康德整个认识论的基础，也是其全部批判哲学的真正起点。康德的直观理论是由感性直观、想象力的直观、理智直观共同构成的一个具有层次性的系统。康德在《纯粹理性批判》中给想象力下了一个定义：“想象力是把一个对象甚至当它不在场时也在直观中表象出来的能力。”[③]康德关于感性直观的论述在哲学史上不同于以往之处在于他对感性直观作了“形式与质料”的区分，即空间与时间是形式，感觉是质料。康德从“现象之质料”(materie)和“现象之形式”(form)出发，认为感性直观有“经验的直观”(empirische Anschauung)和“纯粹的直观”(reine Anschauung)。

经验直观指通过感觉与对象相关的直观。它作为现象(对象)的质料，是现象中与感觉相应的东西。经验直观其实与感觉是一回事，只是经验直观侧重于与对象直接联系的方面，突出的是对象的存在；而感觉则着重于这种直接联系在人的感性方面产生的结果。因此，经验直观就是以感觉为内容的直观。

纯粹直观作为对象或现象之形式，它使显现的、多样的东西能够在一定的关系中被安排，或者说，感觉只有在这种关系中才能被组织起来，并被赋予一定的形式。显然，这种现象之形式尽管与感觉有关，但其自身决不会也是感觉，它是感觉经验之所以可能的条件。

经验直观与纯粹直观分别作为现象的质料与现象的形式，它们之间的区别是：“一切现象之质料仅后天的授予吾人，而现象之方式则必先天的存于心中以备整理感觉，故必容许离一切感觉而考虑之也。”[④]概而言之，康德的先天直观是具有双重品格：一方面，它是普遍而必然的。经验直观因感觉依赖外界对象和主体自身状态从而是受限制的，先天直观则超越了这种限制，它把思维目光从外界对象转向主观自身，毋庸置疑，一切外界对象最终都必定在主观意识中呈现，从而具有必然性。然而，它不关注主观的感觉内容，而是专注于主观的感性形式，这种感性形式是感觉经验之所以

①徐本顺，商应钢．关于思维中的几何直观问题[J]．西北大学学报(自然科学版)，1984(2)：91-96，105.

②蒋文蔚．几何直观思维在科学研究及数学教学中的作用[J]．数学教育学报，1997，6(4)：67-71.

③王建军．论康德直观理论的三个层次[J]．天津社会科学，2012(2)：46-50.

④康德．纯粹理性批判[M]．蓝公武，译．北京：商务印书馆，1960：47-48.

可能的条件，它普遍地适用于任何感觉经验。另一方面，先天直观作为一种直观，克服了概念抽象的片面性和间接性，表现为对对象原本而直接接受的特征。由于直观与对象直接关联，因而在直观中被给予的东西是可构想的、可想象的。相反，脱离了直观的概念抽象乃是不完全的，甚至有可能是荒谬的。直观作为对象的原本而直接的被给予是一切思维的根据，正如康德所谓："但一切思维，不问其直接间接，由其性格最后必与直观相关。"①

康德的"智性直观"概念至少含有以下三个基本因素②：一是在外直观方向上对某种非对象的、不显现的"先验对象"的"悟性直观"，可以简要地诠释为"形而上的直观"；二是在内直观方向上对某种非对象的、不显现的"先验对象"的"悟性直观"，可以简要地诠释为"心而上的直观"；三是在"本原直观"意义上的创造性直观或创造性的想象力，可以简要地诠释为"创造的直观"。

数学中的直观主义就是哲学中的康德主义，主张数学的概念由人类理性构造而成："数学的知识乃由理性自构成概念所得之知识。"③数学对象的构造就是人心先验地在直观中画出与概念相应的图形，所以构造数学对象需要非经验的直观。人心在这种纯粹直观中构造出一具体的图形，这一图形能够代表所有与某概念相应的图形。这说明人心在纯直观中构造的图形具有与概念相同的普遍意义，因此在纯直观中构造出了具体的图形就是构造出了相应的概念与数学实体，例如，构造数学对象"三角形"就是在纯直观中画出一个三角形④。

笛卡儿认为，直观是纯粹理性的，但作为理性的东西并不能完全摆脱或无视某些经验，可见这二者是矛盾的，直观的确定性与非逻辑性相矛盾，直观不能保证普遍原理的确定性，直观具有发现真理功能，但不能兼备证明真理、确保真理可靠性的功能⑤。

二、几何直观的历史性

毕达哥拉斯时代，人们的数学直观里浸透了整数是万物本质的哲理。非欧几何产生以前，人类的数学直观里有着欧氏公理是先验不变的真理的观念。非标准分析又使一度失去了对无穷小的直观在更抽象的层次上恢复。而今计算机造成的外移动

①黄铭．康德与胡塞尔论直观问题——从先天直观到本质直观[J]．浙江大学学报（人文社会科学版），2001(4)：36-41.

②倪梁康．康德"智性直观"概念的基本含义[J]．哲学研究，2001(10)：49-54，65.

③康德．纯粹理性批判[M]．蓝公武，译．北京：商务印书馆，1960：502.

④郝一江．柏拉图与康德逻辑主义与直观主义之源[J]．宁波大学学报（人文科学版），2001(2)：83-87.

⑤秦德生．关于几何直观的思考[J]．中学数学教学参考，2005(10)：9-11.

的超立体的图像，又对我们关于高维空间的抽象直观充实了具体感性。所以数学直观是历史概念，数学直观在每个历史时期，其抽象性和直观性都具有不同的内涵。

数学中的抽象性带有理论和哲学色彩，几何直观带有经验、思想和感情因素。复数的引入，是因逻辑上的需要而直接引进的“理想元素”，被赋予某种实际意义后，以几何直观解释为中介，同现实世界建立了间接联系，从而提高了它的可信性。复数，在它被引入后的最初两个半世纪中一直“给人虚无缥缈的感觉”，直至维塞尔、高斯等人相继对它做出了几何解释与代数解释，把它与平面向量$a+bi$或数偶(a,b)对应，才“帮助人们直观地理解它的真实意义”，并取得了实际应用。所以，它不仅被数学理论所决定，并随着数学理论的发展而发展，而且它也避免不了当时人类整个文化情境对个人心理上的影响。直观是随着人类理性的进步而进步的，换言之，几何直观的建立和发展是一个历史过程。它并不是一个从古到今就一直存在着的永恒的人类用来认识数学现象的中性框架，几何直观是一种进化的产物，可以进行更高层次的创造性活动。因此，一个人在不同年龄阶段所表现出的数学直观能力可以看作是整个人类在这方面历史发展过程的缩影①。

三、几何直观的中介思维

（一）德国古典哲学中的中介理论

“中介”，在德国古典哲学论著中是比较常见的哲学概念之一，是一个非常普遍的物质属性和认识范畴。康德在《纯粹理性批判》中提出，“只有感性才给我们提供出直观；但这些直观通过知性而被思维，而从知性产生出概念”②。同时，他特别指出，“我们的一切知识都开始于感官，由此前进到知性，而终止于理性③。”在这两句话中，康德对人类的认识很明确地阐明了感性、知性、理性三个概念以及它们之间的关系。可以认为，康德把“知性”看成是介于感性思维与理性思维的“中介”，而且知性兼具有人类认识的感性与理性的某些特点。

在黑格尔论著中“中介”也是提及较多的一个哲学概念，中介理论被认为是他首次提出的一种理论思想。他在《小逻辑》中对“中介”概念有论述，并且在使用中表现有多种含义，但是，他认为最重要的还是“对立面互为中介”的思想。黑格尔在《小逻

①秦德生.关于几何直观的思考[J].中学数学教学参考，2005(10):9-11.

②康德.纯粹理性批判[M].邓晓芒，译.北京：人民出版社，2004:25.

③蒋文蔚.几何直观思维在科学研究及数学教学中的作用[J].数学教育学报，1997，6(4):67-71.

辑》中指出:“举凡两个相异的规定或范畴的统一,并不仅是纯粹直接的或漫无规定性的空洞的统一,反之,必须认定其中的一个规定只有通过另一个规定为中介才会有真理。”[①]他在该论著中还特别强调:“每一方都各自认作绝对,以为两者之间有一坚固的鸿沟。因而在设法去联合双方时,自己给自己造成一个不可克服的困难。这个困难,有如我们所指出的,事实上并不存在,而且也是消失在玄思的概念里的。”[②]黑格尔不仅提出感性、知性、理性以及直接性、玄思、抽象性等认知范畴,而且还强调以“对立面互为中介”,也指明它们的相互关系。然而,德国古典哲学关于中介理论始终是建立在唯心主义的基础之上,把“对立双方”认为存在“一坚固的鸿沟”,而且对中介思想阐述有很多存在主观臆造的成分。

(二)唯物史观的中介思想

唯物史观的中介思想是对德国古典哲学,特别是对黑格尔提出的中介理论的批判继承与发展,从而形成的比较完整的中介理论体系,最终发展成为唯物辩证法重要理论之一。在《马克思恩格斯选集》(第3卷,1972年)、《自然辩证法》等经典论著中都有对中介思想的阐述。在《自然辩证法》中,恩格斯指出:“一切差异都在中间阶段融合,一切对立都经过中间环节而互相过渡,对自然观的这种发展阶段来说,旧的形而上学的思维方法就不再够了。……辩证法是唯一的、最高度地适合于自然观的这一发展阶段的思维方法。”[③]从这论述中基本明确“中介”的含义及其作用,并且坚决反对黑格尔旧的形而上学的“绝对分明的和固定不变的界限”的思维方法。

列宁也对“中介”有阐述,在《列宁全集》(第38卷)中指出:“一切都是互为中介,连成一体的。通过转化而联系的。”[④]这就极为深刻地说明了一切对立的两种态势互为中介性,是唯物史观的中介理论重要思想的进一步阐释。

(三)几何直观是重要的中介思维形式

在思维系统中,形成对立态势的范畴有很多,比如感性思维与理性思维、形象思维与抽象思维、直觉思维与分析思维等,而且在它们之间还有诸多存在差异的思维形式,即几何直观思维、视觉思维、空间想象思维、具体形象思维、形象逻辑思维、抽象逻辑思维等。所有这些思维形式在思维过程中构成一个庞大的思维体系,对立面互为

①黑格尔.小逻辑[M].贺麟,译.北京:商务印书馆,1980:163.

②黑格尔.小逻辑[M].贺麟,译.北京:商务印书馆,1980:163.

③中共中央马克思恩格斯列宁斯大林著作编译局.马克思恩格斯选集:第三卷[M].北京:人民出版社,1972:535.

④中共中央马克思恩格斯列宁斯大林著作编译局.列宁全集:第三十八卷[M].北京:人民出版社,1959:103.

中介，它们相互渗透、协同运转，在某些阶段甚至相互转化，可以说是一个动态变化的过程。几何直观思维仅仅是诸多思维中与其对立统一的互为中介的一种形式，是马列主义的中介思维形式。

1.几何直观与感性思维、理性思维的中介关系

康德对人类的认识提出了感性、知性、理性三个范畴，知性是感性、理性认识（思维）的“中介”。感性思维是指把一个主体（物质）的内层若干主体（物质）凭自身的实力来参与决定这一主体（物质）的各种事物的过程；理性思维是指把一个主体的核心主体（物质）依赖这一主体对内层其他主体和物质的控制力来实现这一核心主体（物质）对外层主体的控制过程①。感性思维是借助于感性材料来认识事物现象，理性思维是通过语言、概念、分析等方式认识事物本质，在这个过程中几何直观是从认识现象到认识事物本质的“中介”。

在认识事物的过程中，主要通过各种感官即视觉、听觉、触觉等，以及体验、联想、想象、感悟等来认识。由感性认识事物的现象，借助几何图形的直观形象思考与分析，预测结果，甚至凭借几何直观切身感受、把握事物的本质。为证明预测结果的正确性，转入理性的思考，借助于语言、符号、概念等进行逻辑性分析，揭示事物的本质属性。这一过程既与感性思维交叉，也与理性思维互渗。也就是说，感性思维与几何直观互为中介，理性思维与几何直观也是互为中介，它们协同运转把握事物的本质以及规律。

认识从感觉开始，而知觉与表象是感性阶段，但也是理性阶段，并且指向更高级的理性思维阶段。这种思想在我国课程标准要求以及教材编写中都有体现，因为它符合学生年龄特征的认知发展规律。例如，在我国义务教育数学课程标准的要求及其教材编写中力图“在准确表达数学含义的前提下，符合学生年龄特征，有助于他们的理解”，对于第一学段的教材采用图片、游戏、卡通、表格、文字等多种形式，要求直观形象、图文并茂、生动有趣地呈现素材；第二学段采用图片、表格、文字等形式，逐渐增加数学语言的比重；第三学段，将实物照片、图形、图表、文字、数学符号等多种形式结合起来呈现②。这个编排要求体现了由感性到理性的一个发展过程，即认识的较低阶段表现为感性形式，中阶段总是亦感亦理，认识的较高阶段则表现为理性形式。而在整个感性思维与理性思维的过程中，几何直观是诸多中介思维中重要的形式之一，即借助视觉、听觉、触觉等感官，以及体验、想象、感悟、顿悟等来认识事物，并起到重

①吕志强.感性与理性思维互动教学模式与精品课程建设[J].辽宁教育研究，2006(9):83-84.

②中华人民共和国教育部.义务教育数学课程标准(2011年版)[S].北京:北京师范大学出版社，2012:67.

要的作用。正如孔凡哲、史宁中所说一样,“几何直观是在直观感知的感性基础之上所形成的理性思考的结果所致。……这种直接判断建立在针对几何图形长期有效的观察和思考的基础之上,既有相对丰富的经验积累,也有经验基础之上的理性的概括和升华。”[①]反过来,理性思维又反作用于几何直观和感性思维,几何直观反作用于感性思维,对立面互为中介,是一个动态变化的思维过程。

2.几何直观与形象思维、抽象思维的中介关系

形象思维与抽象思维是思维系统与思维心理学抽象性分类的两个主要子系统和两个重要指标。我国著名科学家钱学森认为,抽象思维、形象思维和灵感思维是思维科学的三个组成部分[②]。形象思维是以表象为思维材料、以反映客观事物的形象特征为主要任务的一种思维形式;抽象思维是以概念为思维材料、以反映客观事物的本质属性为主要任务的一种思维形式[③]。关于形象思维、几何直观思维和抽象思维之间的辩证关系,我国较早给予关注的学者徐本顺、商应钢和蒋文蔚等指出:“几何直观思维既有形象思维的特点,又有抽象思维的特点,是马列主义中介理论在创造思维中的具体体现。”[④⑤]该论断明确了几何直观的特点,提出几何直观是马列主义的中介理论,对深入理解几何直观思维的内涵具有积极的意义。

事实上,我们在做一些科学研究或者解决问题的过程中其思维过程是极其复杂的,它包含既有差别又有联系的多种思维形式,而形象思维和抽象思维是最为基本的两种思维形式。它们之间的关系可以通过图3-4来呈现。

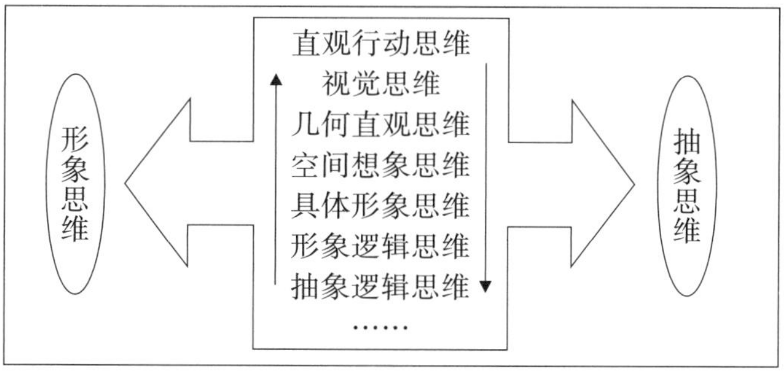

图3-4　形象思维和抽象思维关系图

①孔凡哲,史宁中.关于几何直观的含义与表现形式——对《义务教育数学课程标准(2011年版)》的一点认识[J].课程·教材·教法,2012(7):92-97.

②钱学森.关于思维科学[J].自然杂志,1983(8):563-567,572.

③于秀彬.试论形象思维与抽象思维的协同性[J].社会科学战线,2008(1):239-242.

④徐本顺,商应钢.关于思维中的几何直观问题[J].西北大学学报(自然科学版),1984(2):91-96,105.

⑤蒋文蔚.几何直观思维在科学研究及数学教学中的作用[J].数学教育学报,1997,6(4):67-71.

如图3-4所示，形象思维和抽象思维分布在两边，体现两者起着主导支配作用，两者制约着中间其他诸多思维形式，并且中间环节的表现形式也有千差万别，诸如直观行动思维、视觉思维、几何直观思维、空间想象思维、具体形象思维、形象逻辑思维、抽象逻辑思维等。居于中间大框内的上下箭头表示这些中间环节思维之间也具有密切关系，既相互排斥而吸引，又相互离异而补充，一起协同运转。从图3-4可以看出，中间环节诸多思维都是形象思维和抽象思维的中介。根据马列主义中介思维理论思想，即每一个有对立面的思维，都以它的对立面为中介，因此，视觉思维是以形象思维为中介，形象思维又是以视觉思维为中介；形象思维与抽象思维也互为中介；居于中间环节的各种思维也互为中介，例如，视觉思维与几何直观思维的中介关系：视觉思维自始至终借助意象，在观看、想象、构绘等形式的不断交替、变化中解决问题[①]，而几何直观思维借助图形及其形象关系去思考和分析问题，它们都借助于眼睛看，或者借助形象（意象）思考，即借助于可视物体及其形象（意象）去思考和分析问题，只是在解决问题时的侧重点不一样而已。它们在思维过程中相互交替、渗透以及相互转换，即视觉思维以几何直观思维为中介，反过来，几何直观思维也以视觉思维为中介。

基于问题解决呈现几何直观思维的过程，如图3-5所示。

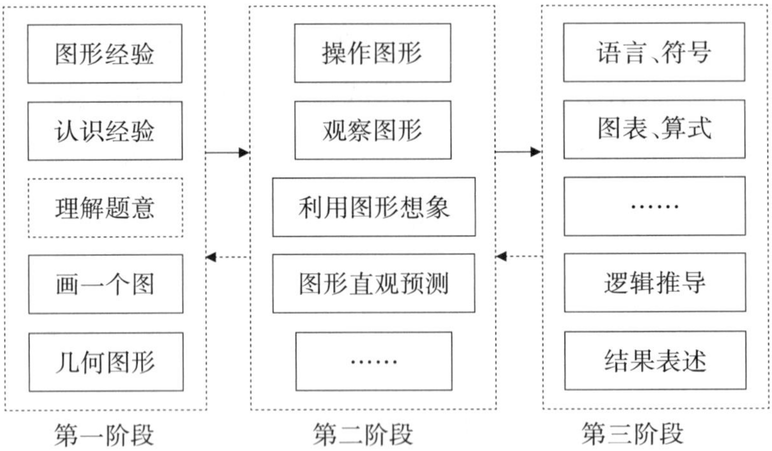

图3-5　几何直观思维的过程图

在图3-5中，从左到右实箭头表示问题解决中几何直观思维过程，从右到左的虚线箭头表示反作用。第一阶段是把一个抽象的问题转化为图形问题或者把抽象问题形象化，事实上这个过程首先要累积图形的基本经验、认识图形，然后分析问题、理解题意，最后才能画出几何图形表达其意，把复杂问题简单化；第二阶段就是按照问题

①傅世侠.关于视觉思维问题[J].北京大学学报（哲学社会科学版），1999（2）：63-68.

操作图形(比如移动、旋转、标识或作辅助线等),观察图形,利用图形思考与分析问题,借助图形的直观形象关系探索思路,预测结果;第三阶段是根据图形分析思路与预测结果并进行逻辑推理,这里要用语言、符号、算式等进行分析和抽象的逻辑论证,证明预测的问题结果的正确性。在整个过程中,第一阶段是抽象思维转换为形象思维,它们具有中介转换关系;第一阶段到第二阶段是形象思维转入几何直观思维,它们相互渗透、互为中介;第二阶段是一个几何直观思维阶段,这里不仅有形象思维和抽象思维,而且还有其他思维形式的参与,它们互为中介;第二阶段到第三阶段是几何直观思维转入抽象思维,即借助几何直观分析的思路进入抽象的语言、符号、算式等表达与论证,证明预测结果的正确性以及揭示数学问题的本质。当然,抽象思维对于几何直观思维也具有反作用。事实上,数学理论发展到一定阶段的必然结果就是抽象思维对客观事物的认识具有重要的指导作用,例如,通过对一个函数的理论分析(利用导数弄清楚其单调性、凹凸性、渐近性等问题)可以帮助人们弄清楚函数的几何性质。换言之,几何直观思维与抽象思维之间并没有特定的上下层次关系,它们之间正如黑格尔所说的是“对立面互为中介”的关系。

第四章

教育测评模型构建基本理论

在教育科学领域中，关于测量、评价与测评模型构建等都有一些研究[①②③④]，并在教育教学工作中起着积极的作用。随着现代系统理论的建立和计算机的发明与发展，对大数据的计算和分析变成可能，借助先进的软件包如SPSS、MATLAB、LINGO、LISREL、AMOS等完成构建测评模型，为测评工具的开发提供便捷和可靠性，对完成教育教学测评工作意义非凡。

第一节　现代系统理论思想

当今社会的诸多问题（如消费、人口、教育等）需要运用系统的方法进行处理。系统思想经过古代——近代——现代三个不同的阶段，从系统观念逐渐发展到今天的系统论[⑤]。现代系统论结构如图4-1所示。

图4-1　现代系统论结构图

系统思想源远流长，但作为一门科学的系统论，人们公认是由美籍奥地利人、理论生物学家贝塔朗菲（L.Von Bertalanffy）创立的。他在1932年发表了“抗体系统论”，提出了系统论的思想。1937年，他提出了一般系统论原理，奠定了这门科学的理论基础。确立这门科学学术地位的是1968年贝塔朗菲出版的专著《一般系统理论基础、发展和应用》，该书被公认为是这门学科的代表作。“系统”一词，来源于古希腊语，是由部分构成整体的意思。通常把“系统”定义为：由若干要素以一定结构形式联结构成的具有某种功能的有机整体。在这个定义中包括了系统、要素、结构、功能四个概念，表明了要素与要素、要素与系统、系统与环境三方面的关系。系统理论是研究系

①汪德营，李玉琪.数学教育测量与评价[M].海口：南海出版公司，1992.

②胡中锋.教育测量与评价（第2版）[M].广州：广东高等教育出版社，2006.

③黄牧航.从教育测量走向教育评价——论新课程改革后高考考试评价制度改革的趋向[J].中国考试，2009(5)：3-10.

④辛涛，田伟，邹舟.教育结果公平的测量及其对基础教育发展的启示[J].清华大学教育研究，2010(3)：21-26.

⑤霍绍周.系统论[M].北京：科学技术文献出版社，1988.

统的一般模式、结构和规律的学问，它研究各种系统的共同特征，用系统理论知识定量地描述其功能，寻求并确立适用于一切系统的原理、原则和模型，主要对计算机、应用数学、管理等专业的某一方向有专门研究，掌握系统思维方法，能够从整体上系统地思考和分析问题，是具有逻辑和数学性质的一门新兴的科学。

系统论认为，开放性、自组织性、复杂性，整体性、关联性，以及等级结构性、动态平衡性、时序性等，是所有系统的共同的基本特征。这些既是系统所具有的基本思想观点，又是系统方法的基本原则，表现了系统论不仅是反映客观规律的科学理论，更是具有科学方法论的含义，这正是系统论这门科学的特点。系统论的核心思想是系统的整体观念。贝塔朗菲强调，任何系统都是一个有机的整体，它不是各个部分的机械组合或简单相加，系统的整体功能是各要素在孤立状态下所没有的性质。他用亚里士多德的"整体大于部分之和"的名言来说明系统的整体性，反对那种认为要素性能好，整体性能一定好，以局部说明整体的机械论的观点。同时，他认为，系统中各要素不是孤立地存在着，每个要素在系统中都处于一定的位置，起着特定的作用。要素之间相互关联，构成了一个不可分割的整体。要素是整体中的要素，如果将要素从系统整体中割离出来，它将失去要素的作用。

当今社会问题变得越来越复杂，呈现变量多、随机性强、信息量大等特征。数学的发展、电子计算机的强大功能在各个领域应用，为运用系统论的思想方法解决各种现实问题提供了强有力的计算工具。基于系统理论视角察看数学核心素养，数学核心素养是一个"要素集"，各要素之间关系复杂，它们具有相对的独立性，但更重要的是它们之间具有密切的相关性，在研究、教学与测评中要具有整体观念[①]。就某一要素（或数学核心素养）测评而言，现有的相关研究中更侧重测试分析、探究学生素养的发展规律[②③]，少有研究关注测评体系构建，整体性的研究过程碎片化，导致失去应有的一致性、连续性和科学性。例如，如果没有科学地探索测评指标和构建测评模型，那么编制测试卷的可信度将打折扣，失去针对性的理论框架支撑。特别是，探索某个核心素养测评指标也要注意各个指标的整体性和前后的一致性，能够同时揭示该核心素养的本质属性。

①张和平．义务教育数学课程核心词测评体系构建探究［J］．凯里学院学报，2018(6)：102-106.

②刘晓玫．小学生空间观念的发展规律及特点研究［D］．长春：东北师范大学，2007.

③郭民．小学生数感的发展及特征研究［D］．长春：东北师范大学，2009.

第二节 测量、评价及两者与教学的关系

很久以前,我们的祖先就使用测量原理来修建栖身之所、制造工具、选择同伴、捕杀猎物和制作衣服等。古埃及人为了修建金字塔设计了高级而复杂的测量方法,到公元前2700年,他们已经掌握了三维空间测量技术。随着技术的进步,测量越来越精细化,例如,长度单位,从利用肢体作为度量单位到逐步会使用米、厘米、毫米、微米等为度量单位。19世纪,一些学者对新兴的测量研究做出了重要贡献,高尔顿编制了"相互关联"的感觉测验和动作测验,开始了对"天才"的实证研究。桑代克写了第一本关于智力和社会测量方面的书,并且和他的学生编制了教育成就测验,使得这些测验的应用得到了推广[①]。

测量与评价(常简称测评)在我们的生活中无处不在,比如人一出生便受到仔细地观察,常量身高、测体重,并与其他孩子比较等。在人长大过程中,尤其在学校生活中,又会接触到各种各样教育的测评;成年后,不仅测评充斥着我们的生活,而且我们的决策过程包含着测量和评价的某种形式。

众所周知,教育教学是离不开测量与评价的。黄希庭认为测量是依据一定的规则用数字对事物加以确定[②],何小亚等认为测量是指按照明确的构想或规则对人、事或物的属性或特征赋值的过程[③]。测评是分析学习的有效工具,短期来看,课堂评估可以把注意力聚焦在学科具体内容上,给学生更多技能练习和学习巩固的机会,为教学或学习活动提供进一步的指导;中长期来看,测评也会影响学生的学习动机,让学生认识到自身的能力,并在实际成绩与期望成绩间沟通,强化教学目标,还影响学生学习策略、技能、学习模式的发展及学生随后的课程、活动、职业选择等。其实,教育测量也是需要按照具体的规则对教育对象属性进行量化。测量的对象是学生的属性或性格,而并非是学生本身。比如,教师可以测量诸如五年级学生的身高、兴趣、智力等,或者是学生学习不同课程以及内容的成绩,这些都是测量的属性。我国有学者认为,教育测量是指依据一定的法则,对人的知识、技能、学业成就、智力结构、兴趣爱好、个性特点等事物或现象给予数量化的描述过程[④]。教育测量包括3个基本要素,即参照点(实施测量的计量起点),以及统一测量单位、测量工具。在教育测量中,常

①萨克斯 G,牛顿 J W.教育和心理测量与评价原理[M].王昌海,等译.南京:江苏教育出版社,2002:1-6.

②黄希庭.简明心理学辞典[M].合肥:安徽人民出版社,2004:34.

③何小亚,李耀光,张敏.数学教育研究与测量[M].北京:科学出版社,2015:253.

④何小亚,李耀光,张敏.数学教育研究与测量[M].北京:科学出版社,2015:253-254.

用的量具是试卷和量表。美国心理和教育测量学家布朗认为:“测验是对行为样本进行测量的系统程序。”测验要求被试个体对项目或任务做出反应,施测者从中推断出所测属性的情况。有些测量不需要个体完成任何任务,但这种测量不是测验。教育测验是指依照严格的科学程序来编制(工具)、施测、记分和解释教育现象及规律的一种测量过程[①]。从某种意义上讲,在教育领域中的测量与测验、教育测量与教育测验是两组同一概念的不同说法。

评价是指根据各种观察,或评价者自身背景及所受训练而做出有价值的判断或决策的过程[②]。吉尔伯特·萨克斯认为:“没有评价的教学在措辞上就是一种矛盾。教学的本质就要求教师、学校行政部门、家长以及学生本人不断地进行价值判断(评价)。”[③]评价对教育意义重大,如Popham基于4000多个被试的调查研究提出:当形成性评价能很好地实施时,能产生学生成就的巨大收益,基本上可以使学生的学习速度增加一倍,而且它相当有效耐用,不同的老师以不同的方式使用时也能给学生带来巨大的收获。Shavelson等认为:“良好的评价是良好的教学活动,而且良好的教学活动也是良好的评价。”[④]综上述分析,在基础教育领域中,测量、评价与教学密不可分,而且测量与评价为教学提供帮助,促进我们实施更有效的教学。

第三节　教育测评模型的构建方法

一、结构方程模型的内涵与表达式

从字面上理解,测评模型是测量评价的一种模型。模型是对客观现实事物的某些特征与内在联系所做的一种抽象,它刻画了事物有关因素之间的关系。《数学辞海》中解释说模型可以是文字、图表、公式,也可以是计算机程序或其他实体模型[⑤]。从本质上讲,模型是对很多变量间关系(联系)的假设和概念的描述。模型旨在解释现象,

①何小亚,李耀光,张敏.数学教育研究与测量[M].北京:科学出版社,2015:253-254.

②萨克斯G,牛顿J W.教育和心理测量与评价原理[M].王昌海,等译.南京:江苏教育出版社,2002:25.

③萨克斯G,牛顿J W.教育和心理测量与评价原理[M].王昌海,等译.南京:江苏教育出版社,2002:10.

④Shavelson R J, Baxter G P, Pine J. Performance assessments: Political rhetoric and measurement reality[J]. Educational Researcher, 1992,21(4):22-27.

⑤数学辞海编辑委员会.数学辞海:第五卷[M].南京:东南大学出版社,2002:109.

应用在教育研究时，模型被用来解释在某个情境中发挥作用的教育变量①。总之，模型是人们依据特定的研究目的，在一定的假设条件下，再现模型客体的结构、功能、属性、关系、过程等本质特征的物质形式或思维形式。在这里更关注的是本质上作为一种思维方式的模型概念，它反映的是研究对象即各变量之间的相互关系，而这种关系一般可以通过定性和定量两种方式表达出来。在教育研究领域，存在更多的是定性地表达研究对象即结构关系的模型，定量模型则较为匮乏。既然是对事物本质特征的描述和反映，构建一个科学的模型就意味着有效地把握了研究对象的本质特征②。模型法一般包括生成概念化模型、模型界定、模型拟合和模型评估等4个步骤③。综合测量、评价和模型的相关定义，研究认为，测评模型是指根据一定的规则对事物特征进行定量分析所抽象出来的关系式，其表现形式可以是数学线性表达式，也可以是表格等④。当前，结构方程模型（structural equation modeling，SEM）是社会科学研究中的一个非常好的方法。该方法在20世纪80年代就已经成熟。20世纪80年代以来，结构方程模型迅速发展，弥补了传统统计方法的不足，成为多元数据分析的重要工具。

（一）结构方程模型内涵

完整的结构方程模型（SEM）包含测量模型（measurement model）与结构模型（structural model），在SEM分析的路径图（图4-2）中，测量模型中作为指标变量者称为测量变量（或称观察变量、指标变量、显性变量），模型图中以正方形或长方形对象表示，测量模型中的指标变量通常都是量表的题项，而量表是采用总加量表的形式。以李克特（Likert-scaled items）五点量表为例，测量模型中各指标变量的平均数介于1~5分。因素构念称为潜在变量（latent variables）（或称构念、无法观察变量、潜在因素），模型图中以圆形或椭圆形对象表示，测量模型的潜在构念是量表在探索性因素分析中萃取的因素（factor），这些因素构念无法直接被观察测量，而是借由各指标变量来反映。测量模型的无法观察变量又称为共同因素（common factor），此共同因素的变异是由一个以上观察变量（一个以上题项）共同来反映。

①威廉·维尔斯马，斯蒂芬·G.于尔斯.教育研究方法导论（第9版）[M].袁振国，译.北京：教育科学出版社，2010：312-314.

②范涌峰，宋乃庆.大数据时代的教育测评模型及其范式构建[J].中国社会科学，2019(12)：139-155.

③Fergusson D M. Annotation：Structural Equation Models in Developmental Research[J]. Journal for Child Psychology and Psychiatry，1997，38(8)：877-887.

④张和平，裴昌根，宋乃庆.小学生几何直观能力测评模型的构建探究[J].数学教育学报，2017(5)：49-53.

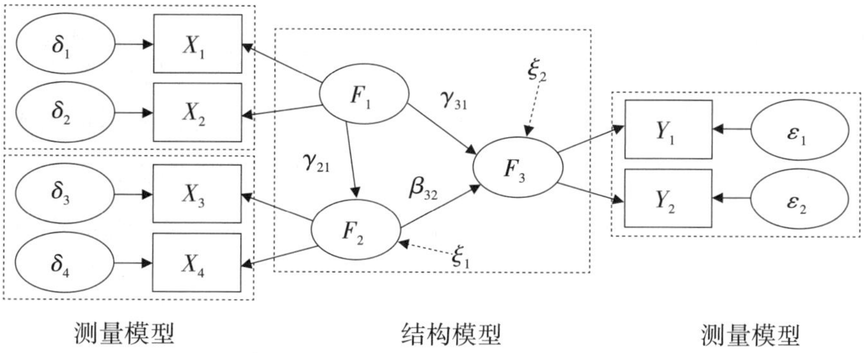

图4-2　结构模型和测量模型关系图

由图4-2将数个测量模型组合后，对潜在变量间因果关系的探讨即成为结构模型。结构模型中潜在变量分为自变量、因变量，自变量又称为“因”变量或外因潜在变量，因变量又称为“果”变量或内因潜在变量，Amos模型中作为内因潜在变量者（单箭号所指向的变量）要增列一个预测残差量（ξ），否则模型无法估计。两个外因潜在变量（自变量）为F_1、F_2，内因潜在变量（因变量）为F_3，以外因潜在变量来预测内因潜在变量会有预测残差，因而内因潜在变量F_3要增列一个预测残差项。外因潜在变量间没有因果关系存在，假设模型图中要以双箭头曲线建立共变关系，两个外因变量彼此独立不相关，则进一步可将变量间的共变关系设定为0（Amos窗口界面中直接在双箭头共变对象中将协方差参数的数值界定为0，或将协方差参数C设为0：C=0）[①]。

（二）结构方程模型表达式

在数据的计量领域中，结构方程模型已经成为具有指标性的分析技术。它是通过对一些观测变量（指标）进行测量，建立潜在变量之间的结构关系，从微观个体出发探讨宏观规律的一种统计方法。测量模型是指潜在变量与观测变量之间的关系，结构模型是指潜在变量之间的关系。下面是这两种模型的方程表达式[②]：

结构模型的方程：$E=B\eta+\Gamma\theta+\vartheta$。其中，$\eta$为内生潜在变量，$B$为内生潜在变量之间的关系，$\Gamma$为外源潜在变量对内生潜在变量的影响，$\theta$为外源潜在变量，$\vartheta$为结构方程的残差项。

①吴明隆．结构方程模型：Amos实务进阶［M］．重庆：重庆大学出版社，2013：14．

②张和平．基于结构方程的几何直观能力测评模型构建［J］．贵州师范大学学报（自然科学版），2017，35（2）：104-108．

测量模型的方程：$\begin{cases} X=\Lambda_x\xi+\delta \\ Y=\Lambda_y\eta+\varepsilon \end{cases}$。其中，$X$ 为外源指标构成的向量，Λ_x 表示外源指标与外源潜在变量之间的关系，δ 是外源指标 X 的误差项；Y 为内生指标构成的向量，Λ_y 表示内生指标与内生潜在变量之间的关系，ε 是内生指标的误差项。

结构方程模型是一种应用广泛的数学模型，能够解决教育学、经济学、社会学、管理学、心理学、旅游学等学科中的诸多问题。

二、教育测评模型的构建方法

教育测评涉及面广，教育数据具有规模大、类型和来源多样、处理速度快、时效性高等特点①，其中也包含依靠传统方法无法获取的教育活动实时、真实的信息，如学生在各种传感器上留下的学习、生活等活动信息及时间分配，特别是基于大数据的样本接近于总体，数据获取具有偶然性，使大数据本身参差不齐，信息价值密度低。因此，要想把握教育改革和发展的本质与规律，首先应建立研究对象的测评模型，形成对研究现象自身的科学认识，并基于模型系统地、科学地、有目的地搜集、分析和处理数据。

测评技术，是影响教育测量评价发展改革的关键问题②。梳理文献发现，在教育科学研究领域中模型法越来越受到关注③④⑤，在教育测评工作中有时候需要构建模型。测评模型非常重要，它是整个基础教育和人的素养发展重要的评估检测工具。同时，构建测评模型是一项实证研究，在我国倡导教育实证研究范式转型背景下⑥更显示它的重要意义。

《标准（2011年版）》在全国实施已有10多年，随着数学核心概念教学改革的深入，对几何直观能力测评势在必行。通过文献梳理，在国内外还没有发现几何直观能力测评模型的构建，但在教育科学领域中其他测评模型构建研究已经存在，这些研究成果可以借鉴，比如教师胜任力模型与测评研究⑦、Higher education quality assessment

①Daniel B K.Big data and data science: A critical review of issues for educational research[J].British Journal of Educational Technology, 2019,50(1):101-113.

②张勇.测评技术是影响教育评价改革的关键[N].中国教育报,2019-03-28(7).

③孙琰.硕士研究生胜任特征模型与测评研究[D].大连:辽宁师范大学,2010.

④吕建华.中学教师胜任素质模型构建与测评[D].长春:东北师范大学,2011.

⑤李翠萍.地方高校大学生满意度指数模型构建及其测评研究[D].天津:河北工业大学,2011.

⑥教育实证研究华东师范大学行动宣言[J].全球教育展望,2017(3):3-5.

⑦徐建平.教师胜任力模型与测评研究[D].北京:北京师范大学,2004.

model: Towards achieving educational quality standard①、基于结构方程模型的初中生学校满意度测评研究②、课程难度模型:我国义务教育几何课程难度的对比③、中英两国初中数学期望课程综合难度的比较④、初中生信息素养测评模型构建研究⑤、小学数学教材难度模型研究⑥、义务教育资源配置均衡发展测评模型的构建研究——基于对重庆统筹城乡教育的调研⑦、课业负担测评模型的构建研究——基于义务教育阶段学生的调查⑧和小学低段数学符号意识测评模型的构建研究⑨等。对这些研究进行具体分析发现,蔡庆有等人运用文献分析、专家咨询、问卷调查和统计分析等方法从小学教材的难易度影响因素着手进行分析与探索,最终构建出小学数学教材难易度线性模型⑩;杨欣从学生课业负担的操作性定义入手,通过大规模抽样调查,运用一系列统计分析方法构建出学生课业负担测评模型⑪;朱亚丽从义务教育资源配置均衡发展的内涵出发,通过文献梳理和专家访谈法得到影响指标,利用统计分析方法确定模型的结构,并验证说明模型的适应性和有效性,进而构建出义务教育均衡发展的测评模型⑫;李艳琴、宋乃庆从小学低段数学符号意识的内涵入手,构建操作性定义,编制测试卷对学生进行测试,完成对测评指标的探索性因子分析和验证性因子分析,利用主客观赋值法构建测评模型,并对模型进行初步验证⑬。

综合上述已有研究的思路和步骤,发现它们有一个共同的特点:其基本程序包括构建操作性定义—探索并验证测评指标—构建测评模型—验证模型等。该程序中第二、三个环节是构建测评模型研究的重点,也是难点,具体介绍如下。

---

①Noaman A Y, Ragab A H M, Madbouly A I, et al. Higher education quality assessment model: towards achieving educational quality standard[J]. Studies in Higher Education, 2015, 42(1):1-24.

②张杨.基于结构方程模型的初中生学校满意度测评研究[D].天津:天津师范大学,2009.

③史宁中,孔凡哲,李淑文.课程难度模型:我国义务教育几何课程难度的对比[J].东北师大学报(哲学社会科学版),2005(6):151-155.

④鲍建生.中英两国初中数学期望课程综合难度的比较[J].全球教育展望,2002(9):48-52.

⑤张辉蓉,杨欣,李美仪,等.初中生信息素养测评模型构建研究[J].中国电化教育,2017(9):33-38.

⑥蔡庆有,邝孔秀,宋乃庆.小学数学教材难度模型研究[J].教育学报,2013(5):97-105.

⑦朱亚丽.义务教育资源配置均衡发展测评模型的构建研究——基于对重庆统筹城乡教育的调研[D].重庆:西南大学,2015:78-80.

⑧杨欣.课业负担测评模型的构建研究——基于义务教育阶段学生的调查[D].重庆:西南大学,2015.

⑨李艳琴.小学低段数学符号意识测评模型的构建研究[D].重庆:西南大学,2017.

⑩蔡庆有,邝孔秀,宋乃庆.小学数学教材难度模型研究[J].教育学报,2013(5):97-105.

⑪杨欣.课业负担测评模型的构建研究——基于义务教育阶段学生的调查[D].重庆:西南大学,2015.

⑫朱亚丽.义务教育资源配置均衡发展测评模型的构建研究——基于对重庆统筹城乡教育的调研[D].重庆:西南大学,2015:78-80.

⑬李艳琴,宋乃庆.小学低段数学符号意识测评指标体系的初步构建[J].教育学报,2016,12(4):23-28,38.

（一）探索并验证测评指标

通过文献梳理和专家访谈等方法构建操作性定义后，就要确定维度、探索测评指标。通过对上述研究成果的分析，根据学科不同，探索与验证测评指标的方法是不同的：一种方法是编制问卷进行调查，对问卷数据进行探索性因子分析和验证性因子分析；一种方法是编制测试题测试学生，对测试成绩进行探索性因子分析和验证性因子分析；还有一种方法是混合法，利用问卷数据进行探索性因子分析，然后再利用测试成绩进行验证性因子分析，反之亦然。

（二）构建测评模型

基于调查构建测评模型是实证研究越来越重视的一种方法，而且测评模型的表现形式也有多种类型，一种是通过计算指标权重写出数学表达式①②，即 $Y=\alpha_1 A_1+\alpha_2 A_2+\cdots+\alpha_n A_n=\sum_{i=1}^{n}\alpha_i A_i$，其中 α_i 表示各个指标的权重，A_i 表示对应的测评指标（A_i 未必线性相关）；另一种是计算各个指标的影响力占比（或权重），用表格的形式表示③，或者用比例的形式表示④。

上述这两种表现形式，不管是哪一种，最重要的都是需要求解指标的权重（即某指标在整体评价中的相对重要程度）。求解权重的方法有多种途径，其中有三种方法经常被使用，下面进行简要介绍。

1.利用主成分分析法确定指标权重

利用主成分分析法提取特征值 $\lambda(\lambda>1)$ 及其方差贡献率 $x_i(i=1,2,\cdots)$，并求主成分对原来指标的因素负荷量 $y_{ij}(i=1,2,\cdots;j=1,2,\cdots)$。假设提取的主成分为两个成分，并且它们对原来指标的因素负荷量分别是 y_i 和 $y_j(i=1,2,\cdots;j=1,2,\cdots)$，则权重系数的计算公式为：$a_i=\frac{x_{i_1}y_i+x_{i_2}y_j}{x_{i_1}+x_{i_2}}$。最后还常常对权重系数归一化。

2.利用因素负荷量计算权重

首先基于理论假设和调查数据构建结构方程模型，然后计算观测变量对潜在变

①蔡庆有，邝孔秀，宋乃庆．小学数学教材难度模型研究[J]．教育学报，2013(5)：97-105.

②李化侠．小学统计思维测评模型构建——基于学习进阶的视角[D]．北京：北京师范大学，2017.

③孙成江，李琪．公共图书馆服务能力评价指标体系构建及实证研究[J]．情报资料工作，2015(6)：62-67.

④李艳琴，宋乃庆．小学低段数学符号意识测评指标体系的初步构建[J]．教育学报，2016，12(4)：23-28，38.

量的因素负荷量①,利用这些因素负荷量经过标准化或者迭代运算得出指标的权重。同时也可以把这些系数归一化。

3.通过专家评分法确定权重

这种方法的关键是先设计对各个测评指标重要性打分的测量工具,然后对行业知名专家以及从事本行业的一线工作人员等展开调查,并对调查结果进行统计。利用每个测评指标的计算数值表示该指标的权重。

教育测评模型具有以下三个方面的特征②:一是定量描述与价值判断相结合。构建教育测评模型的主要目的就是通过关键要素及其相互间关系来呈现复杂的教育现象,将复杂问题简洁化、计量化。然而,有些教育要素如入学率、教育经费、学生数量等是容易以数字呈现的,而诸多教育要素如教师幸福感、学生心理健康水平、校长胜任力等难以直接获取定量数据。在教育测评模型构建中,对于这类难以计量的教育要素只有最大程度地进行量化,科学设计工具,从而对教育测评对象的认识更加精确、科学,也使测评结果更具说服力、可比性和参照性,测评是定量描述与价值判断的统一体。二是精确性与局限性并存。教育测评模型可以通过定量刻画实现对教育现象的精确描述和再现,把握教育现象的本质规律。然而,教育测评不可能绝对完整地呈现教育现象的全貌,加之对一些指标尤其是主观指标的定量刻画不可避免地存在误差,因此教育测评模型也必然存在一定的局限性。三是稳定性与发展性相结合。教育测评模型中所包含的指标和数据是研究者根据实际需要和基于一定的价值取向选取的,这些指标和数据往往都只是反映了一定时期内教育现象的基本状况,随着时间的推移,社会的经济发展状况和教育政策发生改变,其中一些指标和数据可能会失去效用,而需要以新的指标和数据替代。

综合上述关于测评模型构建研究的成果,得出对本书在思路和方法上的启示,即小学生几何直观能力测评模型构建研究的基本思路:梳理小学生几何直观能力的内涵—构建小学生几何直观能力的操作性定义—探索测评指标—计算指标权重—构建测评模型—初步验证测评模型以及应用等。

①段冰.基于结构方程的顾客满意度测评模型[J].统计与决策,2013(12):48-50.

②范涌峰,宋乃庆.大数据时代的教育测评模型及其范式构建[J].中国社会科学,2019(12):139-155.

第四节 教育测评的相关政策及监测概况

一、教育测评发展不同阶段及相关政策

教育测评的发展大致经历了测量、描述、判断、建构和综合等阶段①。第一代教育评价是测量。测量是获取教育数据的有效可靠方法，主要追求测量与测量结果的标准化、客观化，主要是大量应用测量技术与手段(真分数理论与技术的应用)。第二代教育评价是描述。描述是对测量所得数据进行事实还原，再解释学生学习达成教育目标的程度，主要以教育目标理论或概化理论为应用，对每一次测验与考试的结果进行描述或描述性分析。这种“双基”测验与考试，正是导致“应试”的技术源头。第三代教育评价是判断。根据测量所得的事实判断学生发展情况，以能力倾向判断学生发展的项目反应理论产生。对于这类评价来说，制定价值判断标准尤为重要。20世纪80年代，第四代教育评价——“建构”时代开始了，主要研究教育建构过程、方法和特征，认知诊断理论和多维项目反应理论成为这个时期教育评价研究和应用的主流。认知诊断理论以“知识结构+认知结构+思维模型”为基础，对认知的形成过程做出诊断和判断，即对教育的过去进行诊断和判断。②多维项目反应理论则是对多重显性能力测量并对学生的未来发展做出诊断与预测，即对教育未来进行诊断和判断。它体现在参与评价各方的共同“协商”，主张用“全面参与、共同协商、积极回应”的价值观点看待教育评价，即共同建构③。2013年，教育部印发的《教育部关于推进中小学教育质量综合评价改革的意见》指出，“对评价内容和关键性指标进行分析诊断，分项给出评价结论，提出改进建议，形成学校教育质量综合评价报告”，明确要求建立一种回应和全面参与的协商机制。

目前在部分中小学采用的学业素质与能力评价系统(ACTS)、综合素质能力评价系统(ICTS)、发展潜能评价系统(PCTS)等评价系统，被教育界认可的一个关键原因是，对教育局、学校、教师、学生评价后给出评价报告，由学生、家长、教师等参与积极解读和响应，参与评价的各方都能得到交流、互动，能就不同的问题和困难通过积极的“协商”和“回应”，达成共同建构，这就是采用了第四代教育评价思想、理论和方法。

①张勇.测评技术是影响教育评价改革的关键[N].中国教育报，2019-03-28(7).

②张勇.测评技术是影响教育评价改革的关键[N].中国教育报，2019-03-28(7).

③张勇.测评技术是影响教育评价改革的关键[N].中国教育报，2019-03-28(7).

2009年，哈佛大学校长组织了400多所高校联合签名，认为标准化考试已不足以承担对学生的评定和预测，掀起所谓“反学术能力评估测试(SAT)运动”。由反对单一的标准化考试开始，全球主要教育发达国家开始采用包括“学业水平考试+能力测试+综合素质评价”三位一体的综合评价。在第四代教育评价以后，教育综合评价就开启了从过去以心理测验这种量化研究为主，到量化研究与质性研究并重，再到学生的认知、能力、素养增长，包括各种潜能挖掘、全面综合发展的研究时代。我们称之为“第四代教育评价后”或“第五代教育评价”①。我国当前的教育评价改革明确提出育人为本，强调全面、综合和个性化发展，这和国际上关于教育评价的发展追求综合评价是一致的。教育评价改革的目标，不落后于国际上主要教育发达国家。

教育测量评价改革是一项巨大的系统工程，要建立指标体系、评价标准、方式方法，还要科学运用评价结果；要协同教学改革、课程改革、育人改革、考试招生制度改革，使之互相配套，否则改革就会失败。

为此，我国出台了一系列支持政策和文件，1991年发布了《中国教育监测与评价统计指标体系(试行)》，2013年启动了教育质量综合评价改革实验(也称作认定性评价)。2014年《国务院关于深化考试招生制度改革的实施意见》提出了“两依据一参考”模式，综合素质评价开始受到前所未有的重视。根据《中华人民共和国义务教育法》和《国家义务教育质量监测方案》，教育部基础教育质量监测中心自2015年起开展了国家义务教育质量监测工作。

二、我国义务教育质量监测概况(2015年)

我国义务教育质量监测目的是科学评估全国义务教育质量总体水平，客观反映义务教育质量相关因素基本状况，系统监测国家课程标准和相关政策规定执行情况，为改进学校教育教学、完善教育政策提供依据和参考。根据义务教育各学科课程标准的学段划分情况，考虑义务教育阶段学生认知和学习能力发展的阶段性特征，监测对象确定为义务教育阶段四、八年级学生。为了更好体现能力导向，促进学生全面发展，国家义务教育质量监测重点在于学生学业质量，以及课程开设、条件保障、教师配备、学科教学和学校管理等相关因素。

依据国家义务教育课程设置的基本要求，借鉴部分国家和国际项目的做法，监测学科确定为德育、语文、数学、科学、体育、艺术等6个学科。监测工作长期实施，每

①张勇.测评技术是影响教育评价改革的关键[N].中国教育报，2019-03-28(7).

个监测周期为3年，具体安排是：第1年数学和体育，第2年语文和艺术，第3年科学和德育。监测工具包括学生学业测试卷，学生、教师、校长问卷等。2015—2017年，在全国31个省(自治区、直辖市)和新疆生产建设兵团总共抽取了973个县(市、区)的572314名四、八年级学生参加监测。同时，监测还对19346名中小学校长、147610名学科教师及班主任教师进行了问卷调查。监测报告显示，在学生数学学业五项能力上，运算能力相对较强，但数据分析能力相对较弱。四年级学生运算能力、推理能力、空间想象力、问题解决能力、数据分析能力达到中等及以上水平的比例分别为87.7%、82.3%、82.2%、82.2%、80.2%，八年级学生分别为82.8%、78.5%、78.7%、76.8%、74.6%[①]。在学生数学学业五项能力测试中，几何直观能力是推理能力、空间想象能力和问题解决能力的重要指标要素。

总之，教育测量评价是由教育目标所决定的。现在的教育目标既关注教育的目标和结果，又关注过程与方法等。所谓学科素养，就是把知识、技能、观念、方法提炼为关键能力，把情感、态度、价值观提炼为必备品格。这就要求学业评价改革必须基于“三维目标”或学科素养，这是非常严苛的技术挑战。“三维目标”重视知识与方法的形成和过程的评价，可以采用认知诊断理论，通过“知识结构+认知结构+思维模型”的测量评价结构，解决针对“三维目标”的学科学习评价问题，形成“三维测量与评价”[②]。

第五节　教育实证研究发展趋势

一、“证据为本”的提出与争论

2001年6月，美国国会通过“不让一个孩子落后法案(No child left behind act)”。这可谓是美国当代教育史上划时代的一个举措，因为它不仅影响着美国教育的决策体制与学校教育的实践，还对美国当今的教育研究产生了难以估量的影响。2002年1月，美国国会又通过“教育科学改革法案(Education sciences reform act)”，决定成立国家级的“教育科学研究所”，并提供“证据为本的论断(evidence-based claims)”。与上述法案相呼应，美国国家研究委员会(National Research Council)下的教育研究科学

①数据来源：《中国义务教育质量监测报告》(2018年7月).

②张勇.测评技术是影响教育评价改革的关键[N].中国教育报，2019-03-28(7).

原则委员会于2002年出版了《教育中的科学研究》(*Scientific research in education*)。美国科学院时任主席阿尔伯茨(Bruce Alberts)在《教育中的科学研究》序言中指出,国家研究委员会将致力于"把教育转变为一个日益证据为本的领域——这也是我任主席期间的最为重要的目标之一"①。2004年,美国国家研究委员会下的教育研究委员会又出版了《促进教育中的科学研究》(*Advancing scientific research in education*)。该书指出,"教育研究能够且应该有助于政策与实践,教育也应该是一个证据为本的领域",而该报告旨在"激励那些能够促进教育中的科学研究的行动……提供关于高质量的教育科学探究之要素的清晰说明,并建议推动此类研究的途径"②。

"高质量的教育科学探究"所指为何?霍普金斯大学教育学院教授斯莱文(Robert E. Slavin)在2002年度美国教育研究协会年会暨"华莱士读者文摘杰出讲座"上作题为《证据为本教育政策:改造教育实践与研究》的报告中,他不无嘲讽地指出:"在21世纪开端之际,教育研究终于走入了20世纪。曾在20世纪改变了医学、农业与技术的随机实验(randomized experiments),现在开始影响教育政策"。虽然他承认仍然需要不同类型的规范的教育研究,如描述性的、相关性的量化研究或族志学的质性研究,但只有"聚焦于评价可重复的计划与实践的严格实验才能树立政策制定者与教育者对教育研究的信心",且此类实验最好是随机并严格匹配的。Slavin认为:"只有当我们每年都有针对教育实践各个方面的数百项随机的或严格配对的实验研究时,我们才会开始取得稳定而不可逆转的进步。否则,我们只是在教育风潮中来回摆动而已"③。至此,这些法案、报告与学者倡导的"高质量教育科学探究"的内涵就清晰明了,即设计严谨的随机且配对的教育实验。

在教育实证改革的发展过程中,"证据为本的教育研究"尽管引发很大争论④,但由"不让一个孩子落后法案"开启的"证据为本运动"已经超越了北美的范围,影响到欧盟、英国、澳大利亚乃至中国的教育研究。基于对美国"证据为本"的相关研究,学者尹弘飚认为,"教育实证研究"(empirical educational research)是指那些借助量化或质性研究方法,对所关心的研究对象进行系统探究之后获得有证据支持的认识的教

①Shavelson R J, Towne L. Scientific research in education[M]. Washington, DC: The National Academies Press, 2002.

②Towne L, Wise L L, Winters T M. Advancing scientific research in education[M]. Washington, DC: The National Academies Press, 2004.

③Slavin R E. Evidence-based education policies: Transforming educational practice and research [J]. Educational Researcher, 2002, 31(7): 15-21.

④Bridges D, Smeyers P, Smith R. Evidence-based education policy: What evidence? What basis? Whose policy?[M]. Malden, MA: Wiley-Blackwell, 2009.

育研究[①]。他还指出，教育实证研究所谓的证据为本，既包括侧重将现象及其之间的关系数量化后的、以数字形式呈现的证据，又包括重在描述现象及其之间关系的各种质性的，以文字、图像或符号形式呈现的证据；教育实证研究所谓的方法多元，不仅在于承认各种量化或质性方法之间的平等地位，更强调探究方法的多元性对丰富我们关于经验世界之理解的重要性[②]。

二、教育实证研究发展趋势

有观点认为，教育研究方法分为思辨研究、定量研究、质性研究三种类型[③]，从教育研究方法产生的过程来看，一般分为哲学思辨研究、量化研究、质性研究和混合研究，其中量化、质性及混合研究可以归属于实证研究的范畴[④]。

在教育研究方法体系中，实证与思辨两大研究范式具有其相应的方法论地位，适用于不同的研究目的和研究内容。思辨研究关注解决"应然"问题，关注建构概念、理论和观点，通过逻辑推理来解决概念的、规范的问题，而实证研究关注解决"实然"问题，基于收集和分析数据信息来推论研究结果[⑤]。实证研究是通过对研究对象进行观察、实验或调查，将收集的数据或信息进行分析和解释，以事实为证据探讨事物本质属性或发展规律的研究方法。实证研究主要包括量化研究、质性研究以及混合研究等方法。其中，量化研究强调研究者对事物可观测的部分及其相互关系进行测量、计算和分析，以达到对事物本质的把握。质性研究强调研究者通过与研究对象之间的互动对事物进行深入、细致、长期的体验，对事物的现象进行整体性探究分析，得到比较全面的解释性理解或形成理论。混合研究兼顾量化与质性研究的特点，它既是一种方法，又是一种方法论，强调量化研究与质性研究都具有重要价值而且具有互补性，可以在一个研究中混合使用并发挥两者的优势，混合研究已被视为一种有别于量

①尹弘飚.教育实证研究的一般路径：以教师情绪劳动研究为例[J].华东师范大学学报(教育科学版)，2017(3)：47-56.

②尹弘飚.教育实证研究的一般路径：以教师情绪劳动研究为例[J].华东师范大学学报(教育科学版)，2017(3)：47-56.

③高耀明，范围.中国高等教育研究方法：1979—2008——基于CNKI中国引文数据库(新)"高等教育专题"高被引论文的内容分析[J].大学教育科学，2010(3)：18-25.

④姚计海.教育实证研究方法的范式问题与反思[J].华东师范大学学报(教育科学版)，2017(3)：64-71.

⑤Golding C. Must we gather data？ A place for the philosophical study of higher education [J]. Higher Education Research and Development，2013，32(1)：152-155.

化与质性研究的独立方法论，被称为第三种研究范式[①②]。

西方教育研究方法体系被强烈地赋予了实证的特征，其背后以实证论作为哲学理念支撑，认为所有知识源自感官经验，进而生成新知识[③]。西方教育领域的实证研究在传统上倾向于关注量化研究，随着研究方法体系的扩展，质性研究的重要性逐渐受到重视，而且更倾向于采用把量化与质性研究方法进行综合或混合的研究方法[④]。量化和质性研究都是有效的教育研究方法，量化研究基于随机取样对探讨教育规律有着重要价值，质性研究对解释情境性的因果机制非常重要，质性与量化研究方法有共同特征，两者都强调实证，都需要对信息进行收集、分析和解释[⑤]。量化研究、质性研究以及整合量化与质性研究而形成的混合研究已经成为国际教育实证研究方法的发展趋势[⑥]。

三、几何直观能力测评项目的提出

在第十三届国际数学教育大会(13th International Congress on Mathematical Education，ICME-13)上，有学者提出“开发新项目测量学生几何直观能力来评估学生能力的新方法”[⑦]。其实，在我国教育科学领域中存在着其他测评模型的构建研究，例如由中国教育科学院、北京师范大学、西南大学、东北师范大学等联合攻关的国家社科基金教育学国家重点项目“中小学理科教材国际比较研究”中构建了数学教材难度测评模型等，更值得一提的是于2017年1月在华东师范大学举行的“全国教育实证研究联席会”，14所大学和32家教育研究杂志等相关教育专家一致认为，中国教育必须加强教育实证研究[⑧]，并倡导开展实证研究工作。

①Johnson R B，Onwuegbuzie A J. Mixed methods research：A research paradigm whose time has come［J］. Educational Researcher，2004，33(7)：14-26.

②李刚，王红蕾.混合方法研究的方法论与实践尝试：共识、争议与反思[J].华东师范大学学报(教育科学版)，2016(4)：98-105，121.

③Wiersma W，Jurs S G. Research Methods in Education：An Introduction (8th edition)［M］.北京：中国轻工业出版社，2004.

④Cenci M. Design-based research in an educational research context［J］. Journal of Contemporary Educational Studies，2014(1)：62-75.

⑤Capraro R M，Thompson B. The educational researcher defined：What will future researchers be trained to do?［J］. Journal of Educational Research，2008 (4)：247-253.

⑥姚计海.教育实证研究方法的范式问题与反思[J].华东师范大学学报(教育科学版)，2017(3)：64-71.

⑦Kim R Y，Suurtamm C，Silver E，et al. Large scale assessment and testing in mathematics education［C］// Kaiser G. Proceedings of the 13th International Congress on Mathematical Education. Hamburg：Springer，2017：565-569.

⑧教育实证研究华东师范大学行动宣言[J].全球教育展望，2017(3)：3-5.

因此，在我国教育学界重视教育实证研究的背景下，借鉴已有教育科学领域中测评模型构建研究成果的思路、框架与方法，基于几何思维发展理论和数学素养测试（TIMSS和PISA）理论分析，通过实证调查、数理统计等方法来开展几何直观测评的研究工作意义非凡，势在必行。

第五章

几何直观能力研究进展

根据学界对几何直观和几何直观能力概念的不同认识，依照概念进阶的理论，建立小学生几何直观能力内涵。分析几何直观能力培养的国内外课程建设表现，梳理了学生几何直观能力的测试研究进展情况，据此理解、吸收与批判，探究确定了新的研究内容与方法。

第一节　几何直观概念的提出与发展

几何、直观作为一个固定搭配的概念，使用的历史并不是很长。追踪"几何直观"的词汇来源，德国学者Treutlein编写教材的*Der geometrische anschauungsunterricht*（1911年，意为"The geometrical intuitive instruction"）中较早使用了"几何直观"一词①。几何直观概念的提出是因为它很重要，弗莱登塔尔指出："几何直观能告诉我们什么是可能重要、可能有意义和可接近的，并使我们在课题、概念与方法的荒漠之中免于陷入歧途之苦。"②哲学家、数学家莱布尼茨（Leibniz）借助图形直观优势研究提出了微积分理论③，哲学家Kant I把直观理论作为认识论的基础④，数学家庞加莱（Poincaré）认为数学的发明创造，直观具有创造性作用⑤。Fischbein认为直观提供了行为上有意义的表征，允许推理活动依赖于明显特定的图形概念⑥⑦。在国内，徐本顺和商应钢两位学者较早探讨几何直观的相关问题⑧，随后学界相继发表相关研究成果⑨⑩。在国家课程教材层面提出了"几何直观"概念却经历了一个漫长的过程，《小学算术教学大纲（草案）》（1952年）首次提出了"直观教学"的概念，1978年颁布的《全日制十年制学校小学数学教学大纲（试行草案）》和1986年颁布的《全日制小学数学教学大纲》等明确

①Yamamoto S. The meaning of spatial imagination in Geometrical Intuitive Instruction of P. Treutlein[J].Journal of JASME: Research in Mathematics Education,2001(7):105-116.

②弗莱登塔尔.作为教育任务的数学[M].陈昌平，等译.上海：上海教育出版社，1995.

③李文林.数学史概论[M].北京：高等教育出版社，2002:165-170.

④Kjosavik F, Aas, Norwegen.Kant on geometrical intuition and the foundations of mathematics[J].Kant-Studien Philosophische Zeitschrift,2009(1):1-27.

⑤Poincaré J H. La valeur de la science[M]. Paris : Champs Flammarion, 1905.

⑥Fischbein E. Intuition in science and mathematics: An educational approach[M]. Dordrecht: D. Reidel Publishing Company, 1987.

⑦Fischbein E. The theory of figural concepts[J]. Educational Studies in Mathematics, 1993, 24 (2):139-162.

⑧徐本顺，商应钢.关于思维中的几何直观问题[J].西北大学学报（自然科学版），1984(2):91-96,105.

⑨蒋文蔚.几何直观思维在科学研究及数学教学中的作用[J].数学教育学报，1997(4):67-71.

⑩徐利治.谈谈我的一些数学治学经验[J].数学通报，2000(5):0-3.

了“直观教学”在课程教学中的重要作用。2001年颁布的《标准(实验稿)》提出了“空间观念”这一核心概念,指出:“空间观念主要表现在:能由实物的形状想象出几何图形,由几何图形想象出实物的形状,进行几何体与其三视图、展开图之间的转化……能运用图形形象地描述问题,利用直观来进行思考。”有些描述属于几何直观的意义,是“几何直观”概念提出的萌芽阶段。2003年颁布的《高中标准(实验)》[①]提出了要注重培养高中学生“几何直观能力”,《标准(2011年版)》正式把“几何直观”作为义务教育阶段学生学习数学和解决数学问题的一个核心概念提出来,并对其进行了比较详细的描述,即“几何直观是指利用图形描述和分析问题。”[②]《高中标准(2017年版)》[③]把“直观想象”(几何直观和空间想象)作为高中学生要培养的6大数学核心素养之一。可以说,几何直观已成为国家层面关注的数学素养,当前国家课程很重视对学生几何直观能力的培养。

由于语言文化差异,具有同一意义的语句在不同国家可能存在不同的表述。“几何直观”一词,在英语国家使用“geometrical intuition”[④⑤]表述,同时还用“visualization”[⑥]、“visual-spatial”等术语表述这一功能。在国际数学教育中“visualization”(可视化)问题历史由来已久,国际数学教育委员会(The International Commission on Mathematical Instruction,简称ICMI)主办的国际数学教育大会(International Congress on Mathematical Education,简称ICME)专门设置“Visualization in the Teaching and Learning of Mathematics”主题[⑦⑧],主要探讨国际数学教育中可视化教学问题。事实上,自

①普通高中数学课程标准研制组.普通高中数学课程标准(实验)[S].北京:人民教育出版社,2003:14.

②中华人民共和国教育部.义务教育数学课程标准(2011年版)[S].北京:北京师范大学出版社,2012:6.

③中华人民共和国教育部.普通高中数学课程标准(2017年版)[S].北京:人民教育出版社,2017:6.

④Jones K. Researching geometrical intuition [J].Proceedings of the British Society for Research into Learning Mathematics, 1993,13(3):15-19.

⑤Fujita T,Jones K,Yamamoto S. Geometrical intuition and the learning and teaching of geometry [C].Paper Presented at the 10th International Congress on Mathematical Education(ICME-10), Copenhagen, Denmark,2004.

⑥关于“几何直观”一词在其他国家的翻译问题,咨询了海外的一些专家。2016年7月在“全国数学教育研究会2016年国际学术年会”期间,与日本学者Muneki Shimono (Mifu Prefectural Board of Education)交流时,他说在日本更多使用“图形视觉化”“视觉形式”或“视觉操作”等词,英文译为“visual”“visualization”等。2016年10月在“第二届华人数学教育会议暨数学教育博士生论坛”期间咨询海外专家,学者梁贯成教授(香港大学)、李业平教授(美国得克萨斯农工大学)、范良火教授(英国南安普敦大学)等分别作了回应,范良火教授说在国外把“利用图形分析与解决问题”的过程除用“geometrical intuition”外,一般还用“visualization”等词来表述。

⑦Kadunz G, Yerushalmy M. Visualization in the teaching and learning of mathematics [C]//Sung Je Cho.The Proceedings of the 12th International Congress on Mathematical Education . New York: Springer,2015:463-467.

⑧Yerushalmy M, Rivera F, Chua B L, et al. Visualization in the teaching and learning of mathematics [C]// Kaiser G. Proceedings of the 13th International Congress on Mathematical Education. Hamburg: Springer, 2017:467-470.

20世纪80年代初数学教育家们对在学校的教学可视化实践和数学材料的可视化已产生兴趣，并展开相关研究，甚至与教育心理学家合作寻找理论框架。在Leonhard Euler时代，图形被用作证明或建立数学对象存在的手段，可视化有利于启迪思想①。

较早有Jones②、Fujita③、Presmeg④⑤、Eisenberg⑥以及Arcavi⑦等学者开展"geometrical intuition""visualisation"相关研究工作。Goldenberg等认为，可视化能力是指人们在(心理)拆分图形，观察图形各部分元素，并对它们的关系做出足够好的猜想，以引导进一步实践和分析的一种能力⑧。由此可见，在数学领域中，几何直观能力与可视化能力具有相似的意义。

第二节　几何直观研究趋势分析

研究中所利用的文献数据，主要来自CNKI学术期刊网、维普期刊资源整合服务平台、万方数据服务平台等网络引擎和一些专业网站。截至2016年11月，以"几何直观"为篇名共搜索到525篇文章(见图5-1)，其中期刊论文有499篇，学位论文有18篇、报纸文章有3篇、会议论文有5篇，见表5-1所示。

---

①Kadunz G.Yerushalmy M.Visualization in the teaching and learning of mathematics [C]// Sung Je Cho.The Proceedings of the 12th International Congress on Mathematical Education . New York: Springer,2015:463-467.

②Jones K. Researching geometrical intuition [J].Proceedings of the British Society for Research into Learning Mathematics, 1993,13(3):15-19.

③Fujita T,Jones K,Yamamoto S. Geometrical intuition and the learning and teaching of geometry [C]. Paper Presented at the 10th International Congress on Mathematical Education(ICME-10), Copenhagen, Denmark,2004.

④Presmeg N C. Visualisation in high school mathematics[J].For the Learning of Mathematics, 1986,6(3):42-46.

⑤Presmeg N C. The role of visually mediated processes in classroom mathematics[J].Zentralblatt fur Didaktik der Mathematik, 1994,26(4):114-117.

⑥Eisenberg T. On understanding the reluctance to visualize[J].Zentralblatt fur Didaktik der Mathematik, 1994,26(4):109-113.

⑦Arcavi A. The role of visual representations in the learning of mathematics[J]. Educational Studies in Mathematics, 2003,52(3):215-241.

⑧Goldenberg E P, Cuoco A A,Mark J. A role for geometry in general education[C]// Lehrer R, Chazan D. Designing learning environments for developing understanding of geometry and space. Mahwah, N J: Lawrence Erlbaum Associates, 1998.

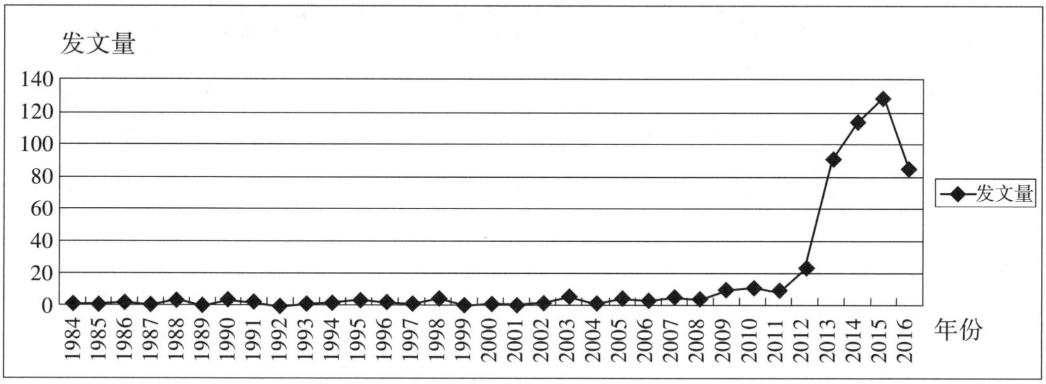

图5-1　1984—2016年发表关于几何直观文章的情况分布图

表5-1　2016年及以前发表关于几何直观文章的情况表

发表年份	1999以前	2000—2009	2010	2011	2012	2013	2014	2015	2016	合计
期刊论文	24	34	10	9	24	86	111	118	83	499
学位论文	0	3	0	0	0	4	2	7	2	18
会议论文	0	0	1	0	0	1	2	1	0	5
报纸文章	0	0	0	0	0	0	0	3	0	3
合计	24	37	11	9	24	91	115	129	85	525

在数据库中以“几何直观能力”为篇名共搜索到114篇文章，其中期刊论文有103篇，学位论文有9篇，报纸文章有2篇，见表5-2所示。

表5-2　2008—2016年发表关于几何直观能力文章的情况表

年份	2008	2009	2010	2011	2012	2013	2014	2015	2016	合计
期刊论文	1	3	1	3	2	16	23	32	22	103
学位论文	0	2	0	0	0	3	0	3	1	9
报纸文章	0	0	0	0	0	0	0	2	0	2
合计	1	5	1	3	2	19	23	37	23	114

从表5-1、表5-2和图5-1中数据可知，在2016年及以前，2011年以后学界对几何直观有更多的关注和研究，2015年达到最高峰，这跟《标准(2011年版)》提出核心概念“几何直观”有直接的关系。

第三节 对几何直观概念的三种认识

对几何直观概念的认识,学界有不同的看法或说法,主要有以下三种观点。

第一种观点是把“几何直观”作为一种方法或手段,由“几何”和“直观”两个要素构成,即强调几何图形在教学和解决问题中的直观性作用,重点是直观。这个观点在教育史上早就提倡。17世纪捷克教育家夸美纽斯(Comenius)已把“直观性”作为一项教学原则并编写了教科书《图画中见到的世界》,强调实物直观、模像直观和言语直观对教学的重要价值①。徐本顺和商应钢认为:“小学生在解决一个比较复杂的算术四则应用题时,往往借助于图解法,就较易列出算式。这种用几何图形的方法,来加深理解理论并较易解决问题的手段,就叫作几何直观的方法。”②冯崇和认为:“几何直观是指人们利用实物、形体模型和图形,生动形象地描述几何问题或者其他数学问题,展开丰富多彩的数学联想,直观地反映和揭示问题的思路,形成表象,从而有效解决数学问题的一种教学手段。”③

第二种观点是把“几何直观”作为一种意识和思维的能力,是教学与研究的世界观和方法论,已成为公民的一项重要基本素养。我国《标准(2011年版)》把“几何直观”作为学生学习数学的一个核心概念,并指出“几何直观是指利用图形来描述和分析问题。”④马云鹏认为几何直观是一个数学核心素养⑤。《高中标准(2017年版)》把“直观想象”作为数学核心素养,指出“直观想象是指借助几何直观和空间想象感知事物的形态与变化,利用空间形式特别是图形,理解和解决数学问题的素养。”⑥Taro Fujita等认为“几何直观能力是指通过想象、创造和操作几何图形来解决几何问题的一种能力。”⑦孔凡哲和史宁中认为“几何直观是指借助于见到的(或想象出来的)几何图形的形象关系,对数学的研究对象(空间形式和数量关系)进行直接感知、整体把握的能力。”⑧

---

①夸美纽斯J A.大教学论[M].傅任敢,译.北京:教育科学出版社,1999:140-148,249-250,260.

②徐本顺,商应钢.关于思维中的几何直观问题[J].西北大学学报(自然科学版),1984(2):91-96,105.

③冯崇和.几何直观:探索解决小学数学问题的重要手段[J].内蒙古师范大学学报(教育科学版),2014(8):120-123.

④中华人民共和国教育部.义务教育数学课程标准(2011年版)[S].北京:北京师范大学出版社,2012:6.

⑤马云鹏.数学核心素养及其特征分析[J].小学教学(数学版),2017(1):8-11.

⑥中华人民共和国教育部.普通高中数学课程标准(2017年版)[S].北京:人民教育出版社,2017:6.

⑦Fujita T, Jones K, Yamamoto S. Geometrical intuition and the learning and teaching of geometry [C]. Paper Presented at the 10th International Congress on Mathematical Education(ICME-10), Copenhagen, Denmark, 2004.

⑧孔凡哲,史宁中.关于几何直观的含义与表现形式——对《义务教育数学课程标准(2011年版)》的一点认识[J].课程·教材·教法,2012(7):92-97.

第三种是被称为“可视化”(visualization,也有翻译成“视觉化”)的观点,强调视觉和心理图像在数学教学中的作用。夸美纽斯认为:“科学知识是由内知觉所组成的,同样需要‘眼睛’的外知觉的帮助,内知觉的‘眼睛’是心灵或悟性,物件是我们的悟性内外的一切事物,光亮就是必需的注意。”①所谓的“外知觉”就是通过研究观看的视觉。视觉化是人类获取信息最重要的、最有效的途径,心理学家关于人类获取信息来源的心理实验也证实,人类获取外界信息的85%要通过视觉②。可视化正是在这样的大背景下产生、发展起来的。在数学教育研究中,Bishop(1973年)是较早地从事关于可视化和空间能力研究③的学者。广义地说,将任何抽象的事物、过程变成图形、图像的表示都可以称为可视化。由此可以说明,可视化是几何直观的一种不同表述,或泛化。近年来,国际上比较有影响力的会议是由IEEE(Institute of Electrical and Electronics Engineers)组织的两个国际研讨会“International Conference on Information Visualization”和“IEEE Symposium on Information Visualization”,这两个会议表明信息可视化是国际上很重要的研究课题。在国际数学教育中关于可视化问题研究也是由来已久,国际数学教育委员会主办的国际数学教育大会还专门设置了“Visualization in the Teaching and Learning of Mathematics”主题。在Leonhard Euler时代,图形可视化被用作证明或建立数学对象存在的手段。④有学者认为越来越多的注意力集中在视觉空间推理的形式上⑤⑥⑦,不同表现地称为可视化(visualization, or visualising)、空间思维(spatial thinking)、空间推理(spatial reasoning)、视觉空间思维(visuospatial thinking)和视觉推理(visual reasoning)⑧。Lowrie和Kay等学者研究表明,小学生在面临难题时倾

①夸美纽斯J A.大教学论[M].傅任敢,译.北京:教育科学出版社,1999:140-141.

②魏建香.学科交叉知识发现及可视化[M].南京:南京大学出版社,2011:88.

③Presmeg N.Research on visualization in learning and teaching mathematics[C]//Gutiérrez A, Boéro P.Handbook of research on the psychology of mathematics education: Past, present and future. Rotterdam, Netherlands: Sense Publishers, 2006:205-235.

④Kadunz G.Yerushalmy M.Visualization in the teaching and learning of mathematics [C]//Sung Je Cho.The Proceedings of the 12th International Congress on Mathematical Education. New York: Springer, 2015:463-467.

⑤Healy L, Powell A. Understanding and overcoming “disadvantage” in learning mathematics[C]//Clements M, et al. (Eds.). Third international handbook of mathematics education. New York: Springer, 2013:69-100.

⑥Owens K. Visuospatial reasoning: An ecocultural perspective for space, geometry and measurement education[M]. New York: Springer, 2015.

⑦Rivera F D. Towards a Visually-Oriented School Mathematics Curriculum[M]. New York: Springer, 2011.

⑧Sinclair N, Bussi M G B, De Villiers M, et al. Geometry education, including the use of new technologies: A survey of recent research[C]// Kaiser G. Proceedings of the 13th International Congress on Mathematical Education. Hamburg: Springer, 2017:277-287.

向于视觉-空间表征①,对有一定难度的非视觉化题目,画示意图是一种很好的解题策略②。McKim H在斯坦福大学开设的创造性思维训练课上,对学生进行"设想构绘"的训练——既需要看,又需要想,还需要画③。此外,图像表征和图式表征也是视觉化研究领域的重要视角④⑤,Aspinwall等人认为使用图式表征应该是学生形成数学理解的起点,使学生获得新的数学意义并形成复杂的数学概念⑥。随着教育研究的深入和国际化,我国《2018年度国家自然科学基金项目指南》增设"教学知识可视化"(代码:F070104)研究项目,充分体现国家对学生几何直观能力(或可视化能力)培养的重视,同时逐步统一了对几何直观和可视化的两个概念的说法与表述。

综上可知,上述的三种观点有差别也有联系,目前国内外学界尚未形成有关几何直观能力的统一的观点。我们倾向于《标准(2011年版)》和孔凡哲、史宁中对几何直观能力概念的界定,并据此探讨几何直观能力内涵、操作性定义及其测评问题。

第四节　几何直观能力的内涵及相关概念辨析

一、几何直观能力概念进阶梳理

本书首先是依照概念进阶的理论建立小学生几何直观能力的内涵。概念内涵建立的进阶理论操作方法:一是分析基础概念(概念构成要素),二是将基础概念进行组合从而构建新的概念⑦。几何直观能力是由几何、直观和能力三个要素有机结合组成,对它们的含义和特征进行梳理,然后建立小学生几何直观能力的内涵。

---

①Lowrie T, Kay R. Relationship between visual and nonvisual solution methods and difficulty in elementary mathematics [J]. The Journal of Educational Research, 2001, 94(4): 248-255.

②Anne M, Landi G. Helping students with learning disabilities make sense of word problems [J]. Intervention in School and Clinic, 2001, 37(1): 13-18.

③傅世侠.关于视觉思维问题[J].北京大学学报(哲学社会科学版),1999(2):63-68.

④Hegarty M, Kozhevnikov M.Type of visual-spatial representation and mathematical problem solving[J].Education Psychology,1999,91(4):684-689.

⑤Kozhevnikov M, Hegarty M, Mayer R E. Revising the Visualizer-verbalizer Dimension: Evidence for Two Types of Visualizers [J]. Cognition and Instruction, 2002, 20(1): 47-77.

⑥Aspinwall L, Shaw K L, Presmeg N C. Uncontrollable mental imagery: Graphical connections between a function and its derivative [J]. Educational Studies in Mathematics, 1997, 33 (3): 301-317.

⑦李化侠.小学统计思维测评模型构建——基于学习进阶的视角[D].北京:北京师范大学,2017.

“几何”是数学的一门分科，也称几何学，早期的几何学典籍有《几何原本》。“几何”在《辞海》中的解释是“①犹言若干，多少；②数学一门分科（详‘几何学’）。几何学是指研究空间和图形性质的一门数学分科。几何元素，是指构成几何图形的最基本元素点、直线、平面的总称，是人们从客观实际中，经过抽象和扩充而得到的。“几何”这个词最早来自希腊语，由土地和测量两个词合成而来，指土地的测量，即测地术，后来发展成关于空间与图形及其关系的一门学科。对于几何直观中的“几何”，《义务教育数学课程标准（2011年版）解读》[①]认为这里是指“图形”，专指点、线、面、体及其组成的各种几何图形以及形象关系。

关于直观，《21世纪大英汉词典》中的“intuition”意为“1.直觉，直观；2.直觉真理，直觉知识；3.直觉力，敏锐的洞察力。”查阅相关文献资料，发现直观主要有三层意思：一是作为形容词，也是大家最熟悉的一种解释，即在《现代汉语词典》（第6版）中的解释是“用感官直接接受的；直接观察的，例如直观教具，直观教学”。但如果“几何直观”的“直观”是形容词，那么“几何直观”就是一个短语，意为借助几何图形特征直观感知问题。二是心理学概念，皮亚杰通过对儿童心理行为研究发现，儿童行为体现为社会化思维、直观和感情上的反应，直观是感知占着首要的地位，基本的直观只是变成了思维动作的一种感知运动图式，因而它自然就保留有感知运动图式的特征，而且使内化了的行动向着逆行移动的方向延伸，以便使直观转化为“运算”[②]。三是哲学名词概念，它在哲学史上有不同的含义。“直观”概念是康德整个认识论的基础，也是其全部批判哲学的真正起点。康德的直观理论是由感性直观、想象力的直观、理智直观共同构成的一个具有层次性的系统[③]。直观作为对象的原本而直接的被给予，是一切思维的根据，正如康德所说：“但一切思维，不问其直接间接，由其性格最后必与直观相关。”[④]康德在《纯粹理性批判》中指出：“想象力是把一个对象甚至当它不在场时也在直观中表现出来的能力。”[⑤]马克思、恩格斯在批判费尔巴哈的二重性直观时提出三种递进的哲学直观，即“普通的哲学直观”“二重性直观”“高级的哲学直观”[⑥]。列宁在《哲学笔记》中也指出：“从生动的直观到抽象的思维，是认识真理、认识客观实在的辩

①史宁中.义务教育数学课程标准(2011年版)解读[M].北京:北京师范大学出版社,2012:92-95.

②让·皮亚杰.儿童的心理发展(心理学研究文选)[M].傅统先,译.济南:山东教育出版社,1982:52-54.

③王建军.论康德直观理论的三个层次[J].天津社会科学,2012(2):46-50.

④黄铭.康德与胡塞尔论直观问题——从先天直观到本质直观[J].浙江大学学报(人文社会科学版),2001(4):36-41.

⑤王建军.论康德直观理论的三个层次[J].天津社会科学,2012(2):46-50.

⑥中共中央马克思恩格斯列宁斯大林著作编译局.马克思恩格斯选集(第一卷)[M].北京:人民出版社,1995.

证途径。”[①]“直观”在《辞海》(2000年版)中的解释是“①即感性认识。其特点是生动性、具体性和直接性。要真正认识事物,必须由生动的直观进到抽象的思维。②指旧唯物主义对认识的理解。”因此,直观本义类同于认识和思维。在数学中的直观就是哲学中的康德主义观,主张数学的概念由人类理性构造而成[②]。数学对象的构造就是人心先验地在直观中画出与概念相应的图形,如构造数学对象“三角形”就是在纯直观中画出一个三角形[③]。

“能力”是心理学范畴,心理学把直接影响人的活动效率和使活动的任务能够顺利完成的那些必需的个性心理特征称为能力。能力与知识、技能不同,但它们有密切联系。心理学对能力的分类,一般有两种:一般能力和特殊能力;认识能力、操作能力和社交能力。认识能力也就是平时说的智力,它包括感知能力、思维能力等,是人们完成活动的最基本、最主要的条件。然而,我们也应该认识到“能力”在不同学科领域中的意义存在差别,对其研究采用的方式方法也不尽相同。几何直观能力属于多学科范畴,既是数学教育教学范畴,也是一个心理学范畴。皮亚杰认为,如果有足够的实践,几何直观就能使人们“在空间中看到”自身的变化,即使是最复杂和最远离一般身体经验的变化[④]。在本书中主要从数学教育教学角度探讨几何直观能力的一些问题。

总之,通过对几何直观能力概念进行进阶梳理,对这些概念的历史发展、含义和特征有了基本的认识,从而可以使用概念演绎法建立小学生几何直观能力的内涵。

二、小学生几何直观能力的内涵

梳理相关文献后发现,学界对几何直观认识至少存在三种不同观点。其实,就数学教育学界对几何直观能力的认识也存在不同的看法,有学者认为几何直观能力是常规数学思维能力的一种,即是指能够感受物质存在的位置关系,构建几何图形,正确加以描述,并能体会其中的本质,或者直接界定几何直观能力为人脑对客观事物及其关系的一种识别和猜想的能力[⑤⑥];有学者认为几何直观能力是指人们利用实物、形体模型和图形,生动形象地描述几何问题或者其他数学问题,展开丰富多彩的数学联

①列宁.哲学笔记[M].中共中央马克思恩格斯列宁斯大林著作编译局,译.北京:人民出版社,1993.

②康德.纯粹理性批判[M].蓝公武,译.北京:商务印书馆,1960:502.

③郝一江.柏拉图与康德逻辑主义与直观主义之源[J].宁波大学学报(人文科学版),2001(2):83-87.

④Piaget J, Inhelder B. Mental images[M]//Oléron P, Piaget J, Inhelder B, et al. Experimental psychology: Its scope and method (Volume VII: Intelligence). London: Psychology Press, 1969: 85-143.

⑤杜佩璟.中学生几何直观能力研究[D].大连:辽宁师范大学,2009.

⑥薛恒.高一学生几何直观能力调查与培养策略研究[D].西安:陕西师范大学,2013.

想，直观地反映和揭示问题的思路，形成表象，从而有效解决数学问题的一种认知能力[①②]；还有学者认为，几何直观能力是指依托图形的直观性将抽象的数学问题同直观的图形语言联系起来，在数学活动过程中能够利用图形、实物和模型，借助物体的位置关系和形象关系，对空间形式和数量关系的直接感知和整体把握，依此构建几何图形，对此展开空间联想和描述，体会其中蕴含的本质属性，从而找到解决问题的有效方法的一种能力[③]。Taro Fujita、Keith Jones 等认为"如下的能力称之为几何直观能力：①在头脑中创造和操作几何图形；②发现几何的特征；③将图像与几何概念和定理联系起来；④在解决几何问题时决定从哪里开始及如何开始。简言之，几何直观能力是指通过想象、创造和操作几何图形来解决几何问题的一种能力。"[④]Ghislaine Chartier 认为，"几何直观是指几何模型或图形模型的使用"[⑤]。曹培英认为，几何直观，无非是指特殊的、数学的直观，即指借助于几何图形（空间形式）而获得的感性认识，并把几何直观能力分成直观感知和直观洞察两个层次[⑥]。蔡宏圣认为，"几何直观是种意识，也是种技能与能力，更是种思维方式"[⑦]。苏建伟、李鹏认为："由于几何直观概念内涵不易把握，不同研究者对其运用几何图形、图形探讨、解决问题的认识方面较为一致，但对其所处地位层次性的认识有一定差异，比如它是技能、能力、思维方式还是兼而有之；如果是一种能力，对具体是什么样的能力的认识也有所区别，这些都是需要进一步深入研究的。"[⑧]因此，通过梳理上述的文献，已有研究成果尽管对几何直观能力有不同的解释，但通过了解这些研究成果，我们对几何直观能力的理解有较为深入的认识。

通过文献梳理及对几何直观能力的概念进阶分析，依据现有的相关界定以及《标准（2011 年版）》的描述性定义，结合专家意见和逻辑分析，使用概念演绎法构建小学生几何直观能力内涵。研究认为，几何直观能力是指人们利用图形描述和分析数学

①刘霖．小学生几何直观能力现状调查及培养策略研究[D]．长春：东北师范大学，2013.

②戚双．培养高中生几何直观能力的案例分析：基于立体几何的教学[D]．天津：天津师范大学，2013.

③杨开凤．初中生几何直观能力培养研究——以八年级学生为例[D]．福州：福建师范大学，2015.

④Fujita T, Jones K, Yamamoto S. Geometrical intuition and the learning and teaching of geometry [C].Paper Presented at the 10th International Congress on Mathematical Education（ICME-10）, Copenhagen, Denmark, 2004.

⑤Chartier G.Using geometrical intuition to learn linear algebra[C]// Jarmila Novotná. Proceedings: European Research in Mathematics Education II. Mariánské Lázně, Czech Republic Charles University, Faculty of Education, 2001:533-541.

⑥曹培英．跨越断层，走出误区："数学课程标准"核心词的实践解读之四——几何直观（上）[J]．小学数学教师，2013（6）：25-36.

⑦蔡宏圣．几何直观：小学数学教学的视角[J]．课程·教材·教法，2013（5）：109-115.

⑧苏建伟，李鹏．国内几何直观研究综述[J]．海南广播电视大学学报，2017（1）：144-150.

问题并直接感知与整体把握问题的一种能力。小学生几何直观能力是有别于初中、高中学生的几何直观能力，依据小学生学习内容和认知实际，我们把小学生几何直观能力表述为学生形成图形的认识并利用图形描述和分析数学问题，从而直接感知与整体把握问题的一种能力[①]。通过上述的文献梳理以及概念内涵，本研究认为，小学生的几何直观能力至少包括图形抽象、图形认识、用图形描述、用图形分析、直接感知与整体把握等要素特征。

三、相关概念辨析

为更好地理解几何直观能力的含义，需要比较与区分几何直观与数学直观、数形结合以及几何直观与空间观念的关系。

（一）几何直观与数学直观

数学在本质上研究的是抽象了的东西，抽象性也通常被认为是数学的基本特征。然而，数学所研究抽象了的东西却来源于现实世界，是被人抽象出来的，真正的知识是来源于感性经验的，是通过直观和抽象而得到的，这种抽象是不能独立于人的思维而存在的[②]，因此，数学直观在数学学习与研究中占有极其重要的地位。

毕达哥拉斯时代，人们的数学直观里浸透了整数是万物本质的哲理。非欧几何产生以前，人类的数学直观里有着欧氏公理是先验不变的真理的观念。胡塞尔认为数学直观是最高级的范畴直观[③]。Feferman认为，哲学文献中关于数学直觉主要关注基本数学对象、结构和命题是否有任何直接直观的问题[④]。数学直观在每个历史时期，其抽象性和直观性都具有不同的内涵[⑤]。数学直观是对客观事物进行数学抽象之后所形成的对象概念与关系概念的直观理解之上的，以具体背景为载体，未经演绎推理而对问题做出的一种迅速的直接的识别、猜想、类比、联想、转化、估计或判断的思维能力[⑥]，由此可知，几何直观是一种特殊的数学直观[⑦]，是以图形为载体的数学直

①张和平，裴昌根，宋乃庆．小学生几何直观能力测评模型的构建探究[J]．数学教育学报，2017(5)：49-53.

②史宁中．数学思想概论(第1辑)——数量与数量关系的抽象[M]．长春：东北师范大学出版社，2008：1.

③何浩平．胡塞尔现象学中的数学直观及其可错性问题[J]．自然辩证法研究，2016，32(3)：84-89.

④Feferman S. Mathematical intuition VS mathematical monsters[J].Synthese，2000，125(3)：317-332.

⑤秦德生．关于几何直观的思考[J]．中学数学教学参考，2005(10)：9-11.

⑥毕力格图．试论数学直观[J]．数学通报，2013，52(7)：19-21，24.

⑦Longo G，Viarouge A. Mathematical intuition and the cognitive roots of mathematical concepts[J].Topoi：An International Review of Philosophy，2010，29(1)：15-27.

观[①]。有研究指出，在数学教学中几何直观和实体直观在各个层次上都被不断激发，以促进对概念和结果的掌握，甚至在某些情况下也用于证明[②]。

（二）几何直观与数形结合

数形结合，是指用数的抽象性质来说明形的事实，同时又用图形的性质来说明数的事实[③]。数形结合可以使抽象思维和形象思维相互作用，实现数量关系与图形性质的相互转化[④]。数学是研究数量关系和空间形式的科学，“数”和“形”是数学领域的两大研究对象，更是数学学习所围绕的两大主线。在解决数学问题中“形”与“数”各有优势，有时候利用“形”解决代数问题，而有时候却需要利用“数”解决几何问题。我国著名数学家华罗庚先生用一首诗生动地描述了数与形的密切关系：“数形本是相倚依，焉能分作两边飞。数缺形时少直观，形少数时难入微。数形结合百般好，隔裂分家万事非。几何代数统一体，永远联系莫分离。”[⑤]波利亚也认为，如果我们能设法给那些非几何对象找到合适的几何表示的话，那么我们就可以在处理非几何对象时发挥我们处理几何图形的才能[⑥]。

几何直观作为一种数学能力，与数形结合既有重叠的部分，又有各自不同的侧重点。相同之处，当利用图形的直观特征解决问题时，它们具有一致性。不同之处在于，几何直观是利用图形表示事物的关系，包括由形到数、由形到其他领域的问题；而数形结合则不同，它不仅由形到数，而且还由数到形，即通过数量关系解决几何问题[⑦]。此外，数形结合中所运用到的图形多属于几何领域，而几何直观中所涉及的图形是广义上的图形，即凡是能够对学习者的学习过程有所简化且能用图式表示出来的图形都可作为几何直观中的图形，范围更加广泛。

（三）几何直观与空间观念

在理解几何直观含义时，常会联系到空间观念，它们有密切关系但也有区别。在《标准（实验稿）》中首次提出6个核心概念——数感、符号感、空间观念、统计观念、推理能力和应用意识，并对空间观念含义进行描述。在《标准（2011年版）》增加了几何

①宋思思．初中生几何直观能力的调查研究——以苏州市某中学七八年级学生为例[D]．上海：华东师范大学，2017．
②Feferman S. Mathematical intuition VS mathematical monsters[J].Synthese，2000，125(3)：317-332．
③罗增儒．数学解题学引论[M]．西安：陕西师范大学出版社，2001：384．
④徐斌艳．数学课程与教学论[M]．杭州：浙江教育出版社，2003：75．
⑤王元等．华罗庚科普著作选集[M]．上海：上海教育出版社，1984：180-181．
⑥波利亚．怎样解题——数学教学法的新面貌[M]．涂泓，冯承天，译．上海：上海科技出版社，2002：109．
⑦刘晓玫．再从“几何直观”谈起[J]．小学教学（数学版），2012(7-8)：31-32．

直观、运算能力、模型思想和创新意识4个核心概念，并把“符号感”改为“符号意识”，把“统计观念”改为“数据分析观念”，最终形成数感、符号意识、空间观念、几何直观、数据分析观念、运算能力、推理能力、模型思想、应用意识和创新意识10个核心概念。几何直观、空间观念和推理能力是几何学教育三个核心的思想和目标，在几何教学活动中共同发挥作用。在此，对文献进行梳理后，比较几何直观与空间观念的关系，如表5-3所示。

表5-3　几何直观与空间观念的关系比较

	几何直观	空间观念
《标准（实验稿）》①		空间观念主要表现在：能由实物的形状想象出几何图形，由几何图形想象出实物的形状，进行几何体与其三视图、展开图之间的转化；能根据条件做出立体模型或画出图形；能从较复杂的图形中分解出基本的图形，并能分析其中的基本元素及其关系；能描述实物或几何图形的运动和变化；能采用适当的方式描述物体间的位置关系；能运用图形形象地描述问题，利用直观来进行思考
《标准（2011年版）》②	几何直观是指利用图形描述和分析问题。借助几何直观可以把复杂的数学问题变得简明、形象，有助于探索解决问题的思路，预测结果	空间观念主要是根据物体特征抽象出几何图形，根据几何图形想象出所描述的实际物体；想象出物体的方位和相互之间的位置关系；描述图形的运动和变化；依据语言的描述画出图形等
孔凡哲，史宁中③和秦德生④	借助一定的直观背景条件进行整体把握的能力	即使脱离了背景也能想象出图形的形状、关系的能力
	凭借图形对几乎所有的数学研究对象进行思考的能力	根据物体特征抽象出几何图形，根据几何图形想象出所描述的实际物体；想象出物体的方位和相互之间的位置关系，描述图形的运动和变化等
	具有思维的跳跃性	具有思维的连贯性

①中华人民共和国教育部．全日制义务教育数学课程标准（实验稿）[S]．北京：北京师范大学出版社，2001:3.

②中华人民共和国教育部．义务教育数学课程标准（2011年版）[S]．北京：北京师范大学出版社，2012:6.

③孔凡哲，史宁中．关于几何直观的含义与表现形式——对《义务教育数学课程标准（2011年版）》的一点认识[J]．课程·教材·教法，2012(7):92-97.

④秦德生．几何直观内涵、表现形式及教育价值[J]．福建教育（小学版），2012(12):42-44.

(四)空间想象能力与几何直观能力

关于空间想象能力的含义,1996年颁布的《全日制普通高级中学数学教学大纲(供试验用)》有具体的描述:“空间想象能力主要是指能够由实物形状想象出几何图形,由几何图形想象出实物形状;能够想象几何图形的运动和变化;能够从复杂的图形中区分出基本图形,并能分析其中的基本元素及其关系;能够根据条件作出或画出图形;会形象地揭示问题本质。”①而几何直观能力是指人们利用图形描述和分析数学问题并直接感知、整体把握的一种能力。从概念的含义可知,它们有交叉之处,但也有差别。相同之处,它们都基于“图形”及形象分析问题;不同之处,几何直观能力是在有背景的条件下认识事物或解决问题,主要借助图形、图片、表格等。空间想象能力可以是脱离背景也能想象出图形的形状、关系的能力,它包括在心理上操作、旋转、翻转或逆转形象刺激物的能力。②特别是,2003年颁布的《高中标准(实验)》③首次提出培养学生几何直观能力,并指出:“人们通常采用直观感知、操作确认、思辨论证、度量计算等方法认识和探索几何图形及其性质。三维空间是人类生存的现实空间,认识空间图形,培养和发展学生的空间想象能力、推理论证能力、运用图形语言进行交流的能力以及几何直观能力,是高中阶段数学必修系列课程的基本要求。”在这里同时提出要培养和发展学生的空间想象能力和几何直观能力,说明两者具有明显的不同。按照《高中标准(2017年版)》对“直观想象”④的描述,更是证实了它们的差异性。

第五节　几何直观能力培养在国内外课程标准中的体现

几何直观能力是公民的一项基本素养,国家需要有目的地加以培养,数学课程教材建设应当承担主要任务。有些国家义务教育阶段数学课程明确提出数学教学要培养学生的几何直观能力,有的没有明确提出几何直观这一术语,但数学课程中有关内容都涉及认识实物体、图形的抽象、图形的认识、空间想象、直观感知、用图形描述问题和用图形分析问题,特别是画图解决问题等知识领域,事实上渗透着培养学生几何直观能力的要求。

①国家教育委员会基础教育司.全日制普通高级中学数学教学大纲(供试验用)[J].学科教育,1996(8):2-13.

②秦德生.几何直观内涵、表现形式及教育价值[J].福建教育,2012(12):42-44.

③普通高中数学课程标准研制组.普通高中数学课程标准(实验)[S].北京:人民教育出版社,2003:14.

④中华人民共和国教育部.普通高中数学课程标准(2017年版)[S].北京:人民教育出版社,2017:6.

一、几何直观能力培养在我国义务教育数学课程标准中的体现

在我国数学课程的发展历史中，从1952—2000年教育部共颁布了15个九年义务教育数学(算术)教学大纲。1952年颁布的《小学算术教学大纲(草案)》正式提出了“直观教学”的概念，并指出：“在小学要发展儿童抽象的数学概念和抽象思维，必须从直观教学开始，直观教学的方式是极其广泛的，例如：观察实物，实地练习测量制图，利用教具、模型、图表等，都是极有效的方法。”①1978年颁布的《全日制十年制学校小学数学教学大纲(试行草案)》和1986年颁布的《全日制小学数学教学大纲》等更进一步地明确了“直观教学”的指导作用②。

2001年颁布的《标准(实验稿)》尽管没有提出“几何直观”的概念，但是在解释“空间观念”这一核心概念时指出“空间观念主要表现在：能由实物的形状想象出几何图形，由几何图形想象出实物的形状，进行几何体与其三视图、展开图之间的转化；能根据条件做出立体模型或画出图形；能从较复杂的图形中分解出基本的图形，并能分析其中的基本元素及其关系；能描述实物或几何图形的运动和变化；能采用适当的方式描述物体间的位置关系；能运用图形形象地描述问题，利用直观来进行思考。”这里对几何直观的描述，可以说是“几何直观”的萌芽阶段。

《标准(2011年版)》正式把“几何直观”作为学生学习数学的一个核心概念提出来，并对其进行比较详细的描述③，在《标准(2011年版)》中5次使用“几何直观”一词，并在每个学段的“图形与几何”中明确提出了具体的内容要求，即在第一学段目标的“知识技能”中要求：“经历从实际物体中抽象出简单几何体和平面图形的过程，了解一些简单几何体和常见的平面图形。感受平移、旋转、轴对称现象；认识物体的相对位置；掌握初步的测量、识图和画图的技能。”在第二学段目标的“知识技能”中要求：“探索图形的形状、大小和位置关系，了解一些几何体和平面图形的基本特征；体验简单图形的运动过程，能在方格纸上画出简单图形运动后的图形，了解确定物体位置的一些基本方法；掌握测量、识图和画图的基本技能。”此外，在“数与代数”“统计与概率”内容中对几何直观能力的培养也提出了相应的要求。

不仅如此，对高中学生几何直观能力的培养也特别重视。2003年颁布的《高中标准(实验)》正式提出“几何直观能力”的概念，并指出“三维空间是人类生存的现实空

①课程教材研究所.20世纪中国中小学课程标准·教学大纲汇编(数学卷)[M].北京：人民教育出版社，2001：59.

②苏明强.几何直观的溯源[J].齐鲁师范学院学报，2013，28(3)：112-115.

③中华人民共和国教育部.义务教育数学课程标准(2011年版)[S].北京：北京师范大学出版社，2012：6.

间，认识空间图形，培养和发展学生的空间想象能力、推理论证能力、运用图形语言进行交流的能力以及几何直观能力，是高中阶段数学必修系列课程的基本要求”[①]。《高中标准(2017年版)》把“直观想象”作为数学核心素养，指出直观想象包括几何直观和空间想象[②]。

从以上的论述可知，一方面，我国对几何直观概念的正式使用经历了一个历史发展过程；另一个方面，我国课程教材一直以来都非常重视对中小学生几何直观能力的培养。

二、几何直观能力培养在国外小学数学课程标准中的体现

通过梳理文献发现，很多国家的小学数学课程标准中对几何直观能力的培养都有一些具体要求与呈现，包括图形抽象、图形认识、视觉感知、用图形描述问题、用图形理解数学以及用图形分析问题等。下面通过分析《十三国数学课程标准评介(小学、初中卷)》[③]中的加拿大、德国、日本、荷兰和美国等国家的数学课程标准，从中了解这些国家对几何直观能力培养的要求与呈现形式。

加拿大西北部教育协定组织的数学课程标准指出：“数学概念具有实物、图形和符号表征的特点，使学生开展有意义的讨论具有了可能……，学生需要通过探索解决问题的情境来发展个人策略并形成数学素养。”在“分支：数”中，2年级“用具体的事物、图片或符号表示和描述100以内的顺序数。……用具体的事物、图片解释100以内数的数位。”5年级“使用具体的事物或图片理解分数。使用具体的事物、图片或符号来描述十分位、百分位和千分位小数。”

德国数学课程标准指出：“对于有很少活动机会的儿童，尽管有很大的‘实践不足’，但也可以利用他们的视觉感知方式来发展空间想象能力。他们需要丰富的视觉协调经验，如形状——地面——鉴别，对空间关系的感知和概念的视觉储存。”

日本数学课程标准在“小学算数内容结构与组织框架”的“数量关系”中指出：“会整理周围的数量并对其分类，能用简单的表格、图像表示并理解它。”“用式表示数量关系，并将图和式联系起来。”

①普通高中数学课程标准研制组.普通高中数学课程标准(实验)[S].北京：人民教育出版社，2003：14.

②中华人民共和国教育部.普通高中数学课程标准(2017年版)[S].北京：人民教育出版社，2017：6.

③曹一鸣.十三国数学课程标准评介(小学、初中卷)[M].北京：北京师范大学出版社，2012：50-60，150-152，154-159，182-191，435-437.

荷兰数学课程标准要求学生“学习使用非正规的符号、示意图、表格、图表和公式来概括数量与变量之间的关系。”

《美国统一核心州数学标准》四年级“数与运算”中要求“利用直观的分数模型解释分数$\frac{a}{b}$等值于$\frac{n\cdot a}{n\cdot b}$。”“使用直观分数模型将$\frac{4}{5}$表示为$4\times\frac{1}{5}$。”“用‘>,=,<’表示比较的结果,并加以证明,如利用直观的模型。”

综上,国内外小学数学课程标准都非常重视对图形抽象、认识图形、直观感知、用图形描述问题、用图形分析问题等方面能力的培养,这些成果对我们研究以及培养学生几何直观能力都具有积极的参考价值。

第六节　几何直观能力的相关测评研究

梳理文献后发现,对几何直观能力测评的研究成果有两个方面,一方面是利用测试题直接对几何直观能力进行测评,另一方面是利用测试题或问卷对几何直观能力的某一个方面或对“利用图形描述与分析问题”能力进行测评调查。

一、对几何直观能力的测评分析

从现有文献看,关于学生几何直观能力的测评研究,研究者主要采用自编测试卷对学生进行测试分析,辅以访谈、问卷调查,也有研究者通过编制调查问卷对师生进行调查分析。《标准(2011年版)》颁布后,研究者探究学生几何直观能力测试问题逐渐增多,大概分三种情况。

第一种情况,依据他人对几何直观能力划分的行为表现编制测试题并进行测试调查研究。梳理文献发现,关于几何直观(能力)的表现形式学界有不同的划分,孔凡哲、史宁中分为实物直观、简约符号直观、图形直观和替代物直观[①],冯崇和将其分为符号直观表示、实物直观表示、模型直观表示、图形直观表示[②],宋健泳将其分为识图、

①孔凡哲,史宁中.关于几何直观的含义与表现形式——对《义务教育数学课程标准(2011年版)》的一点认识[J].课程·教材·教法,2012(7):92-97.

②冯崇和.几何直观:探索解决小学数学问题的重要手段[J].内蒙古师范大学学报(教育科学版),2014(8):120-123.

画图、读图和用图[①]，姚高文将其分为实物模型、抽象模型、简约示意图和线段图[②]，等等。这种划分标准主要是从工具性视角对几何直观能力进行划分，对学界教学和测试都是很好的参考。很多学者都直接借用这些表现形式编制测试卷开展研究，隋佳源借用孔凡哲、史宁中的维度划分结果即实物直观、简约符号直观、替代物直观和图形直观来编制六年级几何直观测试题，并考虑认知维度、内容维度和情境维度三个方面的因素影响[③]。她抽取四川省两所小学六年级319名学生进行测试，使用百分比、相关性分析、t检验等统计分析方法呈现数据分析结果。朱玉婷构建了三维小学生几何直观的应用模型：表现形式、领域内容和构成要素。其中几何直观的表现形式也是借用孔凡哲等的划分标准，领域内容包括数与代数、图形与几何、统计与概率、综合与实践，构成要素分为应用图式意识、解释图式能力、使用图式能力、解决问题能力[④]，并据此编制测试卷和调查问卷，对长春市N小学五、六年级的168名学生进行了测试分析。

第二种情况，研究者根据测试的需要以及结合文献和专家咨询对几何直观能力进行维度划分，然后编制测试题展开调查研究。李姝根据2005年5月数学课程标准（实验稿）修订中对几何直观的描述“利用图形描述和分析数学问题”，把几何直观能力划分为图形变换、折叠与展开、观察与归纳、描述与推理四个维度[⑤]，并设计了四种类型的测试题目，用于测试长春地区的四所初中（其中两所使用华东师范大学编写的实验教材，另两所使用东北师范大学编写的实验教材）八个教学班的初三320名学生，测试结果使用独立样本t检验进行分析。刘霖也把学生几何直观能力（第二学段）划分为图形变换、折叠与展开、观察与归纳、描述与分析四个方面，并据此编制调查问卷和测试卷对沈阳市A小学360名学生和30名任课教师进行调查[⑥]，从年级、性别以及几何直观能力与数学学习关系等方面进行比较分析。刘心怡依据《标准（2011年版）》对“几何直观”表现以及对“几何直观”功能的描述，从借助图形表示问题、借助图形理解问题、借助图形发现问题以及借助图形分析与解决问题四个方面编制测试题，选择南京市一所重点中学初三年级的82名学生进行测试[⑦]。对实验班与普通班、性

①宋健泳.小学生几何直观能力发展的四个阶段[J].教学月刊（小学版），2015(1-2)：94-96.
②姚高文.几何直观在问题表征中的应用[J].中学数学月刊，2013 (11)：13-14.
③隋佳源.六年级学生几何直观测评研究[D].重庆：西南大学，2016.
④朱玉婷.高年级小学生几何直观的应用现状调查及教学建议研究——以长春市N小学为例[D].长春：东北师范大学，2015.
⑤李姝.两类教材对学生几何直观能力影响的调查研究[D].长春：东北师范大学，2009.
⑥刘霖.小学生几何直观能力现状调查及培养策略研究[D].长春：东北师范大学，2013.
⑦刘心怡.初三学生“几何直观”现状的调查研究[D].南京：南京师范大学，2014.

别、数学成绩与几何直观能力的关系进行比较分析，使用独立样本t检验分析数据结果。张瑞良认为，初中数学几何直观主要应用在整理与描述数据、巧解计算题、理解概念与公式、揭示数学问题的本质、构造图形解决证明题、揭示数学应用题的本质关系和揭示函数的性质七个方面[①]，并编制初中生数学几何直观能力的数学调查测试卷对山东省青州市万红初中初一年级两个班79名学生进行了测试分析。

第三种情况，研究者没有对几何直观能力划分维度，而是直接根据需要编制测试卷进行测试调查分析。宋思思直接使用国际数学能力测评项目PISA和TIMSS中测试卷筛选有关几何直观方面的测试题，结合专家意见，最后编制成初中生几何直观能力测试题，抽取江苏省苏州市A学校七、八年级两个班131名学生进行测试分析[②]。李想妍利用“民族地区中小学以数学为龙头的理科教学改革研究课题”的调研试卷，选取五年级试题中关于几何直观的部分答题，利用SOLO分类理论把学生几何直观能力划分为四个水平，并对其中407位学生进行分析[③]。

此外，国外一些学者是通过调查问卷来分析学生的几何直观能力现状。Chartier通过问卷形式调查法国Rennes大学学生使用几何直观学习线性代数的情况[④]，研究以Fischbein直观模型[⑤]为依据把几何直观划分为抽象与直观模型、归纳与范例模型、内部数学和外部数学模型三种类型，并据此设计调查问题包括“在线性代数练习中使用什么样的几何模型或图形模型?”“是否用绘图来说明线性代数的情况，甚至在第四维度或更高的空间?”“它们是否接受多项式的向量表示?”“某些几何模型是否与对线性代数的良好理解有关，或是造成误解和困难?”等等，并对学生进行访谈，从而得出结论。国内学者王丽娟通过问卷调查方式考查小学生几何直观能力[⑥]，基于文献梳理，组织山东省招远市玲珑镇中心完小数学教师编制调查问卷《小学生几何直观能力现状调查问卷》，分学生卷（13个题）和教师卷（10个题），对学生上数学课的感受、对数学教师创设情境的要求和学习数学的状况三个方面进行考查，调查三、四、五年级396名学生，还调查一至五年级数学教师20人。潘进利认为几何直观能力主要包括

①张瑞良．初中生几何直观能力现状调查与培养策略研究[D].济南：山东师范大学，2016.

②宋思思．初中生几何直观能力的调查研究——以苏州市某中学七八年级学生为例[D].上海：华东师范大学，2017.

③李想妍．少数民族地区五年级学生几何直观能力的案例分析[D].北京：中央民族大学，2016.

④Chartier G .Using geometrical intuition to learn linear algebra[C]// Jarmila Novotná. Proceedings：European Research in Mathematics Education II. Mariánské Lázně, Czech Republic Charles University, Faculty of Education, 2001:533-541.

⑤Fischbein E. Intuition in science and mathematics: An educational approach[M]. Dordrecht, Holland: D. Reidel Publishing Company, 1987.

⑥王丽娟．小学生几何直观能力培养的课堂教学研究[D].哈尔滨：哈尔滨师范大学，2015.

实物展示、图形认识、图表、模型四种情况[①]，他围绕这四个方面编制调查问卷，调查河北省石家庄市一所省级示范性中学355名学生和访谈该校5名数学教师，该研究通过这种方式考查学生的几何直观能力发展情况。

二、对学生"利用图形直观描述与分析问题能力"的测评分析

由于各国语言文字不同，对几何直观的表述也存在差异。国外很多学者对几何直观的研究话题更多是围绕着视觉化、直观化、数学直观等内容展开，对学生素养测评的主题也主要包括解决问题直观策略能力、直观化能力以及利用图形分析问题能力等。例如，Gorgorió针对学生解决空间旋转问题时倾向于采用直观策略或非直观策略进行研究，以12~16岁的学生为研究对象，重点分析问题特征如何影响学生的解题策略以及学生在解题过程中采用的策略和学习成就之间的关系[②]。Fennema和Tartre进行了一项纵向研究，主要调查六、七、八年级具有不同的空间直观化能力和语言能力的学生在问题解决表现上的差异[③]。Lowrie和Kay对112名六年级学生的研究发现，随着代数文字题难度的提升，学生倾向于使用更直观的策略，但在直观策略或分析策略的倾向性方面，男女生之间并没有显著的差别[④]。Garderen和Scheuermann等人调查了学习能力较强和较弱的学生在使用图形作为直观化工具解决数学文字题时所经历的不同的挑战，主要问题有"在数学中，什么是图形？""在数学中，为什么你会使用图形"及学生对解题过程的解释和图形使用情况等[⑤]。

综上述国内外众多关于几何直观能力测评的研究成果可知，首先，明确一个问题是几何直观能力是可以测量，事实上依据几何直观能力的内涵，是可以量化的。其次，对学生几何直观能力的测评已经有一些研究成果，主要工作包括依据划分行为表现编制测试题（有些研究直接编制测试题），对学生施测与分析等。学者们在概念的探讨、维度划分、编制测试工具、数据分析以及依据研究结果提出培养建议等方面都

①潘进利.初中生几何直观运用能力的调查与研究[D].石家庄:河北师范大学,2015.

②Gorgorió N. Exploring the functionality of visual and non-visual strategies in solveing rotation problems[J]. Educational Studies in Mathematics, 1998, 35(3):207-231.

③Fennema E, Tartre L A. The use of spatial visualization in mathematics by girls and boys[J]. Journal for Research in Mathematics Education, 1985, 16(3):184-206.

④Lowrie T, Kay R. Relationship between visual and nonvisual solution methods and difficulty in elementary mathematics[J]. The Journal of Educational Research, 2001, 94(4):248-255.

⑤Garderen D V, Scheuermann A, Poch A. Challenges students identified with a learning disability and as high-achieving experience when using diagrams as a visualization tool to solve mathematics word problems[J]. ZDM Mathematics Education, 2014, 46(1):135-149.

做了大量工作，取得了很多成果，对几何直观能力的研究与培养具有一定的意义。但是，一些问题也值得再思考。主要表现在以下几个方面：一是几何直观能力测评指标划分比较简单，依据不足；二是缺乏从几何直观能力的操作性定义出发构建测评指标体系。即使有些研究划分了测评指标，但各个指标的重要性不明确；三是测试题与测评指标之间的关系、比例不明确；四是调查样本相对较少、区域具有局限性；等等。总之，当前已有的关于学生几何直观能力的测评研究，还是比较零散的、局部的，缺乏从构建操作性定义、探究测评指标以及构建测评模型，并借此开发测试工具等方面开展比较全面的、系统的和定量的研究。本书试图从这些方面展开研究工作。

三、几何直观能力测评研究的未来指向

随着时代发展和教育改革深化，一种新型的人才观逐渐形成——未来的教育应该致力于培养具有核心素养的人。经合组织率先于21世纪初提出了核心素养的指标体系，随后，美国、英国、芬兰等发达国家或地区启动了基于核心素养的教育目标体系研究，并开发以核心素养为基础的课程改革方案①。在此背景下，一些数学关键能力如运算能力、建模能力、推理能力、几何直观能力等已然成为数学教育研究的焦点。

在我国，随着《标准(2011年版)》的推行，几何直观能力的研究已成必然且成果显著增多，涉及几何直观能力的含义、对几何直观能力的现状调查(包括测试调查与问卷调查)以及培养策略等多个方面。但也存在一些不足，例如，对几何直观能力的实证研究甚少②，缺乏从构建小学生几何直观能力的操作性定义、探索测评指标和构建测评模型等方面展开比较全面、系统的研究。

基于文献研究发现，当前关于几何直观能力的研究存在以下不足：一是对发展学生几何直观能力缺乏正确认识，几何直观能力是公民的一项基本素养，是人思维能力发展的基础；二是我国长期以来忽视对义务教育阶段学生几何直观能力测评指标体系构建的研究，缺少测评工具导致难以有效地对学生进行诊断，从而在学校教育中造成培养学生几何直观能力的困难；三是培养小学生几何直观能力的课堂教学核心指标不明确，而且缺乏实证研究，不利于开展有针对性的培养工作；四是缺乏对学生几何直观能力特征的研究成果，包括年级、性别和城乡等大家关注的教育问题的差异比较。

①林崇德.21世纪学生发展核心素养研究[M].北京：北京师范大学出版社，2016：3.

②蒋会兵，张定强.新课程实施以来国内“几何直观”研究综述[J].中学数学杂志，2014(8)：1-4.

“以评促建，以评促改；以评促教，以评促学。”这是对学校、教师和学生三个方面测评的目标要求。通过评价或评估，才能知道存在不足和差距，从而有针对性地对学生进行有效的教学。因此，需要对几何直观能力进行系统的、较为全面的研究，特别是测评模型构建研究，它是深化义务教育数学课程改革的必然要求，是一线教师正确把握新课程标准目标要求的引导性解读。这方面的研究工作是未来研究的重要课题，更是一种研究指向。

第六章

小学生几何直观能力测评指标体系构建

本书首先从文献和专家访谈两个方面梳理小学生几何直观能力的行为表现，探寻关键观测指标，构建小学生几何直观能力的操作性定义。然后，依据关键观测指标和操作性定义设计测试工具并进行测试，利用探索性因素分析法探索测评指标并对其进行解析，初步确定小学生几何直观能力测评指标。

第一节　几何直观能力行为表现的探析

要构建小学生几何直观能力的操作性定义以及测评指标体系，提炼其能力行为表现是第一要务。因此，需要从已有的学术论述、《标准(2011年版)》和小学数学课本等文本载体中梳理大家关注的一些行为表现或关键词，结合已界定的小学生几何直观能力内涵，初步提炼小学生几何直观能力行为表现，并据此展开专家咨询和访谈等实证调查加以确认。

一、学术论述中行为表现的计量分析

通过前面研究，已经明确了小学生几何直观能力的内涵，并初步梳理出小学生的几何直观能力至少包括图形抽象、图形认识、用图形描述、用图形分析、直接感知与整体把握等要素特征或能力行为表现。为了能更全面地提炼小学生几何直观能力的行为表现，所提取的测评指标尽量反映学生的能力水平，在此又分析了以“几何直观”“几何直观能力”为标题的100多篇具有代表性的学术文章以及相关著作(对有相同行为表现维度的文章或著作不再重复登记)，采用计量分析法进行分析。通过梳理文献发现，不同学者们的关注点也存在众多相同之处，归纳起来可以分为三个方面：一是从几何直观的物化特征表现形式(工具性)来划分，例如，有学者分为实物直观、简约符号直观、图形直观、图像直观、替代物直观、模型直观和言语直观等；二是从图形的认知视角来划分，例如，分为识图、画图、读图与用图等；三是从几何直观能力的行为表现划分，主要包括认识图形、直观感知、直观洞察、直观想象、数形结合、用图形解决问题、利用图形认识数学、借助图形对事物的认识、利用图形描述问题、利用图形分析问题和借助图形思考问题等。但这三种分类之间不是独立的，它们既有交叉，也具有紧密的联系。

我们倾向于第三种划分办法，即从几何直观能力的行为表现划分。通过文献计量分析法对重要行为表现进行统计（经梳理，从100多篇/部学术文章与著作中确定了22篇文章、7篇学位论文和4部著作列入分析，划分维度相同的文章不重复登记，详见附录2），统计结果如图6-1所示。

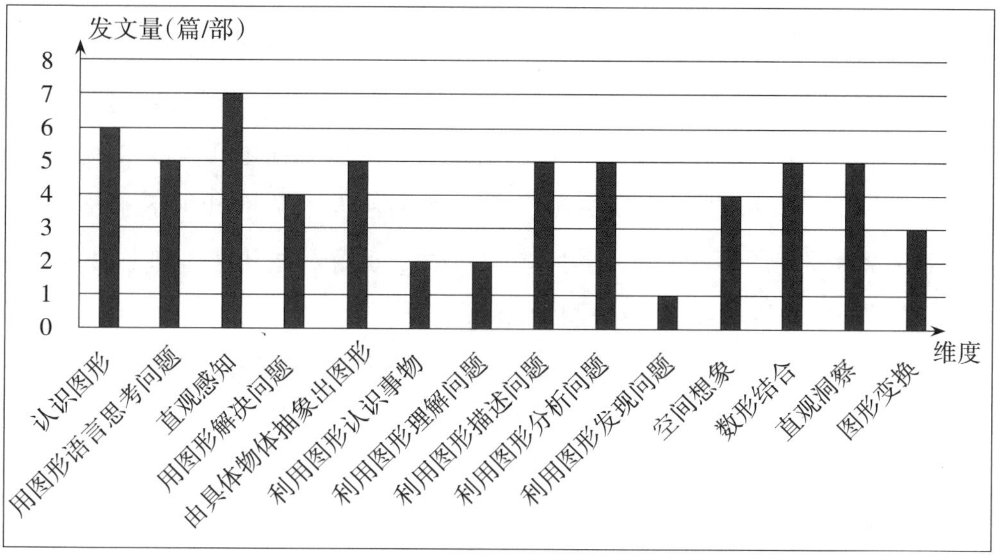

图6-1　对已有文献中行为表现的计量分析

从图6-1统计图中可以看出，出现频数较多的行为表现是认识图形、用图形语言思考问题、直观感知、用图形解决问题、由具体物体抽象出图形、利用图形描述问题、利用图形分析问题、空间想象、数形结合和直观洞察10个维度（不登记划分维度相同的文章）。从前文的文献综述可知，小学生几何直观能力是指学生形成图形的认识并利用图形描述和分析数学问题，从而直接感知、整体把握问题的一种能力，因此，数形结合与几何直观、空间想象能力与几何直观能力存在差别，不是部分与整体的关系，要去掉这2个维度。然而，初步提炼的8个维度中，对几何直观能力的行为表现划分依然存在一些值得思考或补充完善的问题，包括可能存在交叉、重复和不可操作等情况，需要对数学课程标准和数学课本进行分析，特别是要咨询专家和一线优秀的小学数学教师与教研员，力图寻找更为合理、更为具代表性、操作性较强的几何直观能力行为表现。

二、课程标准及数学课本对行为表现的描述

除上述学术论述分析外，还需要分析新课标和学生数学课本。对小学的数学教学而言，《标准（2011年版）》和小学数学课本是教师和学生的全部知识载体，可以说是

较权威的学习资料，特别是课本，对小学生来说所要学习的知识应该都在课本里。对这两个文本进行分析是十分必要的，因为它们承载的信息对研究行为表现是重要的参考。

（一）《标准（2011年版）》要求的分析

在《标准（2011年版）》的“课程设计思路”中指出：“几何直观主要是指利用图形描述与分析问题。”从概念描述中可提取三个关键词：图形、用图形描述、用图形分析。在“课程目标”中，第一学段目标：经历从实际物体中抽象出简单几何体和平面图形的过程，了解一些简单几何体和常见的平面图形，掌握初步的测量、识图和画图的技能；第二学段：探索一些图形的形状、大小和位置关系，了解一些几何体和平面图形的基本特征，体验图形的运动过程，掌握测量、识图和画图的基本方法。

从上述《标准（2011年版）》的课程设计思路和课程目标（包括课程内容）中的要求可知，培养几何直观能力关注的行为表现主要是“从实际物体中抽象出图形”“了解图形”“掌握测量、识图、画图等技能”“探索图形的形状、大小和位置关系”“了解图形的基本特征”“体验图形的运动”等。

（二）小学数学课本内容分析

从上述对《标准（2011年版）》的分析可知，在我国中小学数学课程改革中很重视对学生几何直观能力的培养，而且已然成为中小学数学课程的一项重要目标。并且，它不是游离于数学课程内容之外，而是实实在在落实在具体的数学课程教材内容之中的。例如，在人教版一年级数学新教材“1～5的认识”①中，通过1头大象、2头大象、3头鹿和1根木棍、2根木棍、3根木棍来认识“1”“2”“3”（图6–2），让学生感受“1”“2”“3”的大小以及表示的意义。

图6–2　认识数1～3的图

①课程教材研究所、小学数学课程教材开发研究中心.义务教育课程标准实验教科书 数学（一年级 上册）[M].北京：人民教育出版社，2001：14.

在西南师大版一年级数学课本上册的“20以内的进位加法”[①]中，通过设计蛙跳简易图(图6-3)让学生掌握“9+8”的加法计算。

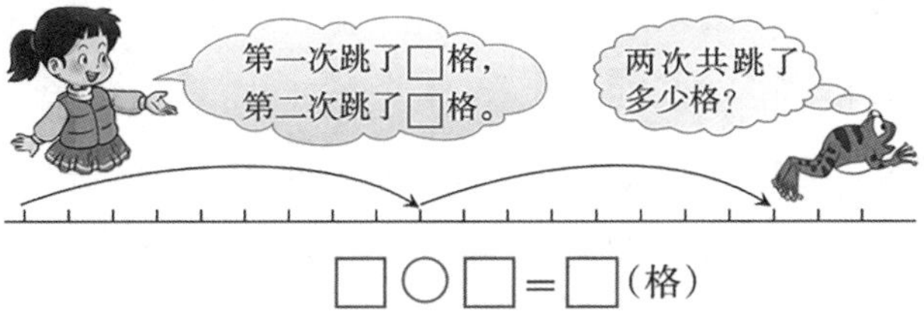

图6-3　计算“9+8”的示意图

在西南师大版四年级数学课本下册“问题解决”中通过画线段图分析行程问题，如图6-4所示，并且在教材中还要求学生从这一节课开始学会画线段图分析问题[②]。

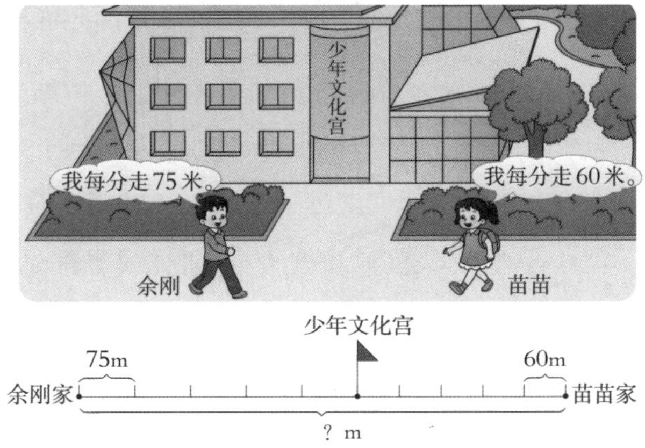

图6-4　行程问题线段图分析

分析教材内容知识，课本经常借助手指、苹果、石子等实物来帮助学生认识数，表示数的大小及意义，借助诸如小圆圈、三角形等简易符号呈现数的运算。在教学中，教师也常常通过画简易线段图分析植树、行程等文字型的应用题，帮助学生理解题意，探索解决问题的思路等。在小学第一、二学段的课程、教材和教学中，诸如借助直观形象的实物、简易符号、图形等认识世界、掌握知识以及解决问题的案例不胜枚举，在此不再一一罗列。按照《标准(2011年版)》的要求，小学数学课本设计了“由实物体抽象出图形”“认识物体和图形”“角的初步认识”“观察物体”“图形与变化”“四边形”“平行四边形与梯形”“三角形”“利用实物体认识数”“利用替代物认识数位”“利用图

①宋乃庆.义务教育教科书 数学(一年级 上册)[M].重庆:西南师范大学出版社,2012:77.
②宋乃庆.义务教育教科书 数学(四年级 下册)[M].重庆:西南师范大学出版社,2012:19.

形描述数的大小及其运算”“结合应用题的意思画一个图形”“利用图形分析问题”等相关内容。在课本中，对图形的理解是比较宽泛的，包括实物（动物、苹果、石子、木棒等）、简约符号（小圆圈、小梅花、小方块、小球等）、线段、示意图、三角形、四边形、多边形、正方体、长方体、球体等多个方面。

综上，从对《标准（2011年版）》和小学数学课本的文本分析中可以发现，“从实际物体中抽象出图形”“认识物体和图形”“测量”“画图”“认识图形的形状、大小和位置关系”“认识图形的基本特征”“图形的运动”“图形与变化”“利用实物体认识数”“利用替代物认识数位”“利用图形描述问题”“利用图形分析问题”等行为表现都是这两个重要文本中的相关内容要点。但研究也发现，在课程教材中很少看到“直观感知”和“直观洞察”的相关内容呈现，它们的表现更多是隐蔽于学生“利用图形分析问题”和“用图形解决问题”之中。这也正是学术研究与课程教材的差别所在，需要进一步思考和调查实证。

总之，从课程教材中梳理的行为表现与学术论述计量分析结果有极大的相似性，对学术论述中确定的8个维度是重要的补充。同时，也说明两个问题：一是当前已有的研究多数是基于课程标准和教材；二是计量分析学术成果的研究队伍主要来自数学教育研究者以及一线中小学数学教师和教研员，研究成果都是他们长期研究与教学的经验累积。因此，提炼的行为表现对研究是有益的参考。

三、专家对几何直观能力行为表现的认识

综合学术论述计量分析以及对《标准（2011年版）》和小学数学课本的探析，本书初步把小学生几何直观能力的行为表现划分为由具体物体抽象出图形、认识图形、用图形语言思考问题、直观感知、直观洞察、利用图形描述问题、利用图形分析问题和利用图形解决问题8个维度。基于探索的几何直观能力行为表现8个维度，组织课题组成员设计访谈提纲（详见附录3），调查不同专家对这些指标的看法。

利用编制的访谈提纲征求数学专家、数学教育专家和小学数学教师、教研员、小学数学教材编委以及数学教育博士等意见，特别是借助2016年4月举办的“《数学教育学报》第十四届董事、编委（扩大）会议暨第三届汇信通讯科技杯《数学教育学报》贡献奖颁奖会议”和2016年5月举办的“第二届全国小学数学文化优质课大赛暨课堂教学观摩研讨会”等之机，对来自全国包括河南、海南、浙江、江苏、四川、贵州、陕西、甘肃等省（自治区、直辖市）的100多名教授、研究员、小学数学优秀教师、小学数

学教材编委等进行问卷调查、咨询与访谈，包括个体访谈和小型会议访谈。调查结果显示，“由具体物体抽象出图形”“认识图形”“利用图形描述问题”“利用图形分析问题”和“利用图形解决问题”5个维度认同度较高，“直观感知”“直观洞察”也占有一定比例。在咨询与访谈中，还有专家提出了一些具体的意见和建议，归纳起来包括：“该行为表现存在一些重复与交叉”“直观感知和直观洞察是几何直观能力的重要指标，但很难做有区分的测量”“几何直观能力最终的落脚点应该是直观感知与整体把握上”“直观能力与分析能力是两个有联系但又独立的相对变量”“用图形语言思考问题与用图形分析问题没有很大差别”“利用图形解决问题其实包含了直观感知和直观洞察”“评价指标应该建立在《标准（2011年版）》要求的基础上，要服务于一线的教学”“在小学阶段，形成图形映像、认识图形、能画基本图形是几何直观能力的基础，应该作为它的一个评价点”，还有的小学数学教师认为“在小学低段，从实物抽象出几何图形的认识过程显得非常重要，在评价中往往被忽视”等。基于实证调查以及考虑到测评指标的测量度、可操作性等原则，经过反复的访谈和修改，课题组多次召开会议讨论，接受数学教育专家与一线数学教师的一些意见和建议，调整了原来的行为表现（或测评指标），把“直观感知”“直观洞察”“用图形语言思考问题”三个行为表现尽量渗透在“利用图形描述问题”“利用图形分析问题”“利用图形解决问题”的解释（或二级指标）之中。因此，初步把小学生几何直观能力行为表现划分为“由具体物体抽象出图形”“认识图形”“利用图形描述问题”“利用图形分析问题”“利用图形解决问题”5个维度。

第二节　小学生几何直观能力操作性定义的构建

一、构建操作性定义的一般方法

一般地，如果要对某一研究概念（或观念）划分测评指标，通常的做法是要给该概念构建一个可操作性的定义。操作定义是指用可感知、可度量的事物、事件、现象和方法对变量或指标作出具体的界定、说明，即从具体的行为、特征、指标上对变量的操作进行描述，将抽象的概念转换成可观测、可检验的项目①。图6-5中构建了观念、操作性定义与测量工具之间的关系②：

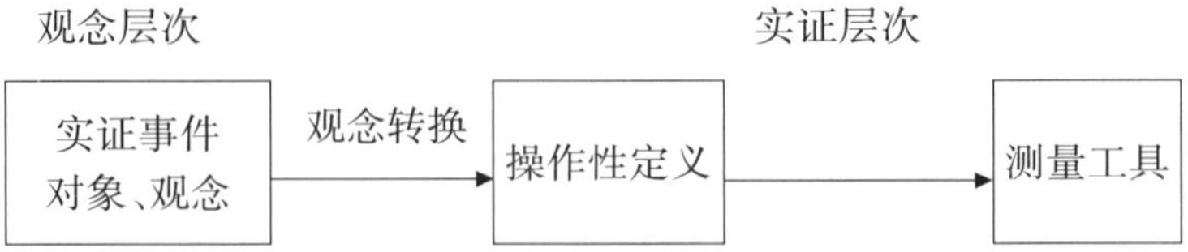

图6-5　观念、操作性定义与测量工具之间的关系

通过梳理文献发现，给研究概念（或观念）构建操作性定义的方法有很多，郑金洲等人在《学校教育研究方法》一书给出三种定义方法③：①条件描述法。条件描述法通常是陈述测量操作程序来界定一个概念，是对所解释对象的特征或可能产生的现象进行描述，对要达到某一结果的特定条件进行规定，指出用什么样的操作去引出什么样的状态，即规定某种条件，观察产生的结果。例如，将一个人如果24小时没有进食定义为饥饿。②指标描述法。指标描述法通常是通过陈述测量操作标准来界定一个概念，是对所解释对象的测量手段、测量指标、判断标准做出规定。例如，青少年是指年龄在7～18岁的人。③行为描述法。行为描述法通常是通过陈述测量结果来界定一个概念，是对所解释对象的动作特征进行描述，对可观测的行为结果进行描述。例如，合作是指对别人的活动给予支持，并直接参与活动，成为其中一员。

二、小学生几何直观能力操作性定义

通过梳理文献与咨询专家意见，初步把小学生几何直观能力行为表现划分为由具体物体抽象出图形、认识图形、利用图形描述问题、利用图形分析问题、利用图形解决问题5个维度。根据几何直观能力的概念进阶分析和逻辑判断，结合数学教育专家和一线数学教师的意见，本书用行为描述法对几何直观能力的操作性定义进行构建。

小学生几何直观能力的操作性定义：①学生由具体物体抽象出图形④；②认识图

①董奇.研究变量操作定义的设计[J].教育科学研究，1991(3)：21-24.

②荣泰生.AMOS与研究法方法[M].重庆：重庆大学出版社，2010：37.

③郑金洲，陶保平，孔企平.学校教育研究方法[M].北京：教育科学出版，2003：62-64.

④史宁中在专著《数学思想概论：数量与数量关系的抽象（第1辑）》（东北师范大学出版社，2008年第3页）中论述了抽象的层次性，他认为抽象大体上可分为三个层次：第一层次是简约阶段，即把握事物的本质，把繁杂问题简单化、条理化，能够清晰地表达；第二层次是符号阶段，即去掉具体的内容，利用概念、图形、符号、关系表述包括已经简约化了的事物在内的一类事物；第三层次是普适阶段，即通过假设和推理建立法则、模式或者模型，并能够在一般的意义上解释具体事物.在本书中，小学生“由具体物体抽象出图形”是属于第一层次或第二层次的初级抽象阶段.

形并能用符号表示图形，会画基本图形及度量简单物体；③利用图形描述问题，主要是利用图形表示数以及运算、数学问题，把复杂问题变得简明、形象；④利用图形分析问题，探索解决问题的思路；⑤利用图形解决问题，通过图形建立数量关系，直接感知和整体把握问题。

第三节　小学生几何直观能力测评指标的探索

一、测试工具的设计与实施

（一）测试工具的选择

为进一步确定文献梳理、专家咨询获得能力测评指标的适切性以及聚类情况，研究试图通过探索性因子分析法提取主要的测评指标。因子分析的路径有问卷调查和测试调查两种，正确选择获取数据的调查方式对研究的科学性和可靠性意义重大。

课题组组织西南大学数学教育专家、重庆市教科院研究员以及一线小学优秀数学教师和教研员、小学数学教材编委等多次进行小型会议讨论，还进行专家咨询，最终形成如下观点：①当前没有比较成熟的几何直观能力测评指标，让专家和数学教师确定这些测评指标难度很大；②问卷调查更适合关于意见、态度或看法等问题的调查，并不是很适合学生能力方面的调查；③基于小学数学学科特点，以及长期在一线进行小学数学教学工作的优秀教师与教研员的经验，按照提取的5个指标编制一套比较好的小学数学测试题是可以办到的，也是可行的。

鉴于讨论形成的观点，研究认为从编制一份较优秀的测试题入手是一种较好的思路，既体现了数学教育专家、一线优秀的教师与教研员的经验认识与智慧，又反映了学生的几何直观能力状况。因此，我们选择使用编制测试卷的方式收集数据进行探索性因子分析。

（二）测试内容确定

借鉴TIMSS 2007—2015年的小学四年级数学测试和PISA数学素养测试框架，结合《标准（2011年版）》的小学数学课程内容以及数学教材要求，把测试内容分为数与代数、图形与几何、概率与统计三个领域，如表6-1所示。

表6-1 小学生几何直观能力测评的领域内容

一级指标	二级指标	指标明细分解
数与代数	整数及其运算	①能说明数位的意义,能够用图示或符号来表示大数;②能借助图形进行整数的加减乘除四则运算;③解决问题,包括真实的生活中所碰到的问题;④能根据简单的情境,画图并列出含有未知数的算式。
	分数、小数及其运算	①认识分数、小数,借助图形了解分数、小数的意义;②能借助图形进行简单的小数加减的运算;③解决简单的有关小数的问题。
图形与几何	点、线和角	①长度的测量和估测;②识别和绘制平行线和垂直线;③比较角的大小,绘制直角、钝角和锐角。
	平面图形和立体图形	①能识别常见的几何图形,并对其能进行分类和比较;②认识、描述、利用几何图形的基本性质、运动和变化;③会观察物体,识别三维和二维之间的转化关系;④能计算正方形和长方形的面积和周长,能测量和估测几何图形的面积和体积。
概率与统计	阅读和解释	①能从表格、图像、扇形统计图、条形统计图中读取信息;②能根据相关的数据资料来比较信息,计算问题的答案。
	组织和表述	①比较和匹配相同数据的不同表示形式;②能运用表格、扇形统计图、条形统计图来组织和展示数据资料。

表6-1中包括了《标准(2011年版)》中"数与代数"的数的认识、数的运算、常见的量,"图形与几何"的图形的认识、测量、图形的运动、图形与位置,"统计与概率"的简单数据统计过程和随机现象发生的可能性等。依据这些内容可以确定研究的测试内容范围。

(三)测试卷编制与评分标准

基于相关研究计量统计分析,把几何直观能力的测评指标初步划分为5个维度。为进一步确定文献梳理与专家咨询意见所初步划分的几何直观能力测评指标的适切性,本书试图通过探索性因子分析提取主要的测评指标。因此,课题组组织了重庆、贵州两地的数学教育专家、一线教师和教研员共同编制了关于小学生几何直观能力测评指标的测试题。试题编制的基本构想是将小学生几何直观能力划分为5个维度(由具体物体抽象出图形、认识图形、利用图形描述问题、利用图形分析问题、利用图形解决问题),每个维度下预设相应的行为观测指标。测试内容主要利用表6-1中的数与代数、图形与几何、概率与统计三个领域内容。多数题目来自TIMSS 2007—2015年小学四年级数学测试题、小学数学课本例题和习题以及考试卷。初步编成测试题后,在重庆、贵州四所具有代表性的学校四年级167名学生中进行预测后,经修改形成比较正式的测试题，即“小学生几何直观能力测评指标的测试题”（详见附录4）。该测试卷共10个题（TM1，TM2，……，TM10），各题项具体反映的测试维度如表6-2所示。

表6-2　测试题项及其对应测评指标维度[①]

题号	具体测评指标维度
TM1	由具体物体抽象出图形
TM2，TM3	认识图形
TM4，TM7，TM8	利用图形描述问题
TM5，TM6，TM9	利用图形分析问题
TM10	利用图形解决问题

以上10个测试题目中，TM1、TM2、TM6和TM9是学生数学课本习题，TM10是《标准（2011年版）》的实例，TM4、TM7和TM8是TIMSS小学四年级数学测试题，TM3和TM5是四年级课外练习题目或用于研究的测试题目。

整张试卷共10个题，总分为100分，用一张8开纸打印。每个题目都有分值，按照题目的难度系数赋值，第TM1题至第TM10题的分值分别是7，7，8，7，10，10，10，13，15，13分。

（四）测试调查的抽样与施测

课题组抽取贵州、重庆、浙江共六所具有代表性的学校的四年级541名学生进行测试。具体测试时间是2016年6月份。监考人员有课题组成员、数学任课教师以及其他学科教师，要求严格考试纪律，同一个学校要求同一时间发放考试卷和收交答卷。考试时间为30分钟。共发放541份，收回520份有效答卷，有效率为96%。有效测试人数分布如表6-3所示。

表6-3　测试样本人数区域分布表

	浙江	重庆	贵州	合计
四年级学生人数/个	156	173	191	520
占比/%	30	33	37	100

①张和平，裴昌根，宋乃庆.小学生几何直观能力测评模型的构建探究[J].数学教育学报，2017(5)：49-53.

二、利用探索性因子分析法初步探索测评指标

经统计分析，测试结果的Cronbach's Alpha系数为0.624，依据已有研究成果[①②]，本测验是可以接受。对10个题项进行检验，Kaiser-Meyer-Olkin值是0.752，表示各题项间有共同因素存在，可以对数据进行因子分析。

用主成分分析法提取特征值大于1的因子，其旋转成分矩阵[③]如表6-4所示。

表6-4　主成分分析的旋转成分矩阵

	成分		
	1	2	3
TM4	.786		
TM8	.615		
TM7	.541		
TM2		.692	
TM3		.679	
TM1		.482	
TM5			.672
TM6			.564
TM9			.522
TM10			.503

提取方法：主成分；旋转法：具有Kaiser标准化的正交旋转法；矩阵：旋转在5次迭代后收敛。

由表6-4数据可知，对照原假设题项所反映的几何直观能力测试项目，并综合考虑各因素的共同性和在各抽取因子上的负荷量差异，得到以下结果：①从10个反映小学生几何直观能力的测试题中提取出3个主要成分，即把预设的5个维度降维成3个维度；②“由具体物体抽象出图形”“认识图形”两个指标被提取到了一起，“利用图形分析问题”“利用图形解决问题”两个指标被提取到一起。经分析，形成以下的共识：研究认为“由具体物体抽象出图形”“认识图形”都属于学生在认识和掌握图形过程之中的一种能力表现，因此，就把提取的这一成分重新组合并记为“形成图形的认

①荣泰生.AMOS与研究方法[M].重庆：重庆大学出版社，2010:82.

②萨克斯G.，牛顿J W.教育和心理测量与评价原理[M].王昌海等，译.南京：江苏教育出版社，2002:301.

③张和平，裴昌根，宋乃庆.小学生几何直观能力测评模型的构建探究[J].数学教育学报，2017(5):49-53.

识”,即“能由具体物体抽象成图形,形成对图形及其形状的认识,并会画基本图形以及度量简单物体的能力”;对于“利用图形分析问题”“利用图形解决问题”的合并重组,采纳了专家“针对几何直观能力,主要体现在分析问题的能力上,解决问题可以看成是分析问题的一个组成部分,是通过分析后直接感知和整体把握问题”意见以及结合《标准(2011年版)》对“几何直观”描述性界定,因此把提取的这一成分记为“利用图形分析问题”,把“利用图形解决问题”作为“利用图形分析问题”的一个二级测评指标。事实上,反过来认真分析《标准(2011年版)》对“几何直观”描述性定义,发现有三个关键词(或是三个过程),一是(掌握)图形,二是(利用图形)描述问题,三是(利用图形)分析问题①,这和探索性因子分析结果具有一致性。

综上,从原构想的5个维度中提取并重新组合,聚类得到了3个一级指标,即形成图形的认识、利用图形描述问题和利用图形分析问题。而每个一级指标包括多个二级指标对其进行解释。

三、小学生几何直观能力测评指标的解析

下面基于《标准(2011年版)》的表述以及结合一些案例分析,初步利用一些观测点对小学生几何直观能力的三个测评指标作具体的解释。

(一)形成图形的认识

形成图形的认识是指能由具体物体抽象成图形,形成对图形及其形状的认识,并会画基本图形以及度量简单物体的能力。《标准(2011年版)》明确指出:“经历图形的抽象、分类、性质的探讨、运动、位置确定等过程,掌握图形与几何的基础知识和基本技能。”②说明在认识图形的过程中,图形的抽象、分类、性质、运动、位置确定等都是重要的环节,而且这些节点是可观测、可测量的知识点。在《标准(2011年版)》中“认识与掌握图形”主要是“图形与几何”“统计与概率”的内容,在小学数学教材中“图形与几何”内容包括图形的认识、测量、图形的运动、图形与位置等,“统计与概率”内容包括认识表格、图画以及条形统计图、扇形统计图、折线统计图等。会画基本图形,包括会画一般的几何图形、表格和统计图,能画线段、射线和直线等。对度量的要求是,能测量简单图形,会估计物体的大小。

①张和平.对小学第一学段几何直观目标要求的认识[J].教学与管理(小学版),2016(11):54-56.
②中华人民共和国教育部.义务教育数学课程标准(2011年版)[S].北京:北京师范大学出版社,2012:8.

由上述分析可知，形成图形的认识是培养几何直观能力的基础，是几何直观能力测评的一个重要指标，特别是在小学阶段，没有形成基本的图形认识与掌握能力，无从谈及“借助图形描述与分析问题”和“直观感知与整体把握问题”。

（二）利用图形描述问题

《标准（实验稿）》明确提出，义务教育阶段要培养学生“能运用图形形象地描述问题，利用直观来进行思考”的能力，说明利用图形描述问题是数学学习中一个很重要的能力。利用图形描述问题主要指把现实问题或数学问题图形化，包括用图形表示数及其运算的意义，用图形表示几何问题以及给实际情境的数学问题画一个图形等的方面能力。它的基本思想方法是：用“形”表示数学问题或用“形”表示其他问题。利用图形描述问题在课堂教学中具有重要意义，一方面，帮助学生直观地理解数学问题，容易让学生记住基础知识和掌握基本技能；另一方面，可以把复杂的数学问题变得简明、形象，借助图形有助于探索解决问题的思路。

例如，计算“$1-\frac{1}{2}-\frac{1}{4}-\frac{1}{8}$”的问题，按照运算规律，异分母分数相加减需要通分，但是如果把这个题目设计成借助于直观图形来解答，如图6-6所示，那么一个抽象的数学算式就转化成直观形象的几何图形问题，学生就可以从图中直接感知出问题答案等于$\frac{1}{8}$，直观明了，易于理解。

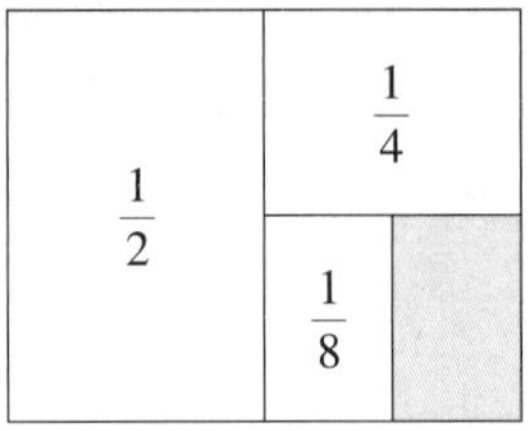

图6-6　分数运算的图解

图6-7　行程路标

又如，在TIMSS 2015小学四年级数学测试卷中有这样一个题目（行程问题）[①]：玛丽离开了甲镇，匀速骑车2小时后到达了下图所示的路标（图6-7）。玛丽以同样的速度骑车去乙镇，请问她需要再骑几个小时才能到达乙镇？

2016年3月课题组在贵州黔东南地区对小学生几何直观能力进行初试测查，上述行程试题得分率很低，访问小学生得知有两个困难：一是看不懂此图，不知道乙镇、

①Mullis I V S, Michael M O.TIMSS 2015 assessment frameworks[R]. Boston: TIMSS & PIRLS International Study Center, Lynch School of Education, Boston College, and IEA, 2013.

甲镇在哪个方向；二是画不出线段图来帮助思考问题。TIMSS 2015的这个测试问题在现实生活中常见，但我们学生在测试卷中可不是经常遇见，如果学生能够画出线段图，如图6-8所示，那么此问题就变成一个常规性问题，学生也就能够解答。

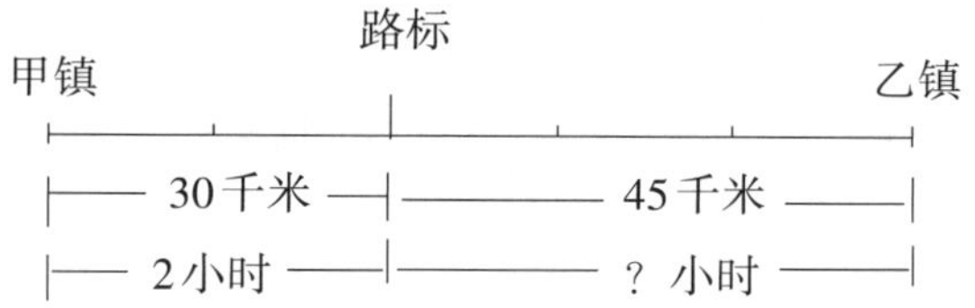

图6-8　行程线路图

由此可知，利用图形描述问题在教学中很重要，数学课本要求在四年级下册就必须学会画线段图分析问题①。但多数教师对该指标的重要性缺乏认识，在教学中往往忽视对其进行有效的教学培养策略。

(三)利用图形分析问题

利用图形分析问题是指由直观图形探索问题思路与方法，根据图形形象关系建立数量关系，借助图形直接感知与整体把握问题，并预测结果的过程。具体包括借助图形探索问题的思路、由图形建立数量关系和利用图形解决问题等。它的基本思想是：借助“形”分析数学问题。例如，上述TIMSS 2015小学四年级数学测试卷的行程问题，行程问题的三要素是路程、时间与速度，基本关系是：速度=路程/时间。由行程线路图6-8明显看出此题的基本思路：路标到乙镇的距离是45千米，时间未知，根据“玛丽以同样的速度骑车去乙镇”说明行驶速度等于甲镇到路标的速度，而玛丽从甲镇到路标的速度是可以求出来的。按照这个思路以及图形的形象关系可以建立数量关系（或列式计算）：(1)玛丽从甲镇匀速骑车2小时到路标，距离是30千米，即玛丽的速度是30÷2=15（千米/小时）；(2)已知路标到乙镇的距离是45千米，速度是15千米/小时，那么时间是：45÷15=3（小时）。此题通过图形探索思路，并由此建立数量关系解决问题。这个题目除了通过利用路程、时间与速度的关系计算出结果外，还可以直接利用图形直观性分析出结果。如图6-8所示，30千米用2个小时，每格15千米用1个小时，45千米正好分成3格，就是3个小时。从图形中可以直接“看出”答案，即从路标到乙镇还需要3个小时。

通过上述例题分析可知，利用图形分析问题是几何直观能力发展的集中体现，是三个能力指标中综合性比较强、研究者关注度较高的一个指标。在这里特别需要指

①宋乃庆．义务教育教科书 数学（四年级 下册）[M]．重庆：西南师范大学出版社，2012：19.

出的是,“利用图形分析问题”与“逻辑分析”是不一样的,尽管都有“分析”二字,但“利用图形分析问题”是重在借助直观图形或图形的形象,然后建立数量关系,或直观感知和整体把握问题的结果。而相对应的“逻辑分析”,主要是借助抽象的语言展开分析,两者之间有很大差别。发展学生利用图形分析问题的能力,是发展几何直观能力的重要指标,不仅对以后学习学科知识有帮助,而且对将来解决现实问题和科学研究等都是有益处的。

综合上述案例分析,可归纳总结出利用图形直观描述和分析问题的过程,如图6-9所示。

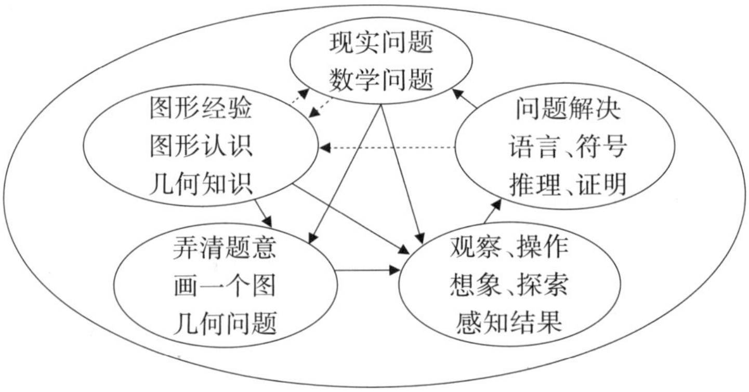

图6-9 利用图形直观描述和分析问题的过程

从图6-9看出,在描述和分析问题的过程中几何直观伴随始终,几何直观能力体现在各个环节。这个过程中,认识图形、掌握图形的基本知识与技能是基础,对于一个给定的现实问题或数学问题,往往先画一个图形,用图形描述问题,把数学问题转化为几何图形问题,然后运用图形探索解决问题的思路,由图形关系建立数量关系,最终问题得以解决。

第四节 小学生几何直观能力测评指标的初步确定

通过探索研究确定了小学生几何直观能力的一级测评指标。综合前面的研究,包括能力行为表现的文献计量、课程标准及课本分析、专家意见等,利用构建的操作性定义以及对一级指标的解释分析,基本明确了一级指标又可以分解为多个能力测评点。借助TIMSS 2007—2015年测评框架的认知维度水平指标，特别是使用其行为动词及相关内容表述（见表2-8），通过演绎法分别构建了三个一级指标下相应的二级指标。

利用探索出的一级指标以及构建的二级指标，课题组又对数学教育专家、教育统计专家、小学数学教师与教研员等反复进行咨询与调研验证，特别是借2016年7月在武汉召开的“全国数学教育研究会2016年国际学术年会”之机咨询了首都师范大学、西北师范大学、天津师范大学等的相关数学教育专家。首先他们比较赞同上述的一级指标划分结果，同时对二级指标划分给出了一些具体的修改意见。经过组织专家、团队成员多次开会讨论，对原来的指标做了一些修改，我们进一步确认了对小学生几何直观能力行为表现的划分，即划分为3个一级指标和9个二级指标。一级指标划分为形成图形的认识、利用图形描述问题、利用图形分析问题3个维度；二级指标划分为由具体物体抽象出图形、认识图形并能用符号表示图形、形成图形映像并会画基本图形、用图形表示数及其运算、用图形表示几何问题、用图形表示现实问题、借助图形探索问题思路、由图形建立数量关系和利用图形解决问题9个维度。基于上述的分析，小学生几何直观能力测评指标的结构框架可表示如图6-10所示。

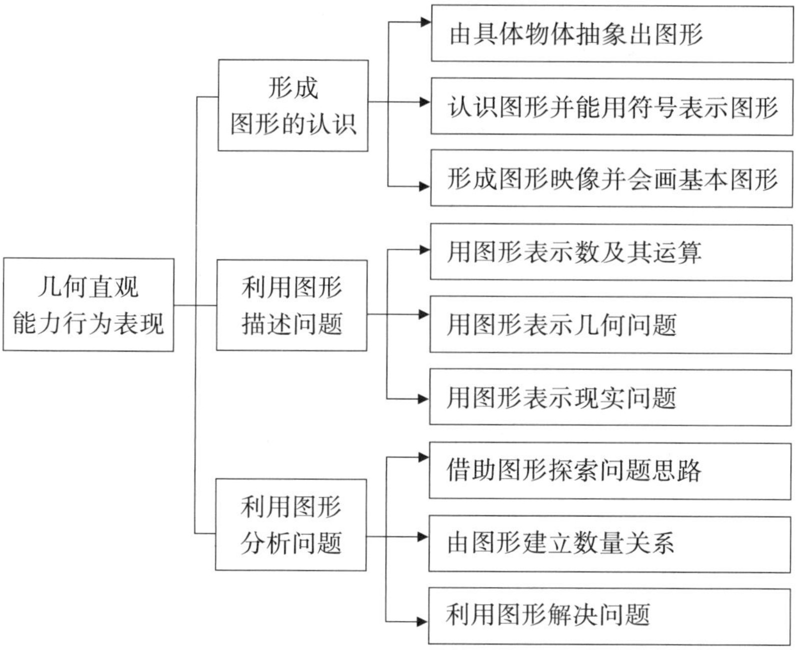

图6-10 小学生几何直观能力测评指标分解框架图

从图6-10中看出，形成图形的认识、利用图形描述问题、利用图形分析问题是几何直观能力三个方面的一个连续统一体，有一定的层次性和逻辑性（尽管是交织螺旋发展）。通过不断地调整完善测评指标，特别是对二级指标的具体描述以及案例说明进行调整，最后构建了“小学生几何直观能力测评指标及其具体描述”，如表6-5所示。

表6-5　小学生几何直观能力测评指标及其具体描述①

一级指标	二级指标	二级指标的具体描述以及案例说明
形成图形的认识	由具体物体抽象出图形	由具体物体抽象出几何图形，如由黑板抽象出长方形，由纸箱抽象出长方体等
	认识图形并能用符号表示图形	认识图形的形状、位置与运动等，并能用符号表示图形，如“∠”表示角、“△”表示三角形
	形成图形映像并会画基本图形	形成物体与图形的映像，会度量简单物体；会画一般的几何图形、表格和统计图，如能画直线、线段、长方形、圆等
利用图形描述问题	用图形表示数及其运算	用图形表示数及数的运算、数学算式，如用“○○∅”表示运算“3-1”，用图形表示数的乘法分配律等
	用图形表示几何问题	用图形表示几何问题，如用图形表示长度、周长、面积、体积，以及描述物体的相对位置
	用图形表示现实问题	能根据实际问题画几何图形、表格、统计图等，如列车问题、调查统计问题、温差变化问题
利用图形分析问题	借助图形探索问题思路	运用图形及形象关系探索解决问题思路，如几何计算、几何推理、行程问题等
	由图形建立数量关系	根据图形关系建立数量关系，如在行程问题中根据图形列出算式或方程等
	利用图形解决问题	借助图形直接感知与整体把握问题，预测结果，验证与解释问题，如花坛植树问题、分数加减的图解问题

表6-5中的测评指标是本书的重要内容之一，是构建测评模型的重要基础，也可以直接利用探索出的测评指标开展数学课堂教学，有针对性地培养小学生的几何直观能力。

①张和平.基于结构方程的几何直观能力测评模型构建[J].贵州师范大学学报(自然科学版),2017(2):104-108.

第七章

小学生几何直观能力测评模型构建

依据研究的逻辑理论和框架设计，基于探索提取的测评指标开发调查工具并实施调查，构建结构方程模型，验证测评指标的代表性和解释度。基于结构方程模型的因素负荷量计算指标权重，结合主观赋值法综合构建测评指标体系。按照数学建模方法与程序，借鉴已有研究建模思路构建测评模型数学表达式，并解释测评模型的运行机制。需要强调的是，确定模型权重的方法有多种方式，考虑到几何直观能力测试的复杂性、涉及内容的广泛性和测试题的综合性，本书选择通过对探索指标的认同方式验证测评指标和构建测评模型，针对性强，可靠又有效。

第一节　调查工具的设计与调查的实施

一、调查工具的设计

（一）调查工具的选择

问卷调查的目的是对测评指标进行认同度分析、验证性因子分析和构建测评模型。基于测评模型构建的理论假设，探索性因子分析有问卷调查（包括意见和态度等调查）和测试调查（包括数学能力等调查）两种路径，事实上验证性因子分析也同样有问卷调查和测试调查两种路径来收集数据，并进行有效验证测评指标的解释度问题。鉴于学科特点（即能力测试），并且一个较好的数学能力测试题目都是由多个测评指标交织在一起、关系错综复杂，考虑到检验观测变量能有效解释潜在变量，调查工具应具有针对性、科学性和可靠性，且本书已初步探索出了3个一级指标和9个二级指标。因此，研究选择问卷调查方式来进行认同度和验证性因子分析，并在此基础上构建用于测试小学生几何直观能力的测评模型。

（二）调查问卷编制

基于初步探索出的小学生几何直观能力测评指标（3个一级指标和9个二级指标），借鉴TIMSS的认知维度中的行为动词表（表7-1）和“小学生几何直观能力测评指标及其具体描述”（表6-5）初步编制调查问卷。

表7-1　小学生几何直观能力认知维度指标分解

水平	观测点
理解	记忆、识别、计算、提取、测量、分类与整理。
运用	选择、表征、建立模型、执行、解决一般问题。
推理	分析、一般化/特殊化、整合/综合、解决非常规问题。

利用编制的调查问卷，课题组组织西南大学、重庆师范大学、贵州师范大学等高校的数学教育专家、教育统计专家，以及重庆市、贵州的贵阳市与凯里市的一线小学数学教师与教研员进行分析与确定。此外，还借2016年7月在武汉召开的“全国数学教育研究会2016年国际学术年会”之机咨询了首都师范大学、西北师范大学、天津师范大学等相关数学教育专家。他们首先比较赞同之前所进行的指标划分和编制的调查问卷量表，同时给出了一些具体的修改意见。基于已有的相关研究、《标准(2011年版)》要求和实证调查结果，通过不断地调整完善问卷，特别是对二级指标的具体描述以及案例说明进行调整，初步形成调查问卷。调查问卷在贵州省、重庆市的小学数学培训班的115名学员中进行预试，经讨论、修改形成正式的调查问卷，即“小学生几何直观能力测评指标的调查问卷”(详见附录5)。

(三)问卷记分方法

“小学生几何直观能力测评指标的调查问卷”围绕上述3个一级指标和9个二级指标进行编制，采用李克特五级量表记分，选项“完全同意”“较同意”“不清楚”“较不同意”“完全不同意”分别记为5,4,3,2和1分。

问卷的目的是确认数学教育专家、小学数学教师与教研员对小学生几何直观能力测评指标的认同度，利用调查数据进行验证性因子分析，验证观测变量对潜在变量的解释度和预设模型与样本数据的拟合度，最终确认所划分的小学生几何直观能力测评指标。在这里需要特别说明的是，探索测评指标的最主要目的是构建测评模型，本书用主客观赋值法(即因子分析法和专家评分法)综合构建测评模型，因此，在问卷设计中特别设计了专家对3个一级指标(潜在变量)的重要性进行评分的项目，三项总分为100分。

根据探索出的小学生几何直观能力测评指标(3个一级指标和9个二级指标)，借鉴TIMSS的认知维度中的行为动词表和测评指标分解表初步编制调查问卷。经讨论、修改形成正式的调查问卷。本调查问卷采用李克特五级量表记分，选项“完全同意”“较同意”“不清楚”“较不同意”“完全不同意”分别记为5,4,3,2和1分。

二、调查实施与数据整理

(一)问卷调查对象选择及实施

在调查实施中,调查对象的选择是基于两个方面考虑:一是考虑调查对象回答问题客观准确性和代表性,二是考虑收集数据的效率性。因此,本书选择了来自重庆、贵州、海南、吉林、浙江等省(直辖市)承办的小学数学教师国家(省)级培训班学员、培训专家,以及来自北京、上海、四川、浙江、山东、河南、广东、陕西、湖南、重庆、天津等省(直辖市)参加"2016年第十三届国际数学教育大会(ICME-13)"等会议的专家学者,包括高校数学教育专家、小学数学优秀教师和教研员等作为调查对象。就调查对象的区域分布而言,包括了中国的东北、东部、中部和西部四个区域。

问卷调查由课题组专家组织实施,聘请培训学校组织者帮忙发放问卷,统一发放问卷,填写问卷结束后统一收交答卷。调查问卷共发放610份,收回有效问卷共563份(其中小学数学教师和教研员共530份,高校教师和科研院所研究员23份,还有"其他"的10份),有效率为97%,具体数据如表7-2所示。

表7-2 回收有效问卷具体情况细目表

地区	小学数学教师和教研员	高校教师和科研院所研究员	其他	合计
重庆	148	1	1	150
贵州	150	2	9	161
海南	52	0	0	52
吉林	55	1	0	56
浙江	0	19	0	19
北京、上海、四川等	125	0	0	125
合计	530	23	10	563

(二)调查数据的整理

通过完成问卷调查收集数据后,要对数据进行整理与分析。数据的基本特征如表7-3至表7-6所示。

表7-3　问卷调查性别比例情况

性别	人数/个	百分比/%
男	305	54.2
女	258	45.8
合计	563	100.0

表7-4　问卷调查职业分布情况

职业	人数/个	百分比/%
高校教师	20	3.6
研究院所研究员	3	0.5
小学数学教师与教研员	530	94.1
其他	10	1.8
合计	563	100.0

表7-5　问卷调查不同年龄阶段人数情况

年龄	人数/个	百分比/%
30岁及以下	80	14.2
31 ~ 40岁	267	47.4
41 ~ 50岁	137	24.3
51岁以上	79	14.0
合计	563	100.0

表7-6　问卷调查职称分布情况

职称	人数/个	百分比/%
教授/正高级	10	1.8
副教授/副高级	21	3.7
讲师/一级	358	63.6
其他	174	30.9
合计	563	100.0

从表7-3至表7-6可知，调查数据男女比例几乎各占一半，小学数学教师和教研员约占94.1%，高校教师和研究院所研究员共占4%左右，31 ~ 50岁占71.7%左右，讲师/一级职称占63.6%左右，教授/正高级和副教授/副高级职称占5.5%左右，这些数据对小学生几何直观能力测评指标的分析具有一定的代表性。对调查数据进行描述统计分析，结果如表7-7所示。

表7-7 调查数据的描述统计量

	N	极小值	极大值	均值		标准差	方差
	统计量	统计量	统计量	统计量	标准误	统计量	统计量
a_1	563	1	5	4.56	.028	.663	.439
a_2	563	1	5	4.61	.027	.631	.399
a_3	563	1	5	4.52	.030	.704	.496
b_1	563	1	5	4.17	.043	1.021	1.042
b_2	563	1	5	4.26	.036	.858	.737
b_3	563	2	5	4.47	.031	.729	.531
c_1	563	1	5	4.43	.033	.794	.630
c_2	563	1	5	4.47	.031	.736	.541
c_3	563	1	5	4.49	.032	.753	.567

说明：a_1=由具体物体抽象出图形，a_2=认识图形并能用符号表示图形，a_3=形成图形映像并会画基本图形，b_1=用图形表示数及其运算，b_2=用图形表示几何问题，b_3=用图形表示现实问题，c_1=借助图形探索问题思路，c_2=由图形建立数量关系，c_3=利用图形解决问题。(下同)

从表7-7中的数据分析结果可知，总体上测评指标认同度比较高，最低分也为4.17。

三、调查工具的技术指标分析

在社会调查中，任何一种精确地、系统地收集资料的方法，实际上都是一种特定形式的社会测量。本书在理论和专家的指导下编制测试卷和调查问卷，需要测定其效度和信度这两个技术性指标。

(一)问卷的效度分析

所谓效度，是指能够测到该测验所预测(使用者所设计的)心理或行为特质到何种程度[①]。一份较高效度的量表有其适用的特定群体及特殊的目的存在，目的不同，有不同的分类。一种分类是把效度分为内在效度与外在效度两种。内在效度指研究叙述的正确性与真实性，外在效度则是指研究推论的正确性，即将研究成果推广到现实世界的可能性，也就是成果的适用程度[②]。另一种分类，效度又分内容效度、效标关

①吴明隆.问卷统计分析实务——SPSS操作与应用[M].重庆:重庆大学出版社,2010:194.

②刘钊，万松钱，黄战凤.论公共管理实践中的“试点”方法[J].东北大学学报(社会科学版),2006(4):280-283.

联效度、建构效度和专家效度四种[①]。一是内容效度。内容效度指测验或量表内容或题目的适切性与代表性，内容效度的检验通常会通过双向细目表来进行。二是效标关联效度。效标关联效度指测验分数与外在效标间关系的程度，如果测验分数与外在效标间的相关愈高，表示此测验的效标关联效度愈高。三是建构效度。建构效度是指能够测量出理论的特质或概念的程度，亦指实际的测验分数能解释某一心理特质的程度。统计学上，检验建构效度的最常用的方法即是因子分析法，具体参看相关系数和因素负荷量[②]。四是专家效度。在社会科学领域中，近年来也倡导专家效度，常见的“德怀术”分析方法[③]就是专家效度的应用具体实例。使用者根据理论假设编制测验或量表后，如果无法编制双向细目表进行内容效度检验，可以将编制好的量表请相关的学者专家加以检视。使用者再根据专家、学者的意见，统计分析适合的题项与不适合的题项，并修正若干不适切的词句，然后再编制成预试问卷，以检验测验或量表的信度，经此一步骤，则此量表具有“专家效度”。

在研究中，首先编制一份测试卷，聘请数学教育专家检视测试题目，通过试测、正式测试、探索性因子分析等过程，初步探索出小学生几何直观能力的测评指标，然后按照测评指标及其分解表编制调查问卷，同时考虑了内容效度与专家效度，经过初试修正与完善问卷，最后进行正式问卷调查收集数据。利用调查数据进行建构效度检验，通过构建结构方程模型来进行验证性因子分析，观察结构方程模型的因素负荷量值。由于所有的观测变量与潜在变量之间的因素负荷量都大于0.56(图7-7所示)，说明这份量表的建构效度良好。

(二)问卷的信度分析

所谓信度，即可靠性，指的是采取同样的方法对同一对象重复进行测量时，其所得结果相一致的程度。测量方法主要包括重测信度、复本信度、折半信度以及Cronbach Alpha系数等。在效度量表中常用的检验信度的方法为Cronbach所创的α系数，其公式[④]为：

①吴明隆.问卷统计分析实务——SPSS操作与应用[M].重庆:重庆大学出版社,2010:195.
②荣泰生.AMOS与研究法方法[M].重庆:重庆大学出版社,2010:82-84.
③吴明隆.问卷统计分析实务——SPSS操作与应用[M].重庆:重庆大学出版社,2010:195-196.
④荣泰生.AMOS与研究法方法[M].重庆:重庆大学出版社,2010:81.

$$\alpha=\frac{k}{k-1}\left[1-\frac{\sum_{i=1}^{k}\sigma_i^2}{\sum_{i=1}^{k}\sigma_i^2+2\sum_{i=1}^{k}\sum_{j=1}^{k}\sigma_{ij}}\right]$$

k代表测量某一观念的题目数，σ_i代表题目i的方差，σ_{ij}代表相关题目的协方差。需要注意，信度是测评工具获取结果的可靠性，而非工具本身①。

本书采用SPSS21.0作为Cronbach α系数的计算工具，调查问卷可靠性统计量结果如表7-8所示。

表7-8　调查问卷可靠性统计量分析

Cronbach's Alpha	基于标准化项的 Cronbach's Alpha	项数
.852	.852	9

从表中可知，问卷量表调查结果的Cronbach's Alpha系数为0.852，表明调查的问卷具有较高的信度。另外，从"项目间相关矩阵"的系数也可以表示分量表的信度问题，如表7-9所示。

表7-9　量表项目间相关矩阵

	a_1	a_2	a_3	b_1	b_2	b_3	c_1	c_2	c_3
a_1	1.000	0.392	0.321	0.327	0.259	0.289	0.322	0.306	0.320
a_2	0.392	1.000	0.326	0.299	0.335	0.334	0.310	0.352	0.303
a_3	0.321	0.326	1.000	0.304	0.330	0.385	0.385	0.433	0.364
b_1	0.327	0.299	0.304	1.000	0.497	0.375	0.410	0.423	0.407
b_2	0.259	0.335	0.330	0.497	1.000	0.517	0.487	0.400	0.484
b_3	0.289	0.334	0.385	0.375	0.517	1.000	0.582	0.446	0.487
c_1	0.322	0.310	0.385	0.410	0.487	0.582	1.000	0.573	0.548
c_2	0.306	0.352	0.433	0.423	0.400	0.446	0.573	1.000	0.562
c_3	0.320	0.303	0.364	0.407	0.484	0.487	0.548	0.562	1.000

从表7-9数据分析结果可知，表明分量表的内部一致性比较高。

①吴明隆.问卷统计分析实务——SPSS操作与应用[M].重庆:重庆大学出版社,2010:237.

第二节　测评指标的认同度与验证性因子分析

一、测评指标的认同度分析

欲构建测评模型，测评指标的划分是一个关键点。本书在理论研究以及大量的调查和专家咨询、访谈等实证研究的基础上，编制测试卷对学生进行测试分析，探索出几何直观能力的测评指标（3个一级指标和9个二级指标），针对这些指标的划分是否合理与有意义、是否具有可操作性等，需要进行认同度分析。在此，研究将认同度界定为各指标调查数据的平均值，即某测评指标认同度=该指标所有数据之和/有效问卷总数[①]，因此认同度的量化值范围是1～5。

（一）测评指标的总认同度分析

对问卷中的9个二级指标进行了总体认同度分析，数据结果如图7-1所示[②]。

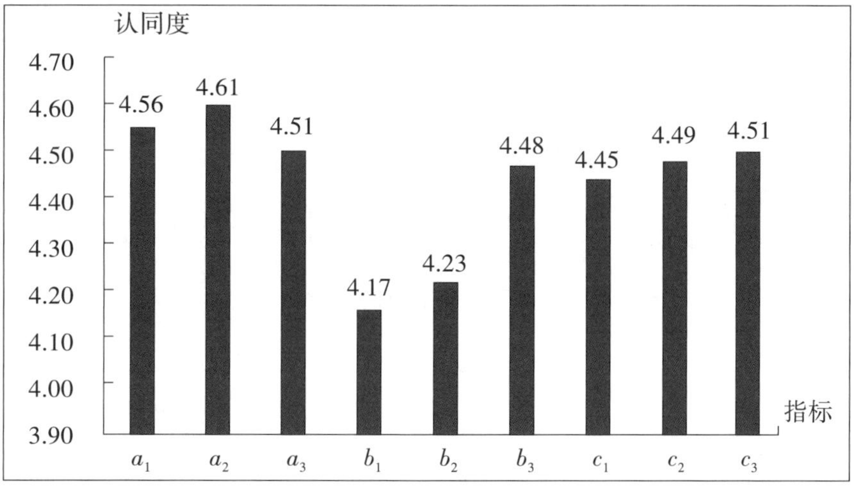

图7-1　测评指标的总认同度

从图7-1看出，所有指标的认同度都比较高，都在4.17及以上。不仅如此，从认同度图形变化趋势中还发现数据具有一定的规律性，即9个二级测评指标中前3个指标认同度均值最高，其次是后3个指标，中间3个指标认同度均值最低。对上述数据分析可知，一方面说明调查对象对一级指标“形成图形的认识”“利用图形分析问题”

①蔡庆有，邝孔秀，宋乃庆．小学数学教材难度模型研究[J]．教育学报，2013(5)：97-105.

②张和平，裴昌根，宋乃庆．小学生几何直观能力测评模型的构建探究[J]．数学教育学报，2017(5)：49-53.

的认同度高于“利用图形描述问题”，另一方面也体现了教育专家、小学数学教师与教研员对“用图形表示数及其运算”（认同度为4.17）的关注较少，或许此指标的重要性相对于比其他指标要差一些，然而，教师的这些认识必将对学生的数学学习造成差异性的影响。

（二）不同群体对测评指标的认同度分析

为了收集更多的信息，在调查问卷中被调查对象的“基本信息”设计了性别、单位、年龄、职称四个项目，这部分针对不同群体对9个测评指标的认同度情况进行分析。那么，不同群体对9个测评指标的认同度是否存在差异呢？通过数据统计，不同群体对9个测评指标的认同度结果如图7-2至图7-5所示。

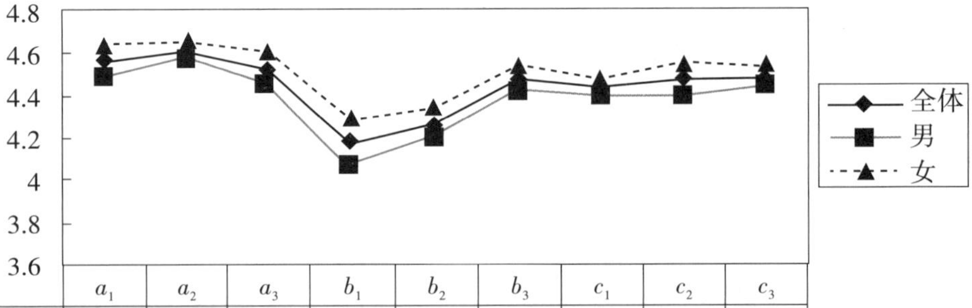

	a_1	a_2	a_3	b_1	b_2	b_3	c_1	c_2	c_3
全体	4.56	4.61	4.52	4.17	4.26	4.47	4.43	4.47	4.49
男	4.49	4.58	4.45	4.06	4.2	4.42	4.4	4.39	4.44
女	4.64	4.65	4.61	4.29	4.33	4.54	4.47	4.55	4.54

图7-2　不同性别对测评指标的认同度

从图7-2可知，男、女性对9个二级测评指标的认知轨迹是相同的，而且与全体的认同度保持一致，波动性不大。但是，女性教师的认同度普遍高于男性，平均高出13个百分点。

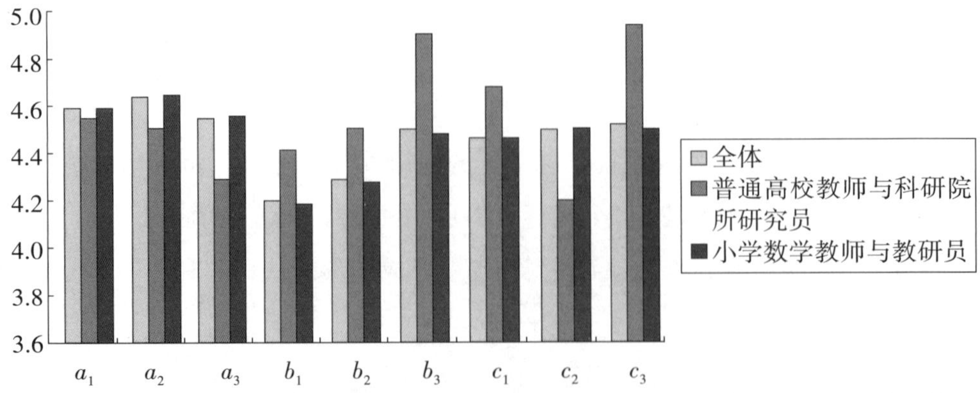

图7-3　不同就职单位对测评指标的认同度

从图7–3中的信息可知，总体上看，小学数学教师与教研员的认同度有递减趋势，来自高校、科研院的数学教育专家认同度则是递增，这说明一线小学数学教师与教研员更注重对“形成图形的认识”能力的培养，而数学教育专家更注重对“利用图形描述和分析问题”能力的培养。具体而言，小学数学教师与教研员对9个测评指标的认知轨迹与总体的认同度保持一致。但数学教育专家的认同度存在较大的差异，“a_3=形成图形映像并会画基本图形”和“c_2=由图形建立数量关系”认同度相对较低，而“b_3=用图形表示现实问题”“c_1=借助图形探索问题思路”和“c_3=利用图形解决问题”认同度就比较高，波动性也是比较大。这个发现是关于实践者与研究者对几何直观能力的不同认识，是一个很有价值的发现。

由图7–4看出，不同年龄对9个二级测评指标的认同度差别不大，波动轨迹几乎与全体的认同度一致。有一点差别的是，30岁及以下的教师与教研员认同度要低于其他年龄段教师。

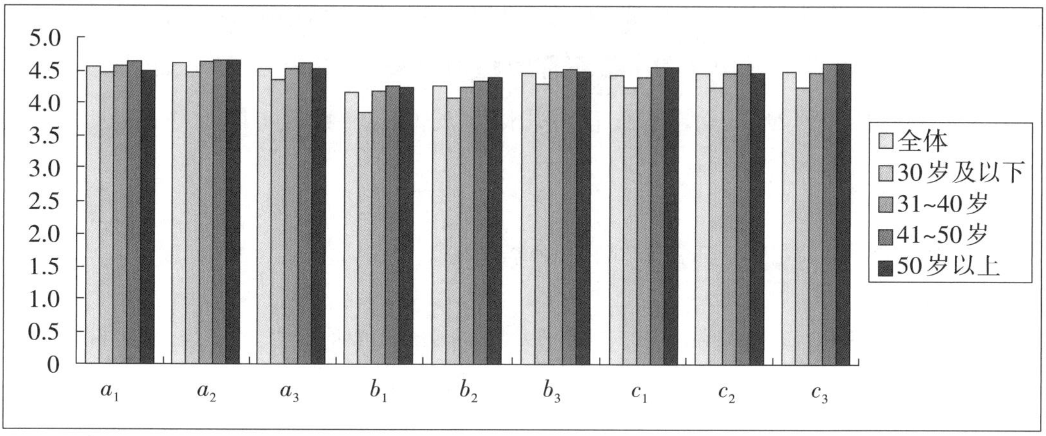

图7–4 不同年龄对测评指标的认同度

就不同职称对测评指标的认同差异看，从图7–5的信息中发现，正高级职称调查对象的认知与总体认知还是存在差异，特别是对“b_3=用图形表示现实问题”“c_1=借助图形探索问题思路”和“c_3=利用图形解决问题”认同度就比较高，b_3和c_3甚至达到了5，即波动性较大。而中级职称和初级职称与全体的认同度保持一致，并且比较稳定。

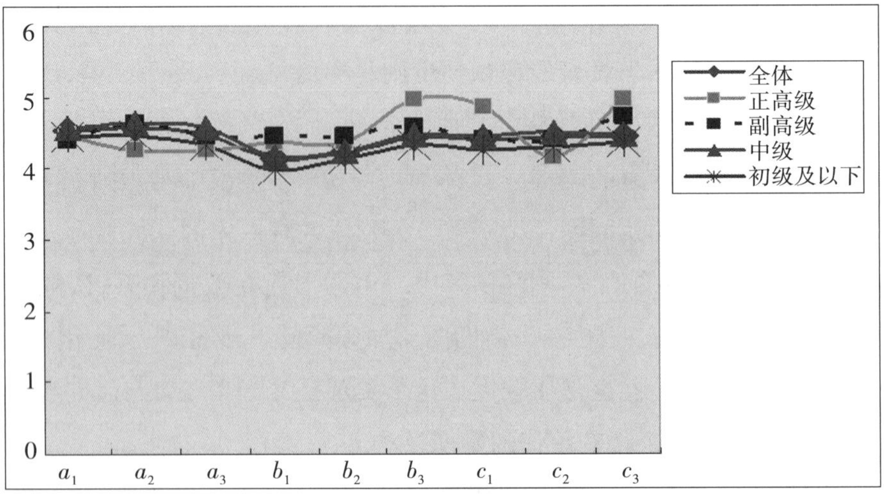

图7-5　不同职称对测评指标的认同度

综合以上研究结果，总体上，各测评指标的认同度都比较高，达到4.17以上；高校数学教育专家和高级职称教师认为“利用图形描述问题”“利用图形分析问题”能力很重要，而小学数学教师或初级和中级职称教师则更关注“形成图形的认识”能力的培养。这个差异体现了研究者与实践者对几何直观能力培养的不同看法，应该引起数学教育学界的高度重视。

二、验证性因子分析及测评指标的确定

通过专家咨询、访谈与测试的方式把小学生几何直观能力划分为形成图形的认识、利用图形描述问题、利用图形分析问题3个一级指标（或潜在变量），每个指标又划分为3个二级指标（或观测变量），共9个二级指标。为验证所划分的测评指标是否可代表小学生几何直观能力，解释度情况如何，本书利用调查数据进行验证性因子分析（CFA），并用AMOS24.0软件作为CFA计算工具。因为CFA除了可以用来检验一组类似的观测变量背后的潜在因子之外，还可以确认量表题目背后的概念结构，更可以用来检验理论模型的适切性①。同时，当CFA运用于检验理论模型时，基于理论模型复杂度的需求，还可以检验潜在因子之间是否可能存在有更高阶的潜在结构，即一阶因子、二阶因子或高阶因子。这些检验工作将是构建小学生几何直观能力测评模型的重要基础。

①荣泰生.AMOS与研究法方法[M].重庆：重庆大学出版社，2010：13.

(一)观测变量对潜在变量的解释度分析

验证性因子分析,主要解决三个问题:一是观测变量对潜在变量的影响程度,即是否具有较高的因素负荷量;二是潜在变量之间的相关性;三是假设模型是否与样本数据拟合。对调查数据进行验证性分析时,用AMOS应用软件建模功能构建结构方程模型,然后再把数据输入处理。数据处理结果如图7-6和图7-7所示。

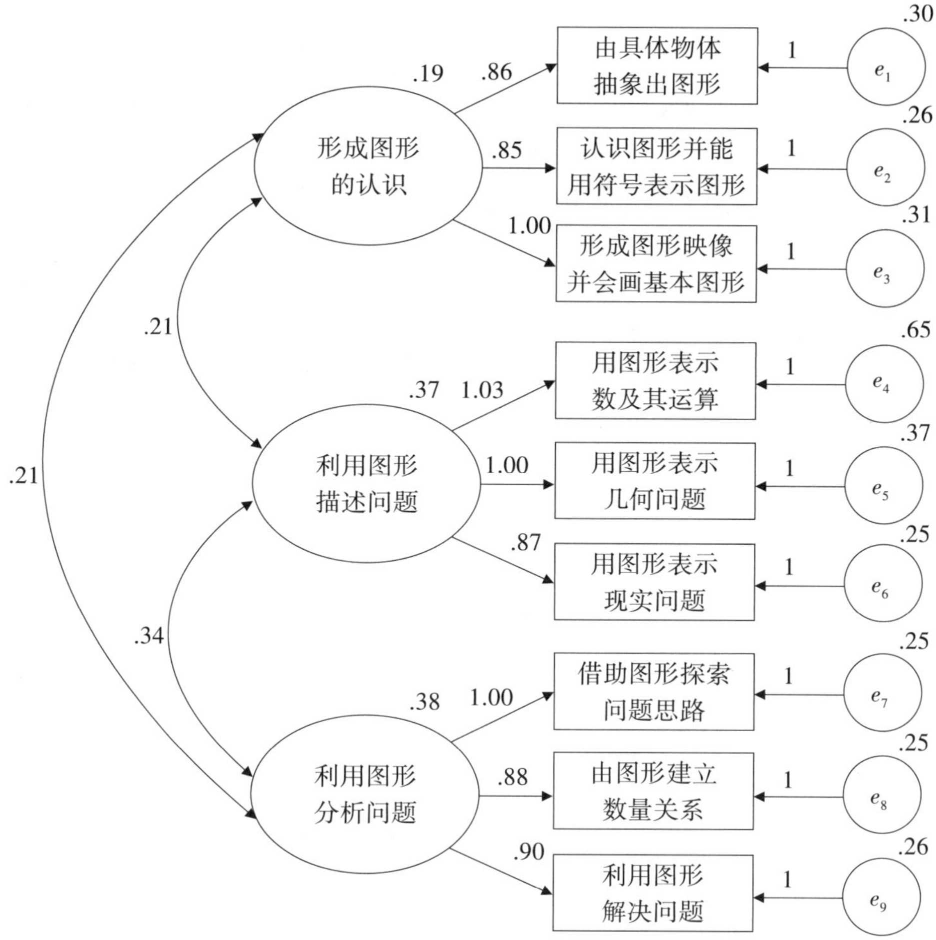

图7-6　结构方程模型非标准化估计系数图

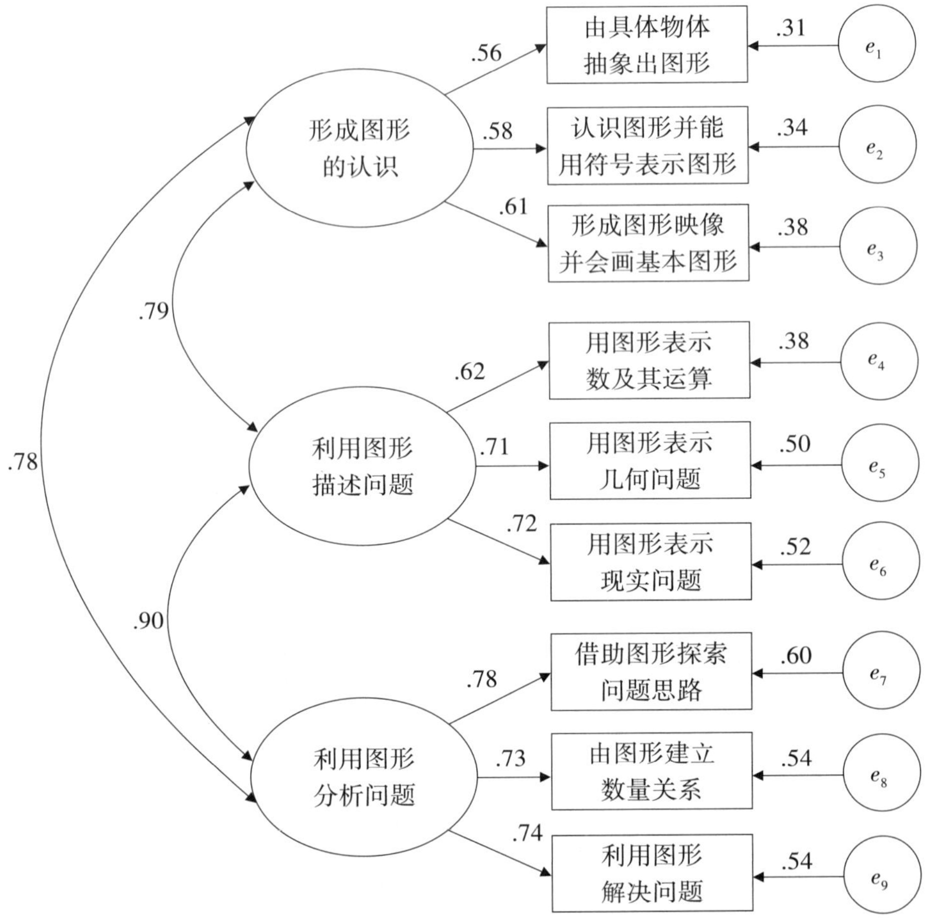

图7-7　结构方程模型标准化估计系数图

从图7-6和图7-7可知，非标准化估计模型图中没有出现负的误差项方差，标准化估计结构方程模型图中没有出现路径系数绝对值大于1的情况，表示没有违反模型辨认规则。从图7-7中数据可知，“形成对图形的认识”的3个测量指标的因素负荷量分别是0.56、0.58、0.61；“利用图形描述问题”的3个测量指标的因素负荷量分别是0.62、0.71、0.72；“利用图形分析问题”的3个测量指标的因素负荷量分别是0.78、0.73、0.74。“形成图形的认识”与“利用图形描述问题”间的相关性为0.79，“利用图形描述问题”与“利用图形分析问题”间的相关性为0.90，“形成图形的认识”与“利用图形分析问题”间的相关性为0.78。由这些因素负荷量值可知，一方面表明建构效度较佳，另一方面表明观测变量能较好地解释潜在变量，同时潜在变量间也具有良好的相关性①。

①张和平，裴昌根，宋乃庆.小学生几何直观能力测评模型的构建探究[J].数学教育学报，2017(5)：49-53.

(二)测评指标间相互影响的显著性分析

非标准化回归系数是根据变量的原始分数或协方差矩阵求得的。表7-10是非标准化回归系数(Regression Weights)。从表7-10中可知,上述9个观测变量的路径系数临界比值介于9.710~16.749(包括端点值)之间,显著性概率值$p<0.001$,表示9个路径系数均达0.05显著性水平,表明三个潜在变量分别对相应的观测变量具有显著性的影响($p<0.001$)。

表7-10　结构方程模型非标准化回归系数

			Estimate 估计值	S.E. 标准误	C.R. 临界比值	p 显著性	Label
a_1	<--	形成对图形的认识	0.859	0.088	9.710	***	par_1
a_2	<--	形成对图形的认识	0.853	0.085	9.986	***	par_2
a_3	<--	形成对图形的认识	1.000				
b_1	<--	利用图形描述问题	1.035	0.081	12.820	***	par_3
b_2	<--	利用图形描述问题	1.000				
b_3	<--	利用图形描述问题	0.867	0.059	14.731	***	par_4
c_1	<--	利用图形分析问题	1.000				
c_2	<--	利用图形分析问题	0.877	0.052	16.713	***	par_5
c_3	<--	利用图形分析问题	0.899	0.054	16.749	***	par_6

说明:p表示显著性概率,*表示$p<0.05$,**表示$p<0.01$,***表示$p<0.001$,下同。

表7-11是标准化回归系数表,是根据变量的z分数或相关系数矩阵求得。

表7-11　结构方程模型标准化回归系数

			Estimate
a_1	<--	形成对图形的认识	0.560
a_2	<--	形成对图形的认识	0.584
a_3	<--	形成对图形的认识	0.614
b_1	<--	利用图形描述问题	0.615
b_2	<--	利用图形描述问题	0.707
b_3	<--	利用图形描述问题	0.722
c_1	<--	利用图形分析问题	0.776
c_2	<--	利用图形分析问题	0.734
c_3	<--	利用图形分析问题	0.735

从表7-11中看出,9个观测变量与3个潜在变量的相对影响力都是比较高的,最低为0.560。对整个模型中的数据进行分析后发现,“c_1=借助图形探索问题思路”对“利用图形分析问题”的影响最大。

同理，在表7-12至表7-14中，潜在变量、观测变量的影响力都比较高，显著性概率值$p<0.001$，表示达到显著性水平。

表7-12 潜在变量的协方差分析

			Estimate	S.E.	C.R.	p	Label
形成对图形的认识	<-->	利用图形描述问题	0.207	0.023	8.953	***	par_7
利用图形描述问题	<-->	利用图形分析问题	0.337	0.030	11.181	***	par_8
形成对图形的认识	<-->	利用图形分析问题	0.209	0.022	9.311	***	par_9

表7-13 潜在变量的因素负荷量

			Estimate
形成对图形的认识	<-->	利用图形描述问题	0.792
利用图形描述问题	<-->	利用图形分析问题	0.903
形成对图形的认识	<-->	利用图形分析问题	0.785

表7-14 模型误差方差的测量误差值

	Estimate	S.E.	C.R.	p	Label
形成对图形的认识	0.187	0.028	6.742	***	par_10
利用图形描述问题	0.367	0.042	8.777	***	par_11
利用图形分析问题	0.378	0.037	10.150	***	par_12
e_1	0.301	0.022	13.916	***	par_13
e_2	0.262	0.019	13.502	***	par_14
e_3	0.308	0.024	12.894	***	par_15
e_4	0.647	0.044	14.602	***	par_16
e_5	0.368	0.028	13.082	***	par_17
e_6	0.254	0.020	12.719	***	par_18
e_7	0.251	0.021	12.112	***	par_19
e_8	0.249	0.019	13.205	***	par_20
e_9	0.260	0.020	13.171	***	par_21

（三）预设模型与样本数据的拟合度分析

验证性因子分析（CFA）是使用样本的协方差矩阵进行模型参数估计，CFA提供的是待估计无结构化总体协方差矩阵（样本数据）与待估计结构化总体协方差矩阵

(假设模型)的比较检验。样本协方差矩阵常作为无结构化总体协方差矩阵的参数估计值,而假设模型则作为待估计结构化总体协方差矩阵参数估计值,因而CFA模型适合度的检验即检验假设模型(结构化总体的估计值)导出的协方差矩阵与样本数据(无结构化总体的估计值)得到的协方差矩阵间的差异程度,若是二者的差异值越小,表示假设模型与样本数据越能契合或适配(fit)[①]。

CFA技巧的使用在于比较数据的实证化协方差矩阵(估计未结构化总体协方差矩阵S)与由模型参数估计函数导出的结构化总体协方差矩阵$\sum(\theta)$二者间的差异值。检验假设模型协方差矩阵与样本数据协方差矩阵间差异是否达到0.05显著水平,最常使用的统计量为卡方值(χ^2),但χ^2值对样本数的大小非常敏感,在大样本的情况下,几乎所有的卡方统计量均会达到0.05显著水平,此时所有的虚无假设(假设模型适配样本数据)都可能被拒绝,造成理论模型无法获得支持的结果,因而在SEM或CFA的分析中,在大样本情况下,整体适配度统计量指标的χ^2值通常只作为参考指标。正因为这个原因,有学者才研发其他较适切且可靠的适配度统计量[②],具体参考标准详见附录8[③]。

本书是一个大样本调查问卷,卡方值显著性水平p=0.000(如表7-10和表7-12,表7-14),小于0.05显著水平。因此,应从绝对适配度指标(如GFI、AGFI、CK、MCI、CN、ECVI等)、残差分析指标(如RMSR、RMSEA)、增值适配度指标(如CFI、NFI、NNFI、BFI)与简约适配度指标(如PNFI、PGFI、AIC)等进行综合评估。研究报表输出指标结果详见表7-15和表7-16所示。

表7-15　适配指标的卡方值与显著性水平

Model	NPAR	CMIN	*df*	*p*	CMIN/*df*
Default model	21	80.679	24	0.000	3.362
Saturated model	45	0.000	0		
Independence model	9	1693.399	36	0.000	47.039

说明:1.Default model(预设模型)为建立的模型;2.Saturated model(饱和模型)为对观测变量的方差及变量之间的所有相关进行估计的模型(对数据适合最佳的模型);3.Independence model(独立模型)为只估计观测变量的方差的模型(对数据适合最不佳的模型)。

①吴明隆.结构方程模型:Amos实务进阶[M].重庆:重庆大学出版社,2013:11.
②吴明隆.结构方程模型:Amos实务进阶[M].重庆:重庆大学出版社,2013:12.
③荣泰生.AMOS与研究法方法[M].重庆:重庆大学出版社,2010:131-132.

在表7-15中，CMIN表示差异的宏函数，其卡方值（Chi-square）是80.679，自由度（df）是24，卡方值显著性水平p=0.000，CMIN/df是3.362。因此，可以认为模型与大样本数据的配合程度还是比较好，但具体还需参考其他的适配综合指标，见表7-16所示。

表7-16　适配综合指标检验

适配指标	GFI	RMR	RMSEA	AGFI	NFI	CFI	IFI
数值	0.970	0.020	0.065	0.944	0.952	0.966	0.966

参考拟合度、适配度统计量标准（详见附录8），由表7-16中的数据可知，表示假设模型与大样本统计数据具有良好的拟合度和适配度。

综上所述，通过探索性因子分析法探索出小学生几何直观能力的测评指标划分为3个一级指标和9个二级指标，经调查分析，数学教育专家、小学数学教师与教研员对测评指标的重要性、可操作性、划分的合理性等的认同度比较高，从验证性因子分析结果得知，预设模型与样本数据拟合度较好，3个一级指标与9个二级指标之间关系密切，相互影响力达到显著性水平①。研究表明，用比较科学的研究方法探索出的小学生几何直观能力测评指标，经检验是可靠和有效的，指标之间关系密切，而且具有可操作性。

基于上述测评指标的认同度和验证性因子分析的结论可以发现，一方面，对小学生几何直观能力测评指标的划分具有代表性，调查的样本数据与预设模型拟合度较好，可以利用测评指标和调查数据构建小学生几何直观能力测评模型；另一方面，一线数学教师与教研员可以参照该指标开展具有针对性的数学课堂教学，促进学生几何直观能力的发展。

第三节　小学生几何直观能力测评模型构建的框架与假设

依据对测评模型的界定，研究认为，小学生几何直观能力的测评模型是指依据一定的规则对小学生几何直观能力的行为表现进行定量分析所抽象出来的数学表达式，这里所指的一定的规则就是研究中的因子分析和专家评分框架。因此，在初步探索出小学生几何直观能力的测评指标（3个一级指标和9个二级指标）的基础上，试图

①张和平，裴昌根，宋乃庆．小学生几何直观能力测评模型的构建探究[J]．数学教育学报，2017(5)：49-53.

通过模型构建的一般方法和步骤,利用调查数据构建出小学生几何直观能力的测评模型,该测评模型可以简明、客观和定量地刻画测评指标之间的数量关系。

一、数学模型构建的基本理论框架

测评模型是一种数学模型,数学模型有多种定义形式。近藤次郎(日本)对数学模型的定义:数学模型是将现象的特征或本质给以数学表述的数学关系式;Bender(美国)对数学模型的定义:数学模型是关于部分现实世界和为一种特殊目的而作的一个抽象的简化的数学结构;姜启源等(中国)对数学模型的定义:数学模型是指对现实世界的一特定对象,为了某个特定的目的,做出一些必要的简化和假设,运用适当的数学工具得到的一个数学结构。所谓数学结构是指数学符号、数学关系式、数学命题和图形图表等[①]。

数学模型构建过程中一般有几个重要步骤。姜启源等在《数学模型》[②]一书中提出了从现实对象到数学模型,再从数学模型到现实对象的循环过程,以及数学建模的一般步骤,分别见图7-8和7-9。

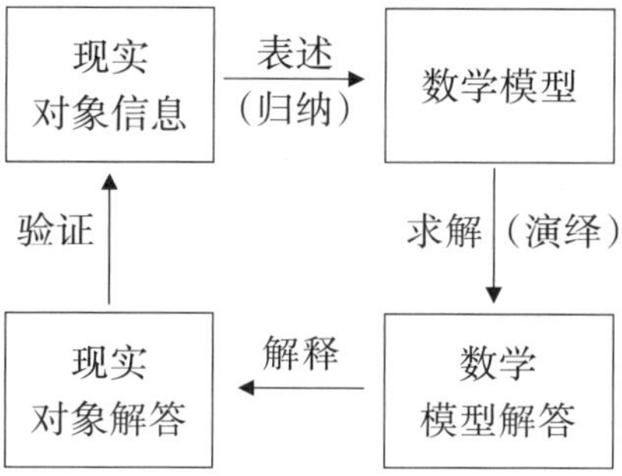

图7-8　姜启源等提出的数学建模的过程设计

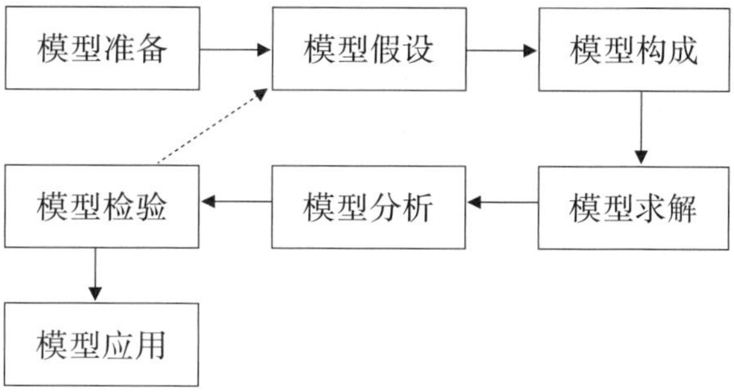

图7-9　数学建模步骤程序图

张世斌在《数学建模的思想和方法》一书中认为,数学模型是现实世界到数学现实之间的一座桥梁,数学建模的过程就是为桥梁增砖添瓦的过程,他设计数学建模的一般过程如图7-10所示[③]。

①张世斌.数学建模的思想和方法[M].上海:上海交通大学出版社,2015:3.
②姜启源,谢金星,叶俊.数学模型[M].北京:高等教育出版社,2011:13-18.
③张世斌.数学建模的思想和方法[M].上海:上海交通大学出版社,2015:4-5.

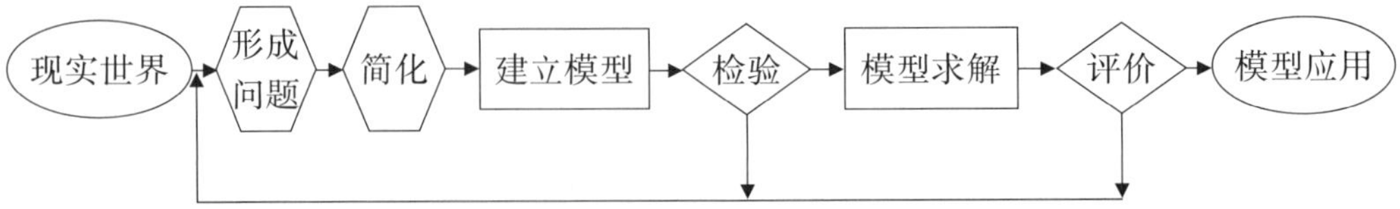

图7-10　张世斌设计的数学建模的过程

建立模型也有多种分析方式，姜启源等认为建模方式大体上可分为机理分析和测试分析两种。机理分析是根据对客观事物特性的认识，找出反映内部机理的数量规律，从而建立模型；测试分析是将研究对象看作一个“黑箱”系统（意思是它的内部机理看不清楚），通过对系统输入、输出数据的测量和统计分析，按照一定的准则找出与数据拟合得最好的模型①。也就是说，当人们对研究对象的内在特征和各因素间的关系有比较充分的认识时，一般用机理分析法建立数学模型，如果由于客观事物内部规律的复杂性及人们认识程度的限制，无法分析实际对象内在的因果关系来建立合乎机理规律的数学模型，那么通常的办法是搜集大量数据，基于对数据的统计分析去建立数学模型②。本书构建的小学生几何直观能力测评模型就是一种测试分析法，即通过实证调查收集大量数据，基于对数据的统计分析来建立数学模型。

综合上述建构模型过程、步骤以及研究适合的路径，将构建小学生几何直观能力测评模型的框架设计如图7-11所示。

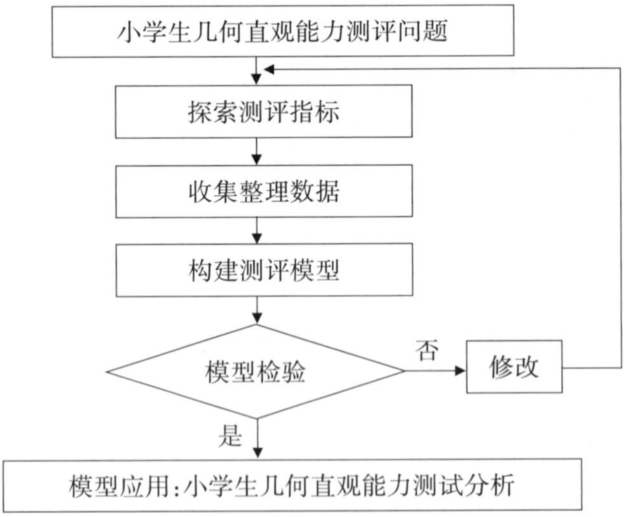

图7-11　小学生几何直观能力测评模型构建的理论框架

①姜启源，谢金星，叶俊．数学模型[M]．北京：高等教育出版社，2011：13.

②姜启源，谢金星，叶俊．数学模型[M]．北京：高等教育出版社，2011：325.

根据研究设计，在此之前已经完成测评指标的探索、数据的收集整理，并构建结构方程模型检验测评指标的代表性、解释度和合理性问题，但对于小学生几何直观能力测评模型构建、检验与初步应用等问题还有待进一步研究。

二、结构方程模型的理论与方法

在数据的计量领域中，结构方程模型（structural equation modeling, SEM）已经成为具有指标性的分析技术。它是通过对一些观测变量（指标）进行测量，建立潜在变量之间的结构关系，从微观个体出发探讨宏观规律的一种统计方法。在SEM分析的路径图（模型）中，包括了测量模型和结构模型两部分。测量模型是指潜在变量与观测变量之间的关系，结构模型是指潜在变量之间的关系。下面是这两种模型的方程表达式①：

1.结构模型的方程：$\eta = B\eta + \Gamma\xi + \zeta$

其中，η为内生潜在变量，B为内生潜在变量之间的关系，Γ为外源潜在变量对内生潜在变量的影响，ξ为外源潜在变量，ζ为结构方程的残差项。

2.测量模型的方程：$\begin{cases} X = \Lambda_x\xi + \delta \\ Y = \Lambda_y\eta + \varepsilon \end{cases}$

其中，X为外源指标构成的向量，Λ_x表示外源指标与外源潜在变量之间的关系，δ是外源指标X的误差项；Y为内生指标构成的向量，Λ_y表示内生指标与内生潜在变量之间的关系，ε是内生指标Y的误差项。

结构方程模型是一种应用广泛的数学模型，能够解决教育学、经济学、社会学、管理学、心理学、旅游学等学科中的诸多问题。

三、小学生几何直观能力测评模型构建的假设

模型假设是根据实际对象的特征和建模的目的，对问题进行必要的简化，并且用精确的语言做出假设。要善于辨别问题的主要和次要方面，抓住主要因素，抛弃次要因素，尽量将问题均匀化和线性化②。因此，模型假设是模型构建的基础和前提，模型假设给研究提供了一个较为理想的研究状态。依据模型假设理论，本书对构建小学

①段冰.基于结构方程的顾客满意度测评模型[J].统计与决策，2013(12):48-50.

②沈继红，施振玉，高振滨等.数学建模[M].哈尔滨：哈尔滨工程大学出版社，1996:6.

生几何直观能力测评模型提出如下三个方面的假设：

(1)抓住了小学生几何直观能力的主要因素：形成对图形的认识、利用图形描述问题和利用图形分析问题，而抛弃次要的因素或不可操作的因素，如直观感知、直观洞察、空间想象、数学结合等；

(2)小学生的几何直观能力是可以测评的，并且误差为0；

(3)小学生几何直观能力综合评价可以用形成对图形的认识、利用图形描述问题和利用图形分析问题三个指标线性表示，构建成一个可操作的测评数学模型。

四、测评模型中使用的符号说明

在前面论述中为了叙述方便，已经对一些测评指标使用符号表示。在构建测评模型过程中观测变量和潜在变量都需要使用符号表示，因此，在这里要统一明确变量的符号及其对应的含义，而且这些符号在上下文中所表达的含义相同，具体如表7-17所示。

表7-17　测评模型变量的符号及其对应含义

符号	含义	符号	含义
A	形成图形的认识	b_1	用图形表示数及其运算
B	利用图形描述问题	b_2	用图形表示几何问题
C	利用图形分析问题	b_3	用图形表示现实问题
a_1	由具体物体抽象出图形	c_1	借助图形探索问题思路
a_2	认识图形并能用符号表示图形	c_2	由图形建立数量关系
a_3	形成图形映像并会画基本图形	c_3	利用图形解决问题
Y或Y^*	小学生几何直观能力		

第四节　小学生几何直观能力测评模型的构建

一般情况，在构建模型中参数估计的方法有很多种，在教育科学领域研究中主要采用客观赋值法和主观赋值法两种。客观赋值法是根据调研数据研究指标之间的相关关系或指标与评估结果的关系进行综合评估的一种方法，如熵值法[①]、因子分析

①郭秀英.区间数指标权重确定的熵值法改进[J].统计与决策，2012(17)：32-34.

法[①]、最大离差法[②]、变异系数法[③]等方法。这种方法是对原始数据进行分析，使权数具有绝对的客观性，但没有考虑到决策者的主观意愿。主观赋值法是由专家根据经验进行主观判断或评分而得到权数的一种综合评估方法。如专家评价法(Delphi法)[④]、层次分析法[⑤]、二项系数加权和法[⑥]等方法。在实际情况中，需要考虑客观和主观的因素最终确定出指标的权重。

在小学生几何直观能力测评模型构建中，3个潜在变量和9个观测变量的权重系数即为模型中的未知参数。在充分考虑了客观和主观两个方面因素的基础上，选择因子分析法和专家评分结果综合起来确定小学生几何直观能力测评指标的权重值，从而构建小学生几何直观能力测评模型。

一、利用因子分析法估计参数及构建模型

(一)结构方程模型因素负荷量分析

如果研究者假定的一阶测量模型的潜在构念间共同反映一个更高阶的潜在因素，这个高阶的潜在因素位于一阶因素潜在构念之上，此种结构模型称为二阶因素模型，二阶因素模型包含两个阶层的潜在构念。

从一阶验证性因子分析结构方程模型图(图7-7)中发现，形成图形的认识、利用图形描述问题、利用图形分析问题之间存在较高的关联度，分别是0.79、0.90、0.78，且结构模型与样本数据适配较好，说明该研究存在一个较高阶潜在变量可以解释这三个维度，因此进行了二阶验证性分析[⑦]。按照理论假设构建小学生几何直观能力测评指标的二阶结构方程模型，经过输入数据进行分析，二阶验证性分析结果如图7-12和图7-13所示。

①蔡庆有，邝孔秀，宋乃庆．小学数学教材难度模型研究[J]．教育学报，2013(5)：97-105.

②王应明．运用离差最大化方法进行多指标决策与排序[J]．系统工程与电子技术，1998(7)：26-28，33.

③汤光华，曾宪报．构建指标体系的原理与方法[J]．河北经贸大学学报，1997(4)：60-62，65.

④齐宇歆，甘雅娟．Delphi法在学习素养评价指标权重中的应用探析[J]．闽南师范大学学报(自然科学版)，2016(3)：122-128.

⑤常建娥，蒋太立．层次分析法确定权重的研究[J]．武汉理工大学学报(信息与管理工程版)，2007，29(1)：153-156.

⑥程明熙．处理多目标决策问题的二项系数加权和法[J]．系统工程理论与实践，1983(4)：23-26.

⑦张和平，裴昌根，宋乃庆．小学生几何直观能力测评模型的构建探究[J]．数学教育学报，2017(5)：49-53.

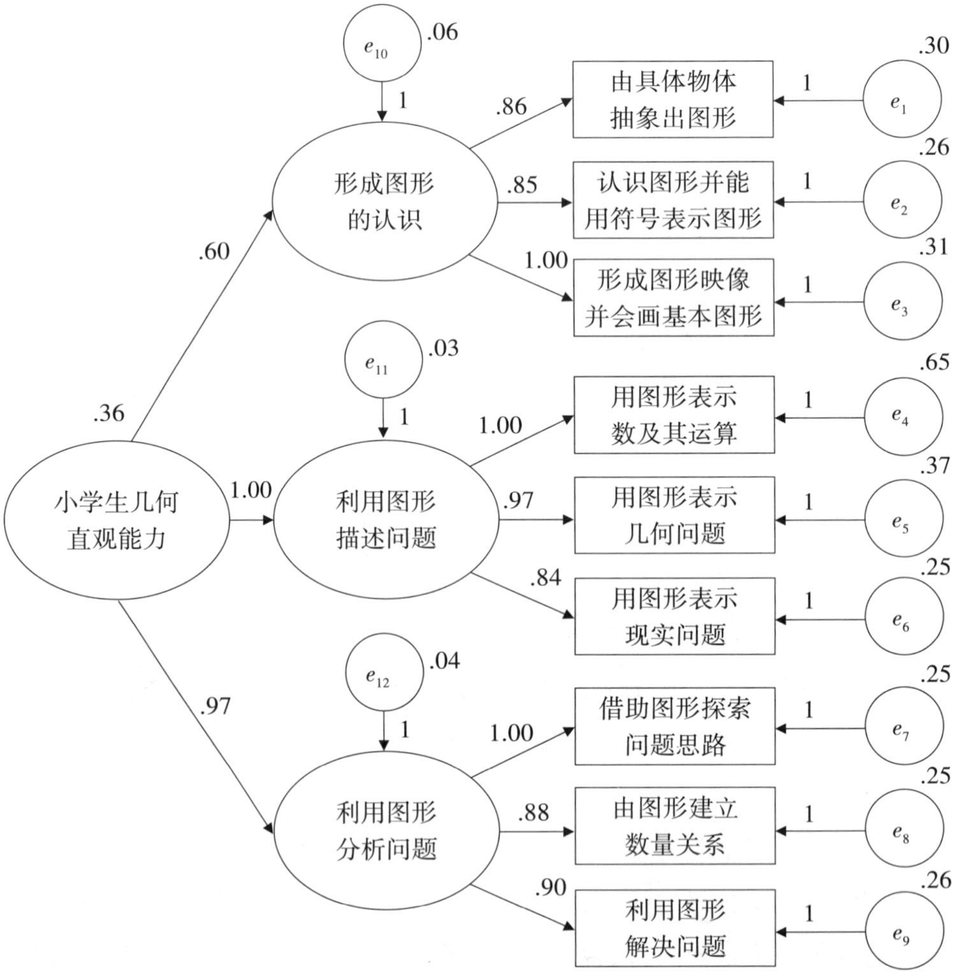

图7-12　二阶结构方程模型非标准化系数图

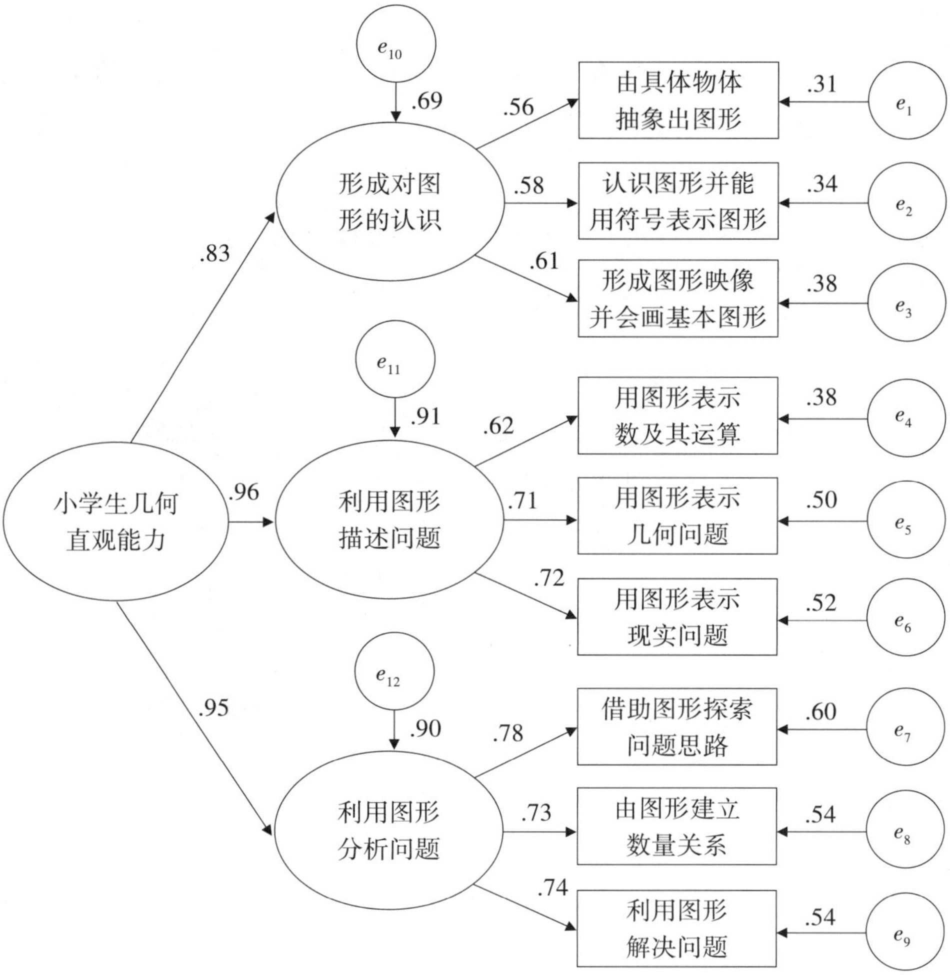

图7-13　二阶结构方程模型标准化系数图

从图7-12和图7-13中可知，非标准化估计模型图中没有出现负的误差项方差，标准化路径系数中也没有出现绝对值大于1的情况，表示没有违反模型辨认规则。在图7-13中“形成图形的认识”的3个观测变量的因素负荷量分别是0.56、0.58、0.61；“利用图形描述问题”的3个观测变量的因素负荷量分别是0.62、0.71、0.72；“利用图形分析问题”的3个观测变量的因素负荷量分别是0.78、0.73、0.74。“小学生几何直观能力”的3个潜在变量指标的因素负荷量分别是0.83、0.96、0.95。由这些数据可知，构建结构方程模型建构效度较佳，观测变量与潜在变量间具有较好的相关性。

（二）预设模型与样本数据拟合分析

输出结果的报表中主要考察非标准化回归系数、标准化回归系数等因素，输出结果如表7-18和表7-19所示。由表7-18可知，上述9个观测变量、3个潜在变量的路径系数临界比值介于9.710~16.749(包含端点值)之间,显著性概率值$p<0.001$,表示12个路径系数均达0.05显著性水平,表明这些路径系数参数均显著不等于0。从表7-19中发现,“利用图形描述问题”“利用图形分析问题”对“小学生几何直观能力”的影响较其他指标比较大。

表7-18 二阶结构方程模型非标准化回归系数

			Estimate	S.E.	C.R.	p	Label
利用图形描述问题	<--	小学生几何直观能力	1.000				
利用图形分析问题	<--	小学生几何直观能力	0.971	0.085	11.389	***	W8
形成对图形的认识	<--	小学生几何直观能力	0.598	0.061	9.778	***	W7
a_1	<--	形成对图形的认识	0.859	0.088	9.710	***	W1
a_2	<--	形成对图形的认识	0.853	0.085	9.986	***	W2
a_3	<--	形成对图形的认识	1.000				
b_1	<--	利用图形描述问题	1.000				
b_2	<--	利用图形描述问题	0.966	0.075	12.820	***	W3
b_3	<--	利用图形描述问题	0.837	0.064	12.991	***	W4
c_1	<--	利用图形分析问题	1.000				
c_2	<--	利用图形分析问题	0.877	0.052	16.713	***	W5
c_3	<--	利用图形分析问题	0.899	0.054	16.749	***	W6

表7-19 二阶结构方程模型标准化回归系数

			Estimate
利用图形描述问题	<--	小学生几何直观能力	0.955
利用图形分析问题	<--	小学生几何直观能力	0.946
形成对图形的认识	<--	小学生几何直观能力	0.830
a_1	<--	形成对图形的认识	0.560
a_2	<--	形成对图形的认识	0.584
a_3	<--	形成对图形的认识	0.614
b_1	<--	利用图形描述问题	0.615
b_2	<--	利用图形描述问题	0.707
b_3	<--	利用图形描述问题	0.722
c_1	<--	利用图形分析问题	0.776
c_2	<--	利用图形分析问题	0.734
c_3	<--	利用图形分析问题	0.735

在表中还发现，二阶验证性因子分析的综合拟合度和适配度指标符合附件7标准要求，即卡方值(Chi-square)是80.679，自由度(df)是24，卡方值显著性水平p=0.000，CMIN/df 是 3.362，GFI=0.970、RMR=0.020、RMSEA=0.065、AGFI=0.944、NFI=0.952、CFI=0.966、IFI=0.966，表示预设模型与大样本统计数据具有良好的拟合度和适配度。

（三）指标参数估计与构建测评模型

一般而言，共同因素表示题项能够解释共同特质或属性的变异量，因而共同性的数值愈高，表示能测量到此心理特质的程度愈大。结构方程模型的因素负荷量表示题项与因素（心理特质）关系程度，题项在共同因素的因素负荷量愈高，表示题项与共同因素（总量表）的关系愈密切，也说明两者同质性愈高[①]。因此，依据因素负荷量的大小可以确定因子的重要程度。

基于因子分析法构建测评模型的已有研究[②③]，构建小学生几何直观能力测评的理论模型假设：小学生几何直观能力的测评误差为0，小学生几何直观能力综合评价可以用形成图形的认识、利用图形描述问题和利用图形分析问题的3个指标线性表示。从而得到小学生几何直观能力测评的理论模型：$Y=\alpha A+\beta B+\lambda C$。其中，$\alpha$、$\beta$、$\lambda$分别表示形成对图形的认识、利用图形描述问题、利用图形分析问题这3个测评指标的权重值，也是模型中的3个重要参数，且$\alpha+\beta+\lambda=1$。如果用二级指标表示综合评价值，则测评模型可表示为：

$$Y=t_1a_1+t_2a_2+t_3a_3+h_1b_1+h_2b_2+h_3b_3+k_1c_1+k_2c_2+k_3c_3$$

其中，$t_1,t_2,t_3,h_1,h_2,h_3,k_1,k_2,k_3$分别表示$a_1,a_2,a_3,b_1,b_2,b_3,c_1,c_2,c_3$这9个二级指标的权重值，且$t_1+t_2+t_3+h_1+h_2+h_3+k_1+k_2+k_3=1$。

根据小学生几何直观能力测评模型的理论假设，利用图7-13中测评指标量化关系的因素负荷量大小计算或迭代运算各指标的权重，经标准化得到的结果如表7-20所示。

表7-20　小学生几何直观能力测评指标权重

一级指标	二级指标	权重	综合权重
形成图形的认识（30%）	由具体物体抽象出图形	0.32	0.08
	认识图形并能用符号表示图形	0.33	0.09
	形成图形映像并会画基本图形	0.35	0.09

①吴明隆.问卷统计分析实务——SPSS操作与应用[M].重庆：重庆大学出版社，2010：188.

②蔡庆有，邝孔秀，宋乃庆.小学数学教材难度模型研究[J].教育学报，2013(5)：97-105.

③杨欣.课业负担测评模型的构建研究——基于义务教育阶段学生的调查[D].重庆：西南大学，2015.

续表

一级指标	二级指标	权重	综合权重
利用图形描述问题（35%）	用图形表示数及其运算	0.30	0.11
	用图形表示几何问题	0.35	0.12
	用图形表示现实问题	0.35	0.12
利用图形分析问题（35%）	借助图形探索问题思路	0.35	0.13
	由图形建立数量关系	0.32	0.13
	利用图形解决问题	0.33	0.13

基于构建模型理论假设，借鉴国内教育领域中构建测评模型特别是国家社科基金教育学重点项目“中小学理科教材国际比较研究”中教材难易度测评模型构建思路与方法[①]，将表7-20中的数据用数学线性表示，可得小学生几何直观能力的测评指标模型为：

$$Y=0.30A+0.35B+0.35C, \quad ①$$

其中，$A=0.32a_1+0.33a_2+0.35a_3$，

$B=0.30b_1+0.35b_2+0.35b_3$，

$C=0.35c_1+0.32c_2+0.33c_3$。

利用综合权重表示，则小学生几何直观能力测评模型表达式可写为：

$Y*=0.08a_1+0.09a_2+0.09a_3+0.11b_1+0.12b_2+0.12b_3+0.13c_1+0.13c_2+0.13c_3$。

在这里，符号$Y,A,B,C,a_1,a_2,a_3,b_1,b_2,b_3,c_1,c_2,c_3$代表的含义见表7-17所示，$Y*$代表利用综合权重表示“小学生几何直观能力”。

二、利用专家评分结果估计参数及构建模型

本书问卷的设计采用对二级指标五级量表评分外，还设计了专家（包括高校教师、科研院所研究员、小学数学教师与教研员）对几何直观能力一级指标的重要性进行评分的问题（详见附录5）。一方面，通过主观赋值法构建测评模型，增加测评模型的外在效度；另一方面，欲从中收集到更丰富的信息[②]，也是对客观赋值法的一种检验。由于在客观赋值法中是通过专家对二级指标的认同度（“完全同意”“较同意”“不清楚”“较不同意”“完全不同意”）进行调查，又由于专家对二级指标评分难以做到比较精细程度。因此，在主观赋值法构建模型调查中没有设计对二级指标的评分。调查共发放610份问卷，收回有效问卷563份，专家评分有效问卷为463份，有效率82%。

①蔡庆有，邝孔秀，宋乃庆．小学数学教材难度模型研究[J]．教育学报，2013(5):97-105.

②张和平，裴昌根，宋乃庆．小学生几何直观能力测评模型的构建探究[J]．数学教育学报，2017(5):49-53.

为了解不同就职单位的对象对三个测评指标重要性的认识情况，把调研对象分为小学数学教师和教研员、高校教师和科研院所研究员、全体调研对象三个部分进行分析，结果如图7-14所示。由图7-14可知，小学数学教师和教研员、高校教师和科研院所研究员对小学生几何直观能力的三个测评指标重要程度的认识不一致。小学数学教师和教研员认为“形成图形的认识”和“利用图形分析问题”相差不大，都是比较重要，而认为“利用图形描述问题”重要程度相对要低一点，但也达到0.31（或31%）。

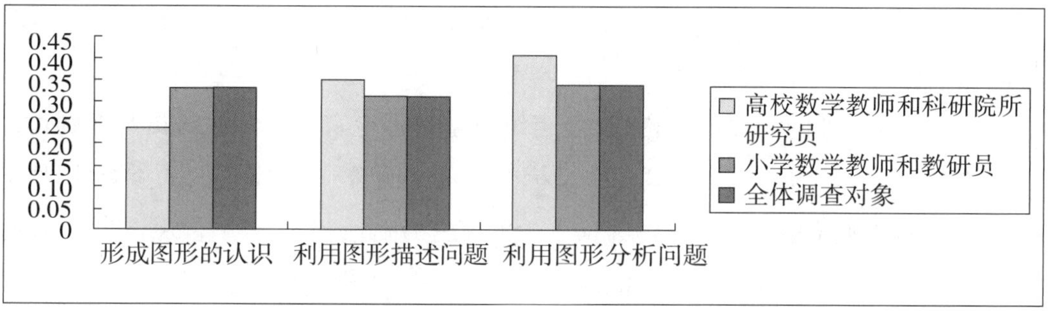

图7-14　专家估计测评指标权重统计图

然而，高校和科研院所构成的专家则认为“利用图形分析问题”最重要，“利用图形描述问题”的重要性次之；认为“形成图形的认识”重要性不如另外两个指标，权重是0.24（或24%）。高校和科研院所构成的专家评分的统计结果与前面“五级量表评分”中专家组认同度结果（见图7-3）基本一致，相互佐证。通过计算，全体调研对象对“形成图形的认识”“利用图形描述问题”“利用图形分析问题”的平均分数依次是0.34、0.31、0.35。按照调查结果的分值，结合关于专家评分结果构建模型的已有研究思路以及表达方式①，可以构建小学生几何直观能力测评指标模型的数学表达式为：

$$Y=0.34A+0.31B+0.35C, \quad ②$$

其中，符号Y、A、B、C表示的含义见表7-17所示。

三、小学生几何直观能力测评模型及解析

分析①、②式的特点发现，测评指标的权重系数都是在0.3~0.4（包含左端点值）之间。基于构建测评模型的目的与意义，本书通过三个方面来确定几何直观能力测评指标权重系数：一是基于权重数的研究结果，对数学教育专家、一线优秀数学教师进行访谈，大家更倾向于认为“利用图形分析问题”比“利用图形描述问题”可能更重要，

①朱亚丽.义务教育资源配置均衡发展测评模型的构建研究——基于对重庆统筹城乡教育的调研[D].重庆：西南大学，2015：85.

比较赞同三个能力指标权重系数比例为3:3:4;二是为便于教学和测评,考虑到测评模型要具有可操作性,综合①、②式,经课题组讨论调整,把测评模型的系数四舍五入取整十数后"形成图形的认识""利用图形描述问题""利用图形分析问题"三个能力指标的系数比例是3:3:4;三是如果考虑计算的严谨性、科学性和一致性,对两种方法求平均值,即对①、②式三个测评指标权重系数计算它们的平均值,得到系数是0.32:0.33:0.35,经四舍五入取整十数后三个能力指标的系数比例是3:3:4。因此,基于上述三个方面的分析,小学生几何直观能力测评模型的数学线性表达式可写为:$Y=0.3A+0.3B+0.4C$。

对于二级指标的测评模型构建,经组织数学教育专家和数学教研员与教师讨论后,形成的基本观点是:一是计算各个指标的权重比例,旨在考察它们的重要性,便于教学和为编制测试题提供考查内容量多少的参考,因此,确定一级指标最重要,在每次编制测试题有些二级指标未必能测查到;二是三个一级指标在不同学段重要程度存在差异,每三个二级指标对应的一级指标都同样重要。事实上,从客观赋值法构建的综合权重测评模型的表达式中也可以看出这一点,系数差别很小;三是客观赋值法构建的二级指标测评模型和综合权重测评模型之间可以相互借鉴。鉴于上述观点,二级指标测评模型就直接使用客观赋值法构建的测评模型。

综合上述分析结果,小学生几何直观能力测评模型的数学线性表达式可写为:

$Y=0.3A+0.3B+0.4C$, ③

其中:$A=0.32a_1+0.33a_2+0.35a_3$, ④

$B=0.30b_1+0.35b_2+0.35b_3$, ⑤

$C=0.35c_1+0.32c_2+0.33c_3$。 ⑥

利用综合权重构建用于测评小学生几何直观能力的测评模型,其数学线性表达式可表示为:

$Y*=0.08a_1+0.09a_2+0.09a_3+0.11b_1+0.12b_2+0.12b_3+0.13c_1+0.13c_2+0.13c_3$。 ⑦

在这里,符号$Y,A,B,C,a_1,a_2,a_3,b_1,b_2,b_3,c_1,c_2,c_3$代表的含义见表7-17所示,$Y*$代表利用综合权重表示"小学生几何直观能力"。

式子③~⑦研究的是最终构建的测评模型及其数学线性表达式,这是研究的重点,更是研究的难点。这个测评模型是用于测量小学生几何直观能力的一种工具,即根据反映学生几何直观能力的综合指数和若干类指数,以判断或预测学生几何直观能力的发展情况。

本书借鉴已有的教育科学领域中测评模型构建的思路和方法，遵从数学建模的理论框架，从模型准备、模型假设、模型参数估计、建立模型等步骤比较科学、规范地完成对小学生几何直观能力测评模型的构建。从①～⑦式子的外在形式上看，它们仅仅是一组数学表达式，事实上，它们都蕴含有丰富的内涵。式子③～⑥中，③式表示小学生几何直观能力可以划分为形成图形的认识、利用图形描述问题和利用图形分析问题三个能力行为表现，或者这三个能力行为表现几乎能够表现出小学生几何直观能力，而且三个能力在小学生几何直观能力的表现中的占比分别是3∶3∶4。同理，式子④是指形成图形的认识能力可以通过对由具体物体抽象出图形、认识图形并能用符号表示图形和形成图形映像并会画基本图形三个指标的测评得以表现，三个指标的比例是0.32∶0.33∶0.35；式子⑤是指利用图形描述问题能力可以通过对用图形表示数及其运算、用图形表示几何问题和用图形表示现实问题三个指标的测评得以表现，三个指标的比例是0.30∶0.35∶0.35；而式子⑥是指利用图形分析问题能力可以通过对借助图形探索问题思路、由图形建立数量关系和利用图形解决问题三个指标的测评得以表现，三个指标的比例是0.35∶0.32∶0.33。式子⑦表达的含义是小学生几何直观能力可以直接由9个测评指标（即由具体物体抽象出图形、认识图形并能用符号表示图形、形成图形映像并会画基本图形、用图形表示数及其运算、用图形表示几何问题、用图形表示现实问题、借助图形探索问题思路、由图形建立数量关系和利用图形解决问题）进行测量得以表现，这9个指标的占比是0.08∶0.09∶0.09∶0.11∶0.12∶0.12∶0.13∶0.13∶0.13。

构建小学生几何直观能力测评模型具有理论与实践意义，从理论上来说，为数学教育提供了一个用于测评小学生几何直观能力的测评模型，补充《标准（2011年版）》在隐性目标评价上的不足，丰富小学生几何直观能力的测评理论研究；从实践上讲，有3方面的价值：一是一线小学数学教师可以依据③～⑦中的指标和比例开发测评小学生几何直观能力的测试工具；二是利用测试数据，依据各测评指标指数判断或预测小学生几何直观能力的发展情况；三是一线小学数学教师可以依据③～⑦的指标及权重分布直接开展课堂教学，有侧重点、有针对性地培养学生的几何直观能力。这既是构建测评模型的意义与作用，也是测评模型表达式③～⑦式的运作方式。

第八章

测评模型验证与几何直观能力特征分析

根据数学建模的理论构架，构建的测评模型需要被检验以及推广应用。模型检验是指把求解和分析结果翻译回到实际问题，与实际的现象、数据比较，检验模型的合理性和适用性[①]。因此，我们要验证模型的可靠性、合理性和适用性，也要关注模型是否具有更大范围样本(研究对象)的普适性，同时对小学生几何直观能力特征进行测试分析。

第一节　专家对测评模型的初步判断

一、调查的设计与实施

依据探索出的小学生几何直观能力测评指标和构建的测评模型，以及咨询数学教育学、心理学、统计学等相关学科专家意见，编制成“小学生几何直观能力测评模型验证的专家调查问卷”(详见附录6)，选择具有代表性的数学教育专家、一线优秀数学教师与教研员进行问卷调查并访谈。参与问卷、访谈调查的专家共32位，他们来自西南大学、首都师范大学、西北师范大学、贵州师范大学、重庆师范大学、江西师范大学、凯里学院和贵州省教科院、重庆市教科院、黔东南州教科所、麻江县教研室、从江县教研室，以及凯里市八小、七小、二十一小等不同单位。

二、调查的结果分析

调查与访谈结束后对材料进行整理与分析，得到的结果如图8-1所示。从图8-1可知，专家对5个测评模型线性表达式中的表现形式、权重分配以及表示的含义等方面认同度比较高，认为构建的小学生几何直观能力测评模型可操作性比较合理。对专家的访谈和咨询获得了很多有价值的信息，主要观点归纳如下：①小学生几何直观能力测评指标划分比较合理。其实，在第7章的认同度分析也同时说明测评指标划分的合理性。②测评模型5个表达式的权重比例比较合理。但对于模型$Y=0.3A+0.3B+0.4C$，多位小学数学教师与教研员也有他们的看法，他们认为，小学生几何直观能力测评指标的权重还要考虑根据高、低年级差异而有所调整，小学低年级“形成

①姜启源，谢金星，叶俊．数学模型[M]．北京：高等教育出版社，2011：14-15.

图形的认识”的重要性相对要高，五、六年级的“利用图形描述问题”“利用图形分析问题”指标权重占比相对要高。这些评价在第7章的认同度分析中也有体现(小学教师认为“形成对图形的认识”比较重要，而高校和科研院所的数学教育专家却认为“利用图形分析问题”最重要)。③专家评分法是一种主观判断，主要凭借经验进行估计，用专家评分法辅助因子分析法来构建测评模型，增强外在效度，但不可能很精确地完成给每个指标评分，特别是二级指标。④两种方法综合构建测评模型难度很大，但具有互证作用，意义很大。⑤测评指标与模型要考虑可操作性，淡化了不必要的形式，能实实在在为教学服务是最好的，等等。

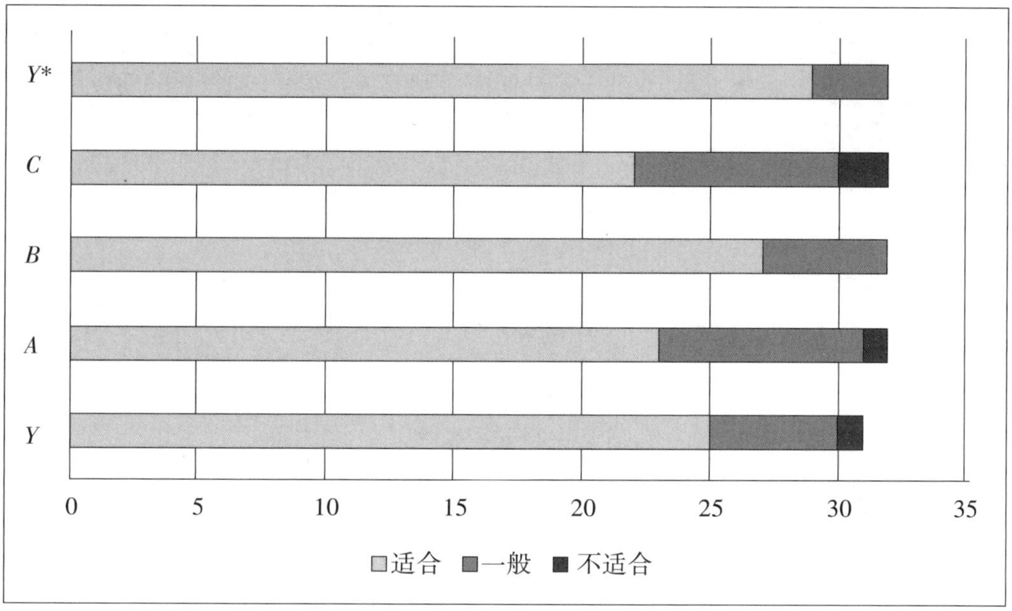

图8-1　测评模型的专家判断统计图

从上述的论描述可知，研究构建的测评模型能够比较合理地刻画小学生几何直观能力的基本情况，符合专家们的经验和认识，而这些意见和建议也将是课堂教学与测评的有益参考。

其实，对测评模型的验证除了专家判断外，更重要的是需要分析学生能力特征，考察测评模型的可靠性、合理性与适用性。

第二节 测试验证的调查工具设计与实施

小学生几何直观能力的测评模型的数学线性表达式为：$Y=0.3A+0.3B+0.4C$，利用综合权重表示，其测评模型可写为：$Y=0.08a_1+0.09a_2+0.09a_3+0.11b_1+0.12b_2+0.12b_3+0.13c_1+0.13c_2+0.13c_3$。依据构建测评模型的理论假设，所构建的测评模型还需要进行验证，并应用于教学评估。本书对测评模型进行验证与分析的基本思路是在数学教育专家对测评模型结构初步判断的基础上展开测试验证，一方面用于检验测评模型的可靠性、合理性与适用性，另一方面是利用测试数据分析小学生几何直观能力的一些特征，包括年级、性别和城乡等，初步呈现测评模型的应用价值。测试工具是模型验证的关键，科学、合理地开发测试工具，有利于推动研究顺利完成，也是一项重要的新成果。

一、调查工具的设计

（一）测试题的理论框架分析

测试题目是测评模型验证与应用的重要工具，也是重要的研究内容之一，既体现了研究对几何直观能力内涵的理解，也希望通过这些题目测试分析小学生几何直观能力的特征。因此，测试题的编制至关重要，本书从三个方面进行考虑，一是测试题内容选择，二是测试题难度考虑，三是测评指标权重确定[①]。

1.测试题内容选择

内容选择包括内容知识范围和试题的来源两个方面。内容知识范围主要参照“小学生几何直观能力测评指标”，分布于数与代数、图形与几何、统计与概率三大领域内容。测试题主要来自TIMSS 2007—2015年小学四年级数学测试题[②③④]以及学界研究的成果、数学课本例题、习题和小学生测试卷等，同时还要考虑典型问题，主要是行程问题与植树问题等。

①张和平.少数民族学生几何直观能力评价体系的初步构建——对贵州民族地区教师的问卷调查[J].兵团教育学院学报，2017(2)：22-26.

②Mullis I V S，Martin M O，Ruddock G J，et al. TIMSS 2007 assessment frameworks [R]. Boston：TIMSS & PIRLS International Study Center，Lynch School of Education，Boston College，2005.

③Mullis I V S，Martin M O，Ruddock G J，et al. TIMSS 2011 assessment frameworks [R]. Boston：TIMSS & PIRLS International Study Center，Lynch School of Education，Boston College，2009.

④Mullis I V S，Martin M O. TIMSS 2015 assessment frameworks [R]. Boston：TIMSS & PIRLS International Study Center，Lynch School of Education，Boston College，and IEA，2013.

2. 测试题难度考虑

从测试题的质量上看，小学生几何直观能力测试题编制中借鉴了Van Hiele[①]与Hoffer[②]几何思维发展理论的难度水平；从试题的层次上看，要考虑四年级学生能够完成的题目难度，而且题目中有简单题、中等题和有一定难度的题目。

3. 测评指标权重确定

本书利用构建测评模型中的数学线性表达式（即$Y=0.3A+0.3B+0.4C$）系数作为测试题目各能力测评指标的比例，因此，测试卷在“形成图形的认识”“利用图形描述问题”“利用图形分析问题”三个部分中所占的分值比例大致按照这3个能力指标模型权重30%、30%和40%来确定。从综合权重的模型线性表达式系数可知，9个二级指标之间重要程度差别不大，在编制测试工具时它们权重系数可以等同考虑。

（二）测试题目编制与筛选

基于对内容要素的确定及层次性的划分，初步形成了小学生几何直观能力的测试卷，共16道题。我们组织西南大学数学教育专家、北碚区教委和小学优秀数学教师与教研员，以及贵州省贵阳市、凯里市的小学优秀数学教师与教研员对测试题进行讨论和修改，并抽取四川、重庆、浙江具有代表性的小学校四年级120名学生进行初试，然后修改，最后形成一套由10个题目构成的“小学生几何直观能力的测试题”（详见附录7），共100分。其中“形成对图形的认识”部分共4个题（题项分别是1、2、4、6，共30分），“利用图形描述问题”部分共4个题（题项分别是3、5、7、9，共35分），“利用图形分析问题”共2个题（题项分别是8、10，共35分）。该测试卷主要从3个行为指标测评学生的几何直观能力情况，但具体的检测内容可以考虑落实到9个二级行为指标。需要说明的是：此部分用于测评模型验证的测试题与探索测评指标中的测试题有所差别，该部分测试题更注重小学生几何直观能力的整体情况，无须每个指标对应一个题目，因此，第8题和第10题是综合性较强的题目，既包括前两个测评指标（即形成图形的认识、利用图形描述问题），又关注利用图形分析问题的行为指标。从统计学意义分析，每个变量由多个题目进行考查，可提高测量的信度[③④]。本书3个一级指标共由10个题目进行考查，基本符合统计学的要求。

①Burger W F, Shaughnessy J M. Characterizing the van Hiele levels of development in Geometry [J]. Journal for Research in Mathematics Education, 1986, 17(1): 31–48.

②Hoffer A. Geometry is more than proof[J].Mathematics Teacher, 1981(1): 11–18.

③王小英，张明. 心理测量与心理诊断[M]. 长春：东北师范大学出版社，2002：71.

④杜林致. 心理测量学[M]. 天津：南开大学出版社，2011：57–58.

具体测试题目编制依据及筛选思路与题目分析如下：

1. 形成图形的认识

《标准（2011年版）》对“几何直观”的解释是：“几何直观主要是指利用图形描述与分析问题。”说明图形是描述与分析问题的工具，借助图形可以直观把握问题，因此，对图形的掌握至关重要。形成图形的认识，主要包括学生由具体物体抽象出图形、认识图形并能用符号表示图形、形成图形映像并会画基本图形。研究参照表6-5“小学生几何直观能力测评指标及其具体描述”中对“形成图形的认识”能力提供的内容分解指标，力图考查小学生认识图形形状、图形视图、图形运动变化（折叠与展开）以及方块图形搭建等方面的能力，编制与筛选了如下的4个测试题。

Ⅰ-1. 下面图形是长方体的是（　　）

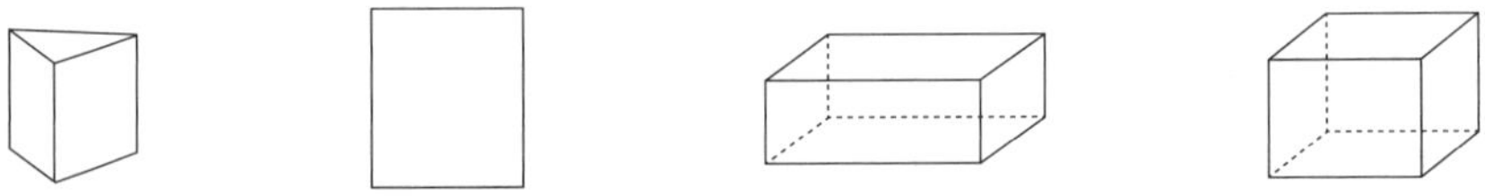

A　　B　　C　　D

Ⅰ-2. 如图，小亮看到的恐龙是哪个部分（　　）

A　　B　　C

Ⅰ-3. 如图，将一张纸对折起来，用铅笔在上面打个洞，再把纸展开，正确图形是（　　）

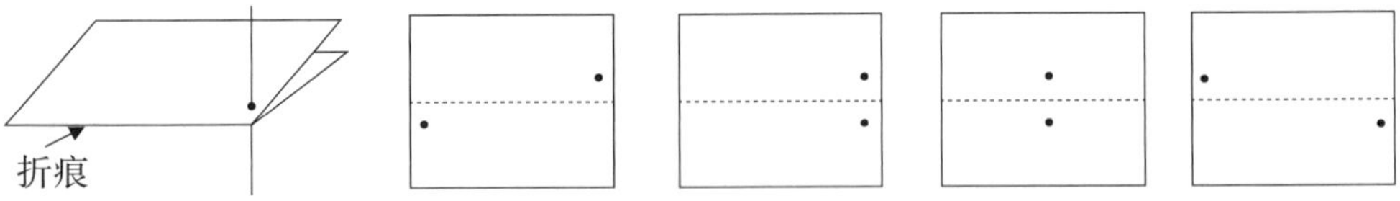

A　　B　　C　　D

Ⅰ-4. 数一数，下图中共有____________个方块。

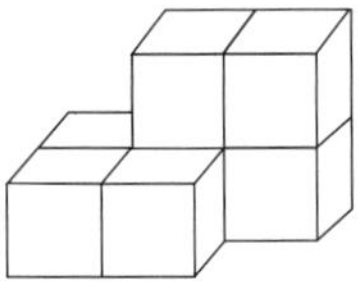

A.5个　　B.6个　　C.7个　　D.8个

2.利用图形描述问题

利用图形描述问题是几何直观能力的第二个测评指标，包括用图形表示数及其运算、用图形表示几何问题和用图形表示现实问题，能够把复杂问题变得简明、形象，便于解决问题。研究参照表6-5“小学生几何直观能力测评指标及其具体描述”中对“利用图形描述问题”能力提供的内容分解指标，力图考查小学生用图形表示面积、用图形表示分数并基于图形大小进行比较、用扇形统计图表示数量的大小以及依据数量大小画条形统计图等方面的能力，编制与筛选了如下的4个测试题。

Ⅱ-1.(TIMSS 2007)下列各图形中，哪一个的面积最大(　　)

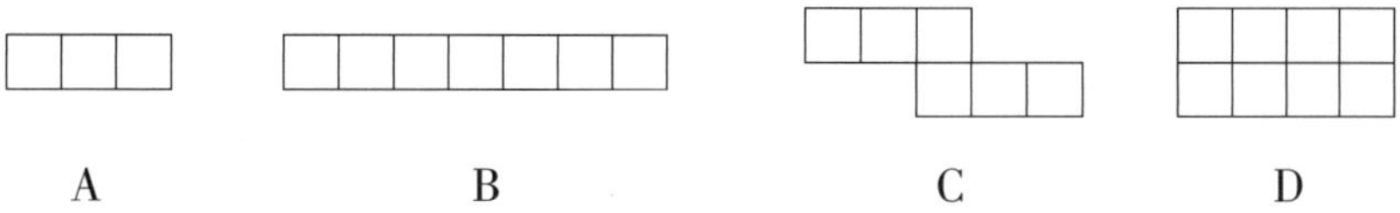

Ⅱ-2.(TIMSS 2015)如图，此图表示面包店卖出不同口味的饼干种类，卖得最多的饼干是(　　)

A.燕麦　　B.香草　　C.砂糖　　D.巧克力

Ⅱ-3.用分数表示下列两个图形的阴影部分面积，并比较这两个分数大小。

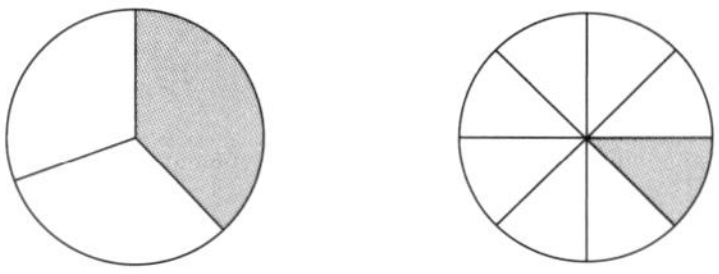

$$\frac{(\quad)}{(\quad)}\bigcirc\frac{(\quad)}{(\quad)}$$

Ⅱ-4.(TIMSS 2015)下表是调查收集到小朋友喜欢颜色的人数。

颜色	小朋友人数/个	颜色	小朋友人数/个
红色	4	蓝色	6
绿色	2	黄色	7

根据表格的信息完成下图，即画蓝色与黄色的条形统计图。

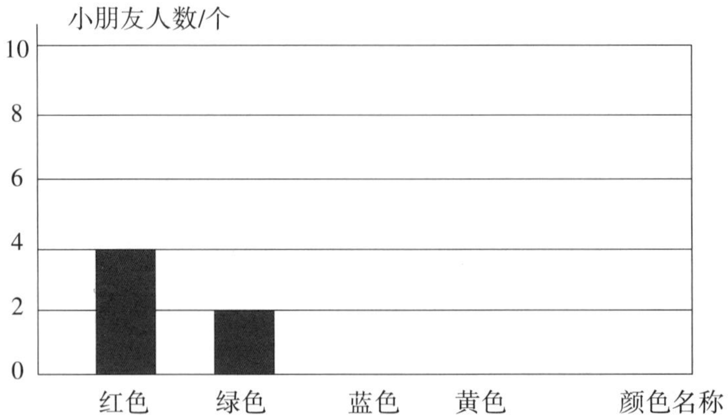

3.利用图形分析问题

利用图形分析问题是几何直观能力的第三个测评指标，综合性比较强，包括借助图形探索问题思路、由图形建立数量关系、利用图形解决问题（包括直观感知与整体把握问题）。研究参照表6–5“小学生几何直观能力测评指标及其具体描述”中对“利用图形分析问题”能力提供的内容分解指标，结合前面对该部分的思考，作为一份完整的较好地测试卷还要考虑规范性、整体性、层次性和综合性，因此，这部分选择了综合性较强的两个典型问题即植树问题和行程问题作为考查该指标能力的主要内容。

Ⅲ–1.3月12日是植树节，我们班准备在新修的一条公路种一行树。只要求在公路一侧，但两端都要种树。这条公路全长1000米，每隔5米种一棵树。一共需要多少棵树苗？（请画线段图分析问题）

Ⅲ–2.（TIMSS 2015）玛丽离开了甲镇，匀速骑车2小时到达了下图所示的标志处。玛丽以同样的速度骑车去乙镇，请问她需要再骑多少个小时才能到达乙镇？（请画线段图分析问题）

在上述10个测试题目中，Ⅰ–1、Ⅰ–2、Ⅱ–3和Ⅲ–1是来自小学数学课本，Ⅰ–3和Ⅰ–4来自课外练习题或用于研究的测试题，Ⅱ–1、Ⅱ–2、Ⅱ–4和Ⅲ–2来自TIMSS小学四年级数学测试题目。

(三)测试卷结构

1.试卷编码

为了便于对学生的测试情况进行定量分析,本书将学生的一些基本信息作了编码,每个学生对应一个有序的3个符号(字母或数字)表示,即采用XYZ的形式对每个学生进行编码,以上3个字母所在位置的意义具体定义如下:

X表示学校,城市小学用1表示,乡镇小学用2表示;

Y表示年级,以4、5、6分别表示四到六年级;

Z表示性别,男生用1表示,女生用2表示。

2.试题结构分析

编制测试卷,要符合我国小学生数学考试的传统规范,因此,本书把前面设计的测试题重新按照选择题和解答题编排题目,10个题目的题号从1至10编制,共100分,每题赋有相应的分值,但在测试卷上没有告诉学生每个题目的分值。测试题的内容维度与能力指标以及分值分配、分值所占比例详见表8-1所示。

表8-1　测试题的内容维度、能力指标及分值分配

内容维度	形成图形的认识	利用图形描述问题	利用图形分析问题	分值比/%
数与代数		题号:7 分值:10	题号:8、10 分值:17、18	45
图形与几何	题号:1、2、4、6 分值:7、7、8、8	题号:3 分值:8		38
统计与概率		题号:5、9 分值:7、10		17
分值比/%	30	35	35	

3.评分标准

由表8-1所示,每个题目都有分值,按照题目的难度系数赋值:题号为1、2、5是7分,题号为3、4、6是8分,题号为7、9是10分,第8题是17分,第10题为18分。但是,测试题分为选择题和解答题两种类型,它们得分标准有差别,具体按照下面评分标准给分:

选择题共6题,第1、第2、第5题评分标准按0,7给分,第3、第4、第6题评分标准按0,8给分。

解答题共4题，第7题和第9题的评分标准按0，1，2，3，4，5，6，7，8，9，10给分；第8题和第10题的评分标准分别按0，1，2，…，16，17和0，1，2，…，17，18给分。

二、被试抽样与实施测试

（一）被试抽样及说明

在正式施测中，抽样是非常重要的环节，需要考虑中国的东、中、西三个区域。本书抽取浙江、山东、贵州、重庆的四、五、六年级具有代表性的学生进行测试，其中包括有乡镇（完小、村小和办学点等学校）和城市（县城小学、大城市小学等学校）学生。之所以如此抽取被试，需要作如下的说明：①测评模型的验证与应用选择第二学段学生进行测试分析，没有包括第一学段的原因是测试题主要来源于TIMSS 2007—2015年小学四年级数学测试卷[①②③]以及学界研究的成果、数学课本及例题、习题和小学生测试卷等。因此，这些题目更适合测试四年级及以上的学生。事实上，基于测评模型编制的测试卷对第二学段学生进行测试分析，足以验证模型的可靠性、合理性与适用性以及应用的广泛性，也能较好地测试分析学生的年级、性别和城乡等的差异，探讨背后可能存在的一些突出原因。对于第一学段学生的测试分析将作为后续的研究工作。②在浙江、贵州和重庆抽取测试的学校与探索测评指标抽样学校不重复，保证测试成绩的真实性，因两次测试有部分题目相同。

（二）实施测试

测试卷、测试对象确定后，就正式对学生几何直观能力进行测试。具体测试时间是2016年10月份。监考人员有课题组成员、数学任课教师、学校领导以及其他学科教师，对监考人员进行培训和指导，要求严格考试纪律，同一个学校要求同一时间发放考试卷和收交答卷。考试时间为40分钟。

整个考试，发放试卷1192份，收到1150份，回收率96%。经整理，剔除信息严重缺失的试卷，最后有效试卷1093份，有效率95%。具体地区、城乡与班级以及性别的人数信息如表8-2至表8-4所示。

---

①Mullis I V S, Martin M O, Ruddock G J, et al. TIMSS 2007 assessment frameworks [R]. Boston: TIMSS & PIRLS International Study Center, Lynch School of Education, Boston College, 2005.

②Mullis I V S, Martin M O, Ruddock G J, et al. TIMSS 2011 assessment frameworks [R]. Boston: TIMSS & PIRLS International Study Center, Lynch School of Education, Boston College, 2009.

③Mullis I V S, Martin M O. TIMSS 2015 assessment frameworks [R]. Boston: TIMSS & PIRLS International Study Center, Lynch School of Education, Boston College, and IEA, 2013.

表8-2　调查地区与班级学生人数分布情况表　　（单位：人）

地区	学生人数			合计
	四年级	五年级	六年级	
浙江	92	87	83	262
重庆	95	89	90	274
贵州	122	98	94	314
山东	87	76	80	243
合计	396	350	347	1093

经整理答卷还发现，抽取的城市学校不是优质小学，乡镇学校大部分是中心完小。

表8-3　城乡与班级人数分布情况表　　（单位：人）

	学生人数			合计
	四年级	五年级	六年级	
城市小学	242	217	194	653
乡镇小学	154	133	153	440
合计	396	350	347	1093

表8-4　有效测试卷的性别信息表

		学生数/人	百分比/%
有效	男	571	52.2
	女	500	54.7
缺失	系统	22	2.0
合计		1093	100.0

由表8-2至表8-4可以发现，区域、城乡、班级、性别等人数信息比例比较合理，可以进行统计学分析。

本书主要使用的录入与分析软件工具包是EXCEL和SPSS21.0。

第三节　测试工具的技术指标分析

在编制测验试题中，为了得知测验的可行性与适切性，课题组分析了测验题的难度、鉴别度和信度、效度等技术指标。

一、试题的难度分析

难度是指项目的难易程度。项目的难度是相对的而不是绝对的。题目的难度大小与测试内容、编制技术和受测者的经验都可能有关。

在心理与教育测量中，常常用受测者答对或通过每个项目的人数的百分比（即通过率或P值）作为难度的指标：$P=\frac{R}{N}$。其中P代表项目的难度，又称为难度指标，N为全体受测者人数，R为答对或通过某一项目的人数。P值越大，难度越低，反之，难度就越高。但是，针对不同的类型题目计算难度的方法也存在差异，主要方法有客观题难度、主观题难度、用极端分组法计算主、客观题的难度等。

（1）客观题难度的计算：$P=\frac{R}{N}$。式中P表示难度指标，N表示参加考试的总人数，R表示答对某道客观题的人数。

（2）主观题难度的计算：$P=\frac{X}{K}$。式中P表示难度指标，X表示所有考生在这道题目的平均得分，K表示这道题的满分。

（3）用极端分组法计算主、客观题的难度。在很多情况下，用基本公式计算难度需要对所有考生的得分情况进行统计，工作量很大，而且常常出错，例如，对全国高考题目的难度进行统计与计算，这时可以用“极端分组法”求试题的难度，详见吴明隆编写的《问卷统计分析务实——SPSS操作与应用》一书，在此不再赘述。

在研究中，第1题至第6题是客观题（选择题），第7题至第10题是主观题（解答题），因此计算难度的方法分两种情况。第1题到第6题用公式$P=\frac{R}{N}$，而第7题到第10题用公式$P=\frac{X}{K}$，计算结果如表8-5所示。

表8-5　总体题目难度分析

题项	难度	题项	难度	题项	难度	题项	难度
1	0.92	4	0.54	7	0.73	10	0.38
2	0.90	5	0.80	8	0.45		
3	0.86	6	0.86	9	0.95		

由于P越大得分率越高，说明题目难度越低。按照难度指标要求，即一份较佳的成绩测验应是大部分试题的P值介于0.2~0.8之间[①]。由表8-5可知，题号为1、2、9比较简单，题号为3、5、6、7为中等难度题目，而题号为4、8、10为难度比较大的题目。由于测试题主要是针对四年级学生，难度分析如表8-6所示。

表8-6　四年级学生的题目难度分析

题项	难度	题项	难度	题项	难度	题项	难度
1	0.88	4	0.43	7	0.57	10	0.22
2	0.87	5	0.73	8	0.33		
3	0.79	6	0.78	9	0.88		

从表8-6中的数据可知，测试题题目难度适中，对五、六年级学生属于难度不大的题目。

二、试题的鉴别度分析

试题的鉴别度也称为区分度，分析试题鉴别度指标值的主要目的在于判别试题是否具有区别受试者能力高低的功能。关于鉴别度的计算，一般采用高低分组差异值法。为便于计算，本书将测验总得分前25%设为高分组，测验总得分后25%设为低分组，然后利用公式$D=P_H-P_L$计算测试题目的鉴别度，其中P_H代表高分组在某个题项的难度指标，P_L代表低分组在某个题项的难度指标，计算结果如表8-7所示。

表8-7　题目鉴别度分析

题项	P_H	P_L	鉴别度	题项	P_H	P_L	鉴别度
1	0.98	0.78	0.2	6	0.99	0.67	0.32
2	0.97	0.82	0.15	7	0.97	0.39	0.58
3	0.99	0.67	0.32	8	0.84	0.14	0.7
4	0.76	0.30	0.46	9	0.995	0.83	0.17
5	0.96	0.57	0.39	10	0.87	0.01	0.86

按照鉴别度的指标要求[②]，由表8-7可知，所有题目的鉴别度指标都大于0，说明每个题项都具有一定的鉴别度。

①吴明隆.问卷统计分析务实——SPSS操作与应用[M].重庆：重庆大学出版社，2010：158.
②吴明隆.问卷统计分析务实——SPSS操作与应用[M].重庆：重庆大学出版社，2010：158.

三、试题的信度与效度分析

对测试卷进行整理，利用SPSS21.0软件工具分析测试成绩的信度，结果如表8-8所示。

表8-8　可靠性统计量

Cronbach's Alpha	基于标准化项的 Cronbach's Alpha	项数
0.616	0.606	10

从表8-8数据可知，Cronbach's Alpha系数为0.616[①]，依据相关研究结论[②③④]，本测验是可以接受的（欲提高测量信度，对同一测量观念适当增加题量是一种可行办法[⑤]）。对于试卷的效度，测试题目在编制过程中充分考虑内容维度和认知维度，采用双向细目表，同时考虑小学生几何直观能力测评指标和测评模型的一个合理分配，并经过专家讨论审查，保证了测试题目有较高的内容效度和一个比较科学、合理的编制程序。

第四节　测试数据的基本情况分析

一、测试成绩总体情况分析

教育测验根据记分标准不同分为常模参照性测验和标准参照性测验两种。本书采用常模参照性测验记分标准。常模参照性测验是以被测团体的常模（平均数）为参照标准来衡量个体成绩的测验，确定其评分基准是在测验之后，产生于被测团体之内，以个体在团体中所处的位置来解释个体成绩的优劣[⑥]。

通过对测试成绩收集与整理可知，参与测试人数共1093人，三个年级均分、及格等数据如表8-9所示。

①张和平，裴昌根，宋乃庆．小学生几何直观能力测评模型的构建探究[J]．数学教育学报，2017(5)：49-53.

②Guilford J P. Psychometric methods (2nd ed.)[M]. New York，NY：McGraw-Hill，1954.

③荣泰生.AMOS与研究方法[M].重庆：重庆大学出版社，2010：82.

④萨克斯G，牛顿J W.教育和心理测量与评价原理[M].王昌海，等译.南京：江苏教育出版社，2002：301.

⑤王汉澜.教育心理学[M].开封：河南大学出版社，1987：61-63.

⑥何小亚，李耀光，张敏.数学教育研究与测量[M].北京：科学出版社，2015：258.

表 8-9 总成绩各分数段人数以及占比

分数段	分数<60	分数≥60	分数≥80
人数/个	397	696	352
百分比/%	36	64	32
总分均分	67.6148	标准差	19.10384

由表 8-9 数据可知，均分 67.6148 分，及格率 64%，优秀率 32%，说明本次测试结果达到测试的要求。

为了解全体学生在 10 个题项中的得分情况，绘制了全体学生 10 个题项的均分与该题的总分对照图，如图 8-2 所示。

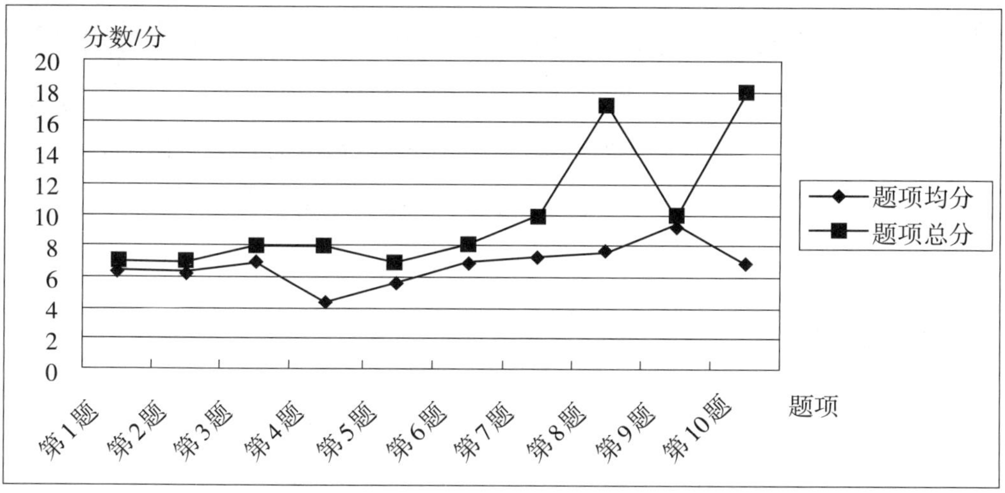

图 8-2 各题项的均分与该题总分比较图

由图 8-2 可知，除了题号为 4、8、10 的题目失分较多外，其他题项得分基本合理。有三个题失分较多，得分率比较低，说明两个问题，一方面题目可能难度较大，另一方面可能学生在第 4 题、第 8 题、第 10 题上能力欠缺，需要培养提高，同时也需要探究问题背后的原因。

二、对内容维度与能力维度的情况分析

本书在对小学生几何直观能力的测评设计中已经考虑到能力维度与内容维度问题，基本按照构建测评指标体系（列双向细目表）来完成测试题目的编制工作，10 个题项内容和分值分布情况如表 8-10 所示。

表8-10　测试题的内容维度及分值分配

	形成图形的认识	利用图形描述问题	利用图形分析问题	分值/分
数与代数		7题	8、10题	45
图形与几何	1、2、4、6题	3题		38
统计与概率		5、9题		17
分值/分	30	35	35	100

按照表8-10设计，测试后本书对三大领域内容与三个能力指标进行分析，考查学生成绩情况。

(一)学生几何直观能力在三大领域内容中的表现

题项7、8、10考查的是“数与代数”内容，分值是45分，主要分布于“利用图形描述问题”和“利用图形分析问题”两个能力指标；题项1、2、3、4、6考查的是“图形与几何”内容，分值是38分，分布于“形成图形的认识”和“利用图形描述问题”两个能力指标；题项5和9考查的是“统计与概率”内容，分值是17分，分布于“利用图形描述问题”能力指标。

经对测试成绩统计分析，学生具体的得分情况如表8-11所示。

表8-11　在三大领域内容得分情况表

	N	极小值	极大值	均值	得分率	标准差
数与代数	1093	0.00	45.00	21.6990	0.48	13.93509
图形与几何	1093	7.00	38.00	30.8628	0.81	6.80601
统计与概率	1093	0.00	17.00	15.0485	0.89	3.71592

得分率越高，说明学生掌握该部分内容多，能力表现较强。由表8-11可知，学生几何直观能力在“数与代数”领域相对于“图形与几何”和“统计与概率”两个领域的表现来说显得要差很多，在“统计与概率”上能力表现最好。这说明，学生认识图形、利用图形描述与分析“统计与概率”方面问题的能力比较强，而在“数与代数”领域中的能力表现显得不足。因此，在课程建设与教学中需要注重在“数与代数”领域中加强对学生几何直观能力的培养。

(二)小学生几何直观能力指标差异分析

在表8-10中2~4列表示考查三个能力指标的题项，最后1列表示分值，即题项1、2、4、6是考查“形成图形的认识”能力指标，分值是30分，分布在“图形与几何”领域；题项3、5、7、9是考查“利用图形描述问题”能力指标，分值是35分，分布在“数与代数”

“图形与几何”“统计与概率”三个领域之中；题项8、10是主要考查“利用图形分析问题”能力指标，分值是35分，分布在“数与代数”领域。由此看出，“利用图形分析问题”能力指标考查题项综合性相对要强，难度也比较大。经对测试成绩进行分析，学生具体的得分情况如表8-12所示。

表8-12　三个能力指标得分情况表

	N	极小值	极大值	均值	得分率	标准差
形成图形的认识	1093	7.00	30.00	23.9680	80%	5.80229
利用图形描述问题	1093	0.00	35.00	29.2479	84%	6.98833
利用图形分析问题	1093	0.00	35.00	14.3943	41%	11.96764

由表8-12可知，“形成图形的认识”能力指标得分率为80%，“利用图形描述问题”能力指标得分率为84%，而“利用图形分析问题”能力指标得分率是41%，说明了以下两个方面问题：一是学生利用图形描述问题得分率最高；二是学生利用图形分析问题能力不强。

综上所述，小学生在形成图形的认识、利用图形描述问题的能力上表现较好，同时在图形与几何、统计与概率的内容学习上几何直观能力表现得比较突出。而小学生在利用图形分析问题的能力上表现比较差，也体现在数与代数领域的综合运用上能力显得不足。

第五节　测试验证与几何直观能力特征分析

一、几何直观能力与数学成绩的关系

数学课程改革很重视对几何直观能力的培养，把它作为数学课程的一个目标点，是数学能力发展的重要指标。那么，如果本书假定数学成绩在某种程度上反映学生的数学能力的话，学生几何直观能力的发展测试结果是否就应该与数学成绩之间存在联系？以下的统计结果能够对这个问题给出回答。

在1093份测试卷中，有505份试卷填写了上学期数学期末考试成绩（简称上学期成绩）。把505份测试卷的几何直观能力测试成绩（简称测试成绩）求总分，然后分析期末成绩与测试成绩的相关性，结果如表8-13所示。

表8-13　几何直观能力测试成绩与上学期成绩的相关性分析

		测试成绩
上学期成绩	Pearson 相关性	0.442**
	显著性(双侧)	0.000

说明:**表示在0.01水平(双侧)上显著相关。

从表8-13的数据结果可知,Pearson相关性系数是0.442,显著性概率p值为0.000,说明几何直观能力的测试成绩与上学期成绩之间相关性显著,并且都存在着较强的正相关。同时,小学生几何直观能力三个行为指标与数学成绩之间也具有显著相关性($p<0.05$),如表8-14所示。

表8-14　三个能力行为指标与上学期成绩的相关性分析

能力行为指标	上学期成绩	
	Pearson 相关性	显著性(双侧)
形成图形的认识	0.145**	0.001
利用图形描述问题	0.440**	0.000
利用图形分析问题	0.392**	0.000

由上述分析可知,一方面,通过这个验证分析证实了前面的假设,并且说明了几何直观能力发展有利于促进学生数学学习;另一方面,基于测评模型编制的测试题能够反映学生的具体水平,具有合理性。

二、小学生几何直观能力的年级差异

一个不争的事实是,在义务教育阶段学生随着年级的增高,知识累积不断增多,他们的几何直观能力将逐步得到提高。构建的测评模型及其编制的测试工具是否能反映这样的一个事实呢?下文将探讨四年级、五年级、六年级学生关于几何直观能力的表现特征。

(一)小学生几何直观能力发展的总体情况

对年级这个指标进行总体分析,同时还要考虑三个年级间是否存在显著性差异,数据统计结果如图8-3和表8-15所示。

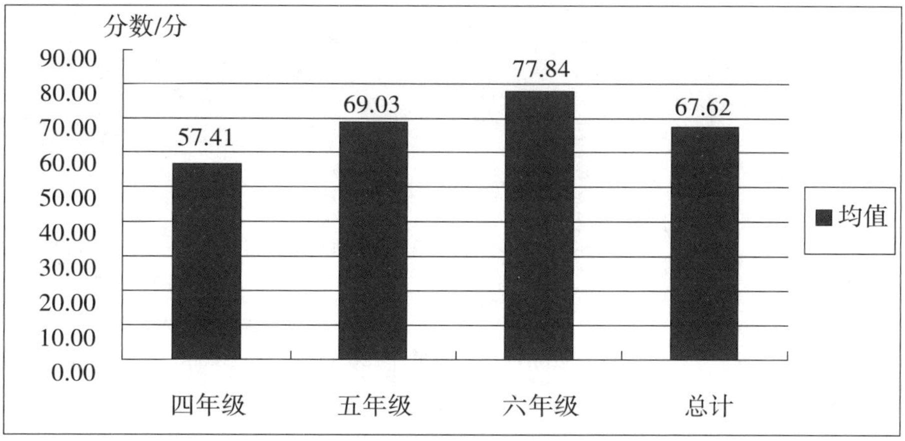

图8-3　三个年级总均分比较

表8-15　三个年级间学生成绩差异性检验

		平方和	*df*	均方	*F*	显著性
参与总分 * 年级	组间(组合)	78254.246	2	39127.123	133.161	0.000
	组内	320278.594	1090	293.834		
	总计	398532.840	1092			

从图8-3看出，四、五、六年级平均成绩有较大差异，即随着年级增长几何直观能力平均水平逐步提高。从表8-15可知，平均成绩差异检验的F统计量为133.161，显著性概率值$p=0.000<0.05$，表示三个年级间学生的平均成绩具有显著性差异①。不仅如此，本书用“独立样本t检验”方法对四、五、六年级之间进行两两对比发现（表8-16），四、五、六年级学生成绩逐年显著提高。

表8-16　四、五、六年级学生几何直观能力的差异性分析

		方差方程的Levene检验		均值方程的t检验						
		F	Sig.	*t*	*df*	Sig.（双侧）	均值差值	标准误差值	差值的95%置信区间 下限	差值的95%置信区间 上限
四、五年级	假设方差相等	2.471	0.116	-9.001	744	0.000	-11.61915	1.29094	-14.15347	-9.08482
	假设方差不相等			-8.980	725.440	0.000	-11.61915	1.29385	-14.15928	-9.07902

①张和平，裴昌根，宋乃庆．小学生几何直观能力测评模型的构建探究[J]．数学教育学报，2017(5)：49-53.

续表

		方差方程的Levene检验		均值方程的t检验						
		F	Sig.	t	df	Sig.（双侧）	均值差值	标准误差值	差值的95%置信区间 下限	差值的95%置信区间 上限
四、六年级	假设方差相等	0.175	0.676	-16.586	741	0.000	-20.43493	1.23209	-22.85373	-18.01613
	假设方差不相等			-16.663	738.151	0.000	-20.43493	1.22640	-22.84258	-18.02728
五、六年级	假设方差相等	4.287	0.039	-6.823	695	0.000	-8.81578	1.29203	-11.35253	-6.27904
	假设方差不相等			-6.826	688.442	0.000	-8.81578	1.29144	-11.35141	-6.28016

（二）小学生几何直观能力的年级差异具体分析

本书把小学生几何直观能力划分为形成图形的认识、利用图形描述问题与利用图形分析问题三个测评指标，因此要从这三个指标考察四、五、六年级学生的具体表现，从中获得有关的信息。数据统计结果如图8-4所示。

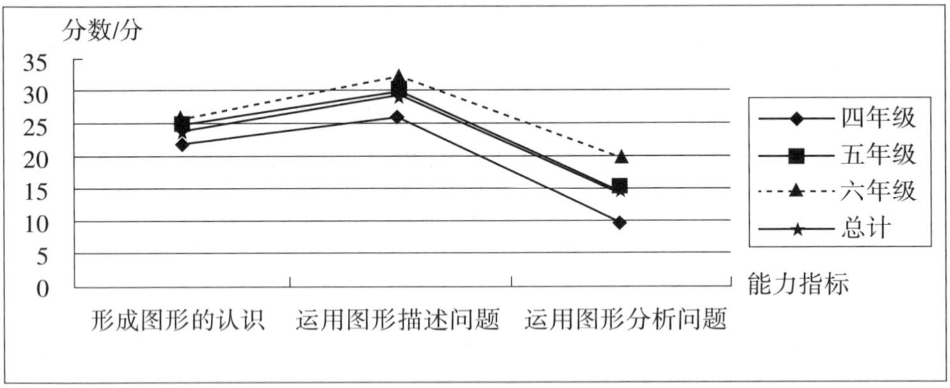

图8-4　各年级在三个能力指标的得分

从图8-4可知，三个年级的成绩之间存在差异。对不同年级在这三个能力指标的成绩表现进行单因素方差分析，数据分析结果表明（表8-17），四、五、六年级在形成图形的认识、利用图形描述问题与利用图形分析问题三个能力指标上都存在显著性差异（p=0.000<0.05）。因此，本书利用测试数据进一步分析学生几何直观能力具体的差异表现以及探讨可能的深层次原因。

表8-17 各年级在三个能力指标得分的方差分析

		平方和	*df*	均方	*F*	显著性
形成图形的认识*年级	组间(组合)	2655.516	2	1327.758	42.431	0.000
	组内	34108.363	1090	31.292		
	总计	36763.879	1092			
利用图形描述问题*年级	组间(组合)	8036.255	2	4018.127	96.697	0.000
	组内	45293.553	1090	41.554		
	总计	53329.808	1092			
利用图形分析问题*年级	组间(组合)	19844.830	2	9922.415	79.201	0.000
	组内	136556.215	1090	125.281		
	总计	156401.045	1092			

1."形成图形的认识"能力测试分析

"形成图形的认识"能力测试中共由4个题组成,题项分别是1、2、4、6,分值共30分,分布在"图形与几何"领域。主要考查学生对长方体、三视图、折叠和展开、方块图形搭建的认知能力等。4个题的得分情况如图8-5所示。

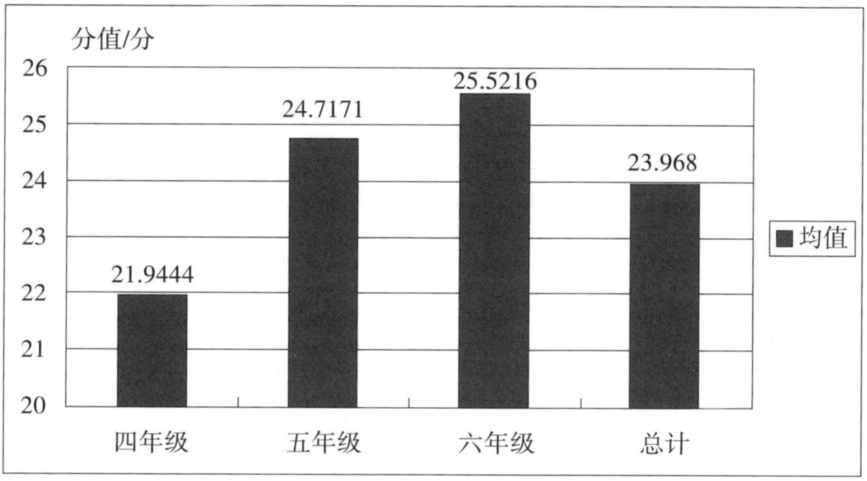

图8-5 "形成对图形的认识"能力发展情况比较

从图8-5发现,随着年级的增高学生"形成图形的认识"能力逐步提高。而且五、六年级与四年级在"形成对图形的认识"能力上存在显著性差异,五、六年级学生高于四年级。但五年级和六年级的差异性不显著($p=0.053>0.05$),数据统计结果如表8-18所示。

表8-18 三个年级两两之间“形成图形的认识”的独立样本t检验

		方差方程的Levene检验		均值方程的t检验						
		F	Sig.	t	df	Sig.(双侧)	均值差值	标准误差值	差值的95%置信区间 下限	差值的95%置信区间 上限
形成图形的认识(四、五年级)	假设方差相等	12.092	0.001	-6.539	744	0.000	-2.77270	0.42401	-3.60510	-1.94029
	假设方差不相等			-6.542	734.161	0.000	-2.77270	0.42381	-3.60471	-1.94068
形成图形的认识(四、六年级)	假设方差相等	4.455	0.035	-8.819	741	0.000	-3.57717	0.40564	-4.37351	-2.78083
	假设方差不相等			-8.885	740.772	0.000	-3.57717	0.40259	-4.36753	-2.78681
形成图形的认识(五、六年级)	假设方差相等	3.762	0.053	-1.940	695	0.053	-0.80447	0.41459	-1.61847	0.00953
	假设方差不相等			-1.941	688.419	0.053	-0.80447	0.41440	-1.61811	0.00917

为了了解学生在各个领域内容的表现，本书对每个题进行分析，各题均值、得分率如图8-6所示。

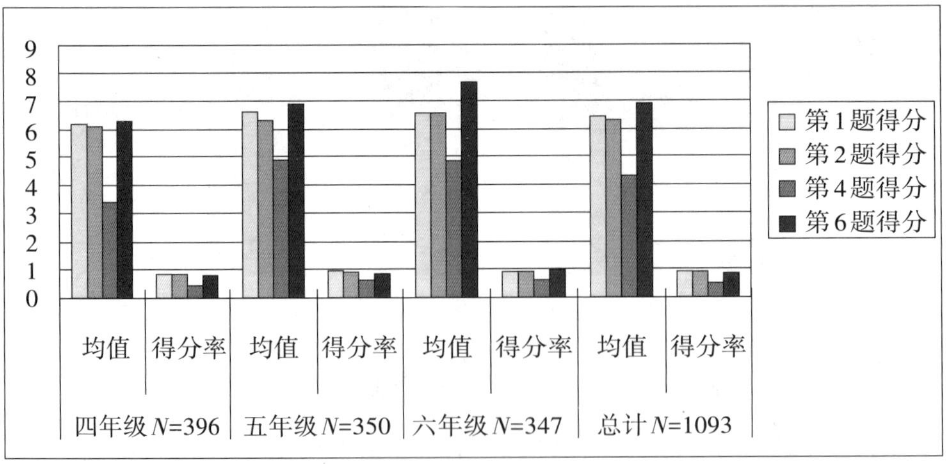

图8-6 “形成图形的认识”能力各题项测试比较

从图8-6数据可知，四、五、六年级在“形成图形的认识”能力上各题项得分总体也是随年级的提高，能力不断提高。

值得注意的是，在图8-6中第4题得分率很低，究竟什么原因呢？第4题是考查关于折叠与展开能力问题，即“将一张纸对折起来，用铅笔在上面打个洞，再把纸展开(如图)，正确图形是(　　)”。

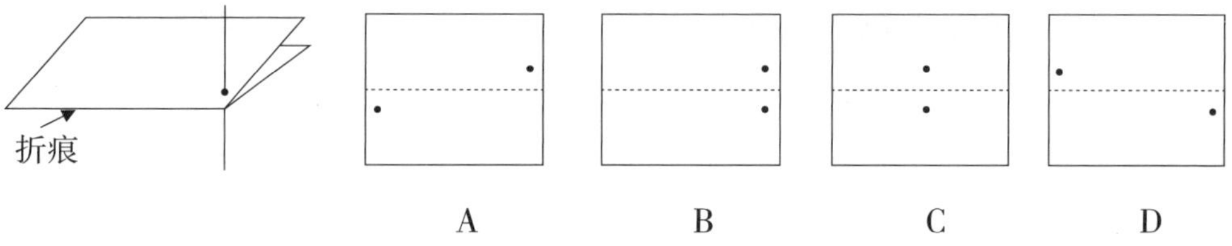

从访谈中了解到，很多学生认为在课堂上有时候也遇到这类题，但主要看老师展示较多，自己动手操作较少，“想象不出来”是哪一个答案。有的老师认为，这个题得分不高可能有两个原因：一个原因是，这个题目其实比较简单，学生只要把试卷折叠并打个洞，然后展开就知道结果，但我们学生并不知道这样做，这是在教学中没有养成动手操作的习惯；另一个原因是，折叠与展开是一个动态过程，学生平时所学知识多数是静态的图形及形状，这就造成了学生认识的困难。这是小学数学教学中需要加强的一个环节。

2.“利用图形描述问题”能力测试分析

“利用图形描述问题”能力测试中由4个题组成，题项分别是3、5、7、9，分值共是35分，分布在“数与代数”“图形与几何”“统计与概率”三大领域，可以说分布于整个小学数学课程教材之中。本次测试主要考查学生利用图形表示面积的意义，扇形统计图、图形表示分数，画条形统计图表示数量的大小等能力。4个题的得分情况如图8-7所示。

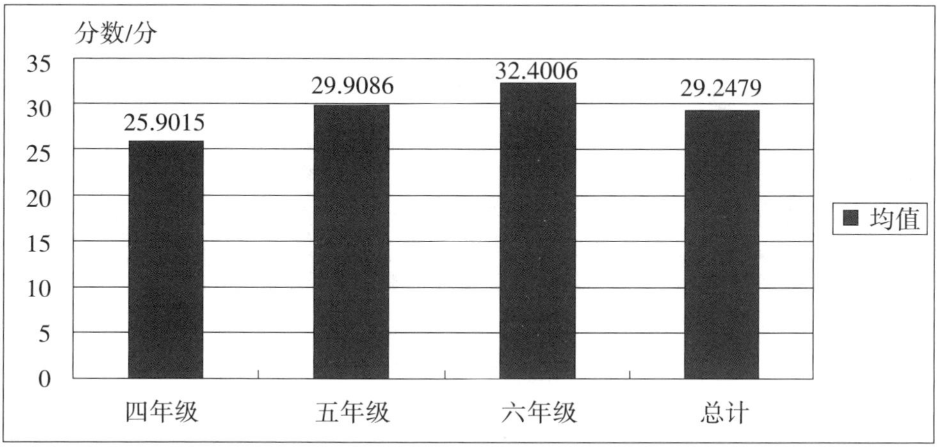

图8-7　“利用图形描述问题”能力发展情况比较

从图8-7发现，随着年级的增高“利用图形描述问题”能力逐步提高。为探究这个结果是否具有显著性差异，本书进行了显著性检验。从表8-19检验数据中看出，方差方程的Levene检验显著水平都具有显著性差异($p=0.000<0.05$)，表示两组样本方差不同质，应采用校正后的t值，校正后的3个显著性概率$p=0.000<0.05$，表示四、五年级，四、六年级，五、六年级在“利用图形描述问题”能力上存在显著性差异，而且是逐年级增高。

表8-19　三个年级两两之间“利用图形描述问题”的独立样本t检验

		方差方程的Levene检验		均值方程的t检验						
		F	Sig.	t	df	Sig.（双侧）	均值差值	标准误差值	差值的95%置信区间 下限	上限
利用图形描述问题（四、五年级）	假设方差相等	20.257	0.000	-7.741	744	0.000	-4.00706	.51764	-5.02326	-2.99085
	假设方差不相等			-7.875	725.890	0.000	-4.00706	.50885	-5.00604	-3.00807
利用图形描述问题（四、六年级）	假设方差相等	67.835	0.000	-13.254	741	0.000	-6.49906	.49035	-7.46170	-5.53643
	假设方差不相等			-13.652	669.098	0.000	-6.49906	.47606	-7.43382	-5.56430
利用图形描述问题（五、六年级）	假设方差相等	19.257	0.000	-6.042	695	0.000	-2.49200	.41242	-3.30175	-1.68226
	假设方差不相等			-6.047	671.798	0.000	-2.49200	.41208	-3.30112	-1.68289

为了解学生在不同领域的发展情况，本书对每个题项进行分析，各题均值、得分率如图8-8所示。

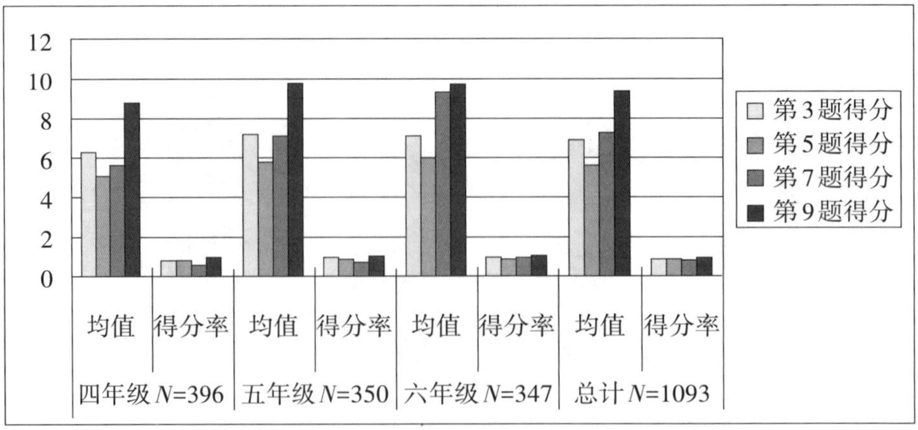

图8-8　“利用图形描述问题”能力各题项测试比较

从图8-8可知,“利用图形描述问题”能力水平随着年级的增高而提高。由图8-8的数据看出,学生对第3、5、9题掌握的还比较好。第7题四、五年级得分率比较低,四年级57%,五年级71%,该题主要考查学生运用图形表示分数并比较分数的大小的能力。从测试结果可知,四、五年级学生对用图形表示分数的意义掌握有困难,这个结果与问卷调查结果“小学数学教师‘用图形来表示数学及其运算’关注较少”相呼应,也是有一定的因果关系。六年级掌握得相对较好,得分率达到94%。

3.“利用图形分析问题”能力测试分析

“利用图形分析问题”能力测试由2个题组成,即第8题、第10题,共是35分,分布于“数与代数”领域之中。主要考查学生植树问题和行程问题,属于现实问题数学化的典型代表①。两个题的得分基本情况如表8-20所示。

表8-20 “利用图形分析问题”能力测试情况表

年级	均值	得分率	N	标准差
四年级	9.5606	0.27	396	9.85715
五年级	14.3857	0.41	350	11.72450
六年级	19.9193	0.57	347	12.04540
总计	14.3943	0.41	1093	11.96764

从表8-20数据统计可知,随着年级的增高“利用图形分析问题”能力逐步提高,而且四、五、六年级均分差异性较大。由三个年级两两之间独立样本t检验数据(表8-21)可知,关于“利用图形分析问题”能力方面,四年级、五年级、六年级之间具有显著性差异。

表8-21 三个年级两两之间“利用图形分析问题”的独立样本t检验

		方差方程的Levene检验		均值方程的t检验						
		F	Sig.	t	df	Sig.(双侧)	均值差值	标准误差值	差值的95%置信区间 下限	差值的95%置信区间 上限
利用图形分析问题(四、五年级)	假设方差相等	38.656	0.000	−6.105	744	0.000	−4.82511	0.79039	−6.37678	−3.27344
	假设方差不相等			−6.040	685.042	0.000	−4.82511	0.79882	−6.39354	−3.25668

①张奠宙,宋乃庆.数学教育概论(第三版)[M].北京:高等教育出版社,2016:47-49.

续表

		方差方程的Levene检验		均值方程的t检验						
		F	Sig.	t	df	Sig.（双侧）	均值差值	标准误差值	差值的95%置信区间 下限	差值的95%置信区间 上限
利用图形分析问题（四、六年级）	假设方差相等	38.127	0.000	-12.884	741	0.000	-10.35870	0.80398	-11.93705	-8.78036
	假设方差不相等			-12.717	669.326	0.000	-10.35870	0.81455	-11.95809	-8.75932
利用图形分析问题（五、六年级）	假设方差相等	0.047	0.828	-6.146	695	0.000	-5.53359	0.90039	-7.30140	-3.76579
	假设方差不相等			-6.145	694.120	0.000	-5.53359	0.90049	-7.30161	-3.76558

进一步分析，第8题是植树问题，尽管教材将此与此相关的内容安排在五年级上册的“数学广角”①的教学内容之中，但实属初步培养学生借助图形描述与分析问题的能力，四年级也能够顺利通过绘图借助几何直观解决此类问题。第10题是TIMSS 2015四年级数学测试的题目，主要考查通过画线段图分析行程问题，渗透建模思想。这两个题均值与得分率如图8-9所示。

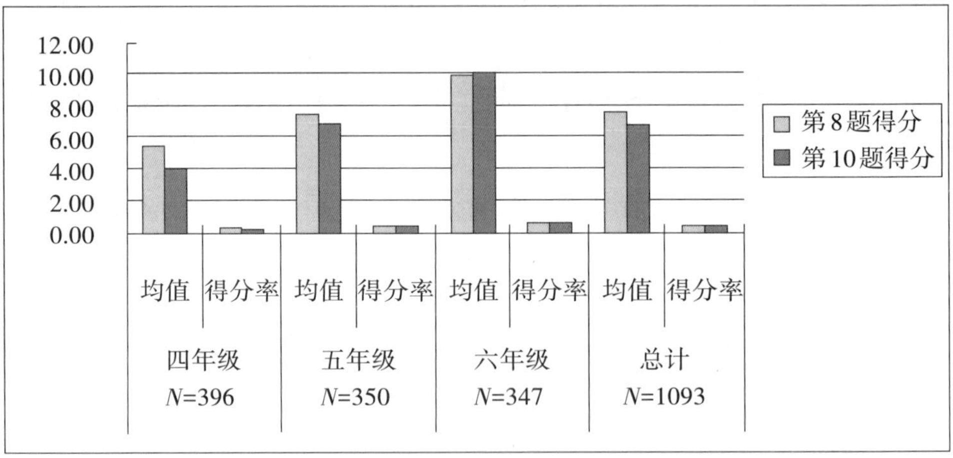

图8-9 “利用图形分析问题”能力各题项测试比较

①2005年人民教育出版社出版的小学数学课本，“植树问题”安排在四年级数学下册“数学广角”中．而在2012年人民教育出版社出版的小学数学课本，“植树问题”则安排在五年级数学上册“数学广角”之中．两个版本的课本安排“植树问题”顺序有变化．

从图8-9的数据与差异性检验结果可知，四至六年级学生成绩不断提高，能力水平相对增强。但是，从图8-9的数据还发现，三个年级在这两个题中的均分、得分率都非常低，原因何在？

在前面关于“试题难度分析”已经说明，试题难度可能是因为题干内容本身造成的，也可能是由于学生理解不了题意等。为揭开疑团，我们对学生测试答卷进行分类分析，并对教师、学生进行访谈。

对于第10题，学生答卷也是各种各样，比较合理的答案主要出现如下几种情况，如图8-10至图8-12所示：

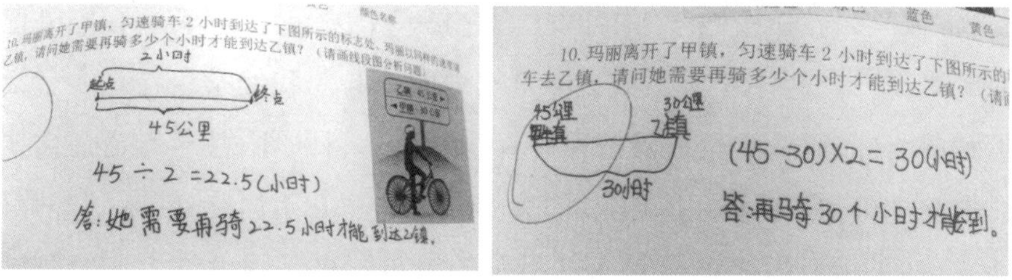

图8-10　学生对第10题不理解题意的解答

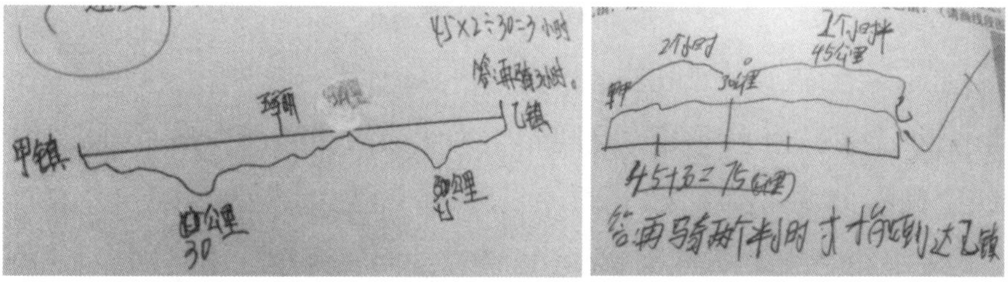

图8-11　学生对第10题基本理解题意但答案错误的解答

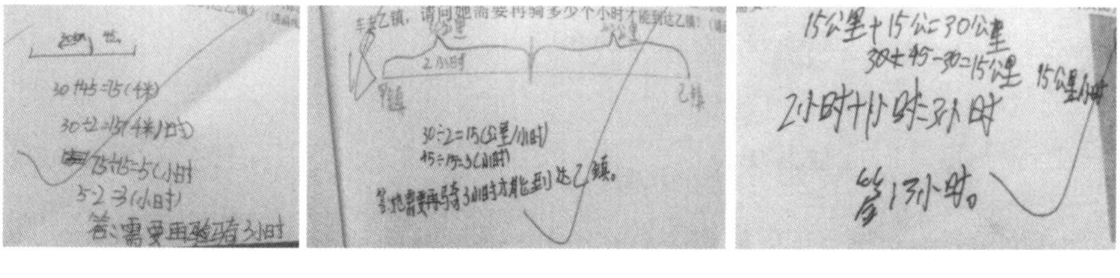

图8-12　学生对第10题几种正确的解答方式

从图8-10至图8-12看出，一些学生不理解题意或能理解题意但解答有误，还有部分学生用不同方式正确解答此题，但从统计数据中发现，能够正确解答此题的学生还是比较少。针对发现的一些问题，对教师和学生进行了访谈，教师的主要观点是：“这是一个关于行程的问题，解决这类问题要画图帮助理解，容易理顺思路。”“这个题是解决现实生活中的问题，走到某一交叉路口看到的路标指示。我们确实较少训练学生。”“我们教材中的行程问题或者练习中的行程问题都是理想化的问题，主要有两种形式，一是用文字说清问题，二是结合线路图说清问题。与此题形式存在差异。”“学生读不懂路标，如果画了线路图，会做的学生一定会多一些。”……学生则认为“看不懂路标指示”“以前没做过这类型题目”“读不懂题目”等。

对于植树问题，访谈后发现也存在诸如“语言障碍”“没有做过这类题目”“想当然地认为公路两边都种树”等问题。

对于上述现象，究其原因并不完全是题项内容本身难度大，主要是数学教学内容缺乏与学生基本活动经验联系，教学方式缺少体验，造成解决现实问题困难，也就是所谓的“日常数学”与“学校数学”的冲突[①]。它是一个国际性的问题，在国外已经有相关的研究成果[②③④⑤]。这些现象在本书中再次得到检验。我们学生在现实生活中经常会看到指示的路标，而且学生能够按照路标指示抵达目的地，甚至知道还需要多少时间到达目的地。可是，在试卷上就变成“读不懂题目”“看不懂路标指示”等障碍，最终造成不能正确解答测试题，甚至是无从下手的地步。这是因为学生在做测试题时使用的是“学校数学”思维，要用“正规数学”的定律、法则、公式等形式来解决植树问题、行程问题，学生受到定势思维禁锢而难以再走进“日常数学”借助情境解决问题，产生“断裂感”。这正是问题的症结所在。

总体上，小学生几何直观能力是随着学生年级的增高而提高，并且四年级、五年级、六年级之间能力差异性显著（该结论仅限于四、五、六年级，可能七、八、九年级或高中也有此规律，需要进一步实证调查）。研究结果符合学生学习知识累积量的发展规律，与学生认知实际具有一致性。

三、小学生几何直观能力的性别差异

在数学学习中，性别差异一直是国际数学教育界测试比较研究中十分关注的一

①张和平，宋乃庆．文化差异与教育回归——对少数民族数学教育中文化差异产生障碍的认识[J].民族教育研究，2016(4)：77-83.

②Barton B. Anthropological perspectives on mathematics and mathematics education[C] // Bishop A J (ed.) International handbook of mathematics education. Boston：Kluwer Academic Publishers，1996.

③Bishop A J. Cultural Conflict in Mathematics Education：Developing a Research Agenda[J].For the Learning of Mathematics，1994，14 (2) :15-18.

④Bishop A. Mathematical Enculturation：A Cultural Perspective on Mathematics Education[M].Boston：Kluwer Academic Publishers，1988.

⑤郑毓信．民俗数学与数学教育[J].贵州师范大学学报(自然科学版)，1999(4)：90-95.

个课题，并取得比较一致的结论。Alyman和Peters[1]、Tate[2]等研究结果表明，在数学能力和成就上没有显著的性别差异；TIMSS 1995四年级数学测试分析结果认为有22个国家或地区的学生没有显著的性别差异[3]（除了韩国、荷兰和日本外）；TIMSS 2004四年级和八年级数学测试分析报告指出，在一般数学能力上男生有优势但没有显著性差异（Cohen'd=0.11和0.07）[4]。美国斯坦福大学麦卡毕（Maccoby）教授的研究也发现"在数学能力方面男女生无明显差异"[5]。

我们也把性别作为一个验证测评模型的视角，旨在考察基于测评模型编制的测试题测试结果是否与已有研究具有一致性。对测试总体的情况进行分析，数据结果如表8-22和表8-23所示。

表8-22　几何直观能力测试的性别比较

性别	均值	*N*	标准差
男	67.6410	571	19.02277
女	68.1160	500	19.19363
总计	67.8627	1071	19.09526

注：调查问卷中有22名学生在"性别"栏目没有填写，属于缺失。

表8-23　几何直观能力的性别差异显著性检验

		方差方程的Levene检验		均值方程的*t*检验						
		F	Sig.	*t*	*df*	Sig.（双侧）	均值差值	标准误差值	差值的95%置信区间	
									下限	上限
参与总分	假设方差相等	0.000	0.995	-.406	1069	.685	-.47502	1.17000	-2.77078	1.82074
	假设方差不相等			-.406	1047.894	.685	-.47502	1.17070	-2.77220	1.82216

①Alyman C, Peters M. Performance of male and female children, adolescents and adults on spatial tasks that involve everyday objects and settings[J]. Canadian Journal of Experimental Psychology, 1993, 47(4): 730-747.

②Tate W F. Race-ethnicity, SES, gender, and language proficiency trends in mathematics achievement: An update [J]. Journal for Research in Mathematics Education, 1997, 28(6): 652-679.

③鲍建生.追求卓越：从TIMSS看影响学生数学成就的因素[M].上海：上海教育出版社，2003：80.

④Lachance J A, Mazzocco M M M. A longitudinal analysis of sex differences in math and spatial skills in primary school age children[J]. Learning and Individual Differences, 2006, 16(3): 195-216.

⑤张春兴.教育心理学[M].杭州：浙江教育出版社，1998：380.

从表8-22中的数据可知，女学生的几何直观能力比男学生稍好。但从表8-23数据可知，方差方程的Levene检验$p=0.995>0.05$，均值方程的t检验$p=0.685>0.05$，表明被试学生在几何直观能力总体上不存在性别差异。三个能力指标的性别差异比较如图8-13所示，经进一步分析(表8-24)发现，小学生几何直观能力的三个能力指标在不同性别中也都没有显著性差异($p>0.05$)。

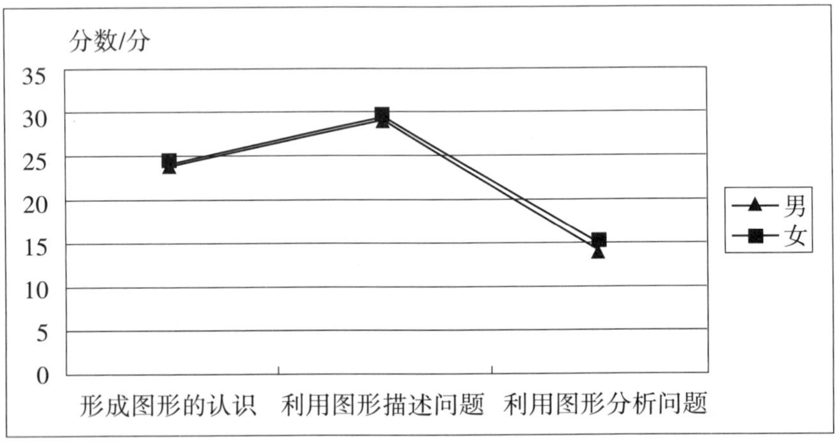

图8-13　三个能力指标测评均值的性别差异折线图

表8-24　三个能力指标测试成绩的性别差异显著性分析

		方差方程的Levene检验		均值方程的t检验						
									差值的95%置信区间	
		F	Sig.	t	df	Sig.（双侧）	均值差值	标准误差值	下限	上限
形成图形的认识	假设方差相等	1.354	0.245	−0.131	1069	0.896	−0.04676	0.35668	−0.74662	0.65311
	假设方差不相等			−0.131	1044.908	0.896	−0.04676	0.35713	−0.74752	0.65401
利用图形描述问题	假设方差相等	0.049	0.824	0.238	1069	0.812	0.10200	0.42785	−0.73753	0.94153
	假设方差不相等			0.238	1034.752	0.812	0.10200	0.42925	−0.74030	0.94431
利用图形分析问题	假设方差相等	0.302	.583	−0.725	1069	0.468	−.053152	0.73273	−1.96927	0.90622
	假设方差不相等			−0.725	1048.252	0.469	−0.53152	0.73310	−1.97003	0.90699

本测试的研究成果与已有研究具有一致性，说明基于构建的测评模型编制的自测试题在性别的测试中是可靠和适合的。

四、小学生几何直观能力的城乡差异

由于经济发展状况、教育资源配置、教育文化适应度等条件的差异，城市与乡镇学生教育发展水平存在差异，因此，城乡差异也是本书要考查的一个视角。关于学生数学学业城乡差异分析，已有一些研究成果，例如中央民族大学课题组在北京、甘肃两地城乡进行了抽样测查分析，该研究抽样测查了925份测试卷，具体数据统计结果如图8-14所示[①]。

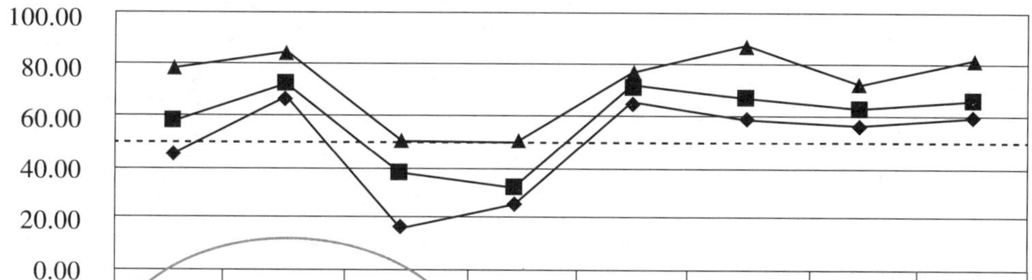

	数与代数	空间与图形	统计与概率	综合应用	教材作用	课程难易度	喜爱程度	学习习惯
	测试题模块				问卷分类			
—◆—乡县级	44.59	66.59	16.11	26.09	65.42	58.86	56.89	59.26
—■—省会	58.19	72.11	37.30	31.34	72.00	67.11	63.57	66.13
—▲—北京	79.41	85.53	50.58	50.00	77.63	88.42	72.63	82.29

图8-14　中央民族大学对城乡学生成绩差异的调查分析

从图8-14中数据看出，“数与代数”“图形与几何”“统计与概率”三大领域内容中北京市、省会城市与民族地区乡县级之间存在的差距比较明显。我们在浙江、山东、贵州、重庆等省（直辖市）以几何直观能力为例进行测试调查，也试图对小学生几何直观能力的城乡学生表现情况进行比较，一方面验证测评模型的一致性，另一方面了解小学生几何直观能力的城乡学生是否存在差异。

（一）城乡差异的总体情况分析

城乡小学是指城市和乡镇小学。城市小学是指包括县城在内的城市小学，乡镇小学是指乡镇中心小学及完小、村小等小学。在研究中，为了研究的目的，特抽取城市小学和乡镇小学进行测试，测查了解城乡学生成绩，寻找造成城乡学生成绩有差异

①贾旭杰，孙晓天，何伟．关于民族地区数学课程难度问题的研究与思考[J]．数学教育学报，2013，22(2)：33-36.

可能的原因。对总体的情况进行分析,数据结果如表8-25和表8-26所示。

表8-25　几何直观能力测试的城乡比较

城 乡	均值	*N*	标准差
城市	68.4043	653	18.11548
乡镇	66.4432	440	20.44798
总计	67.6148	1093	19.10384

表8-26　几何直观能力测试成绩的城乡差异性检验

		方差方程的Levene检验		均值方程的*t*检验						
		F	Sig.	*t*	*df*	Sig.（双侧）	均值差值	标准误差值	差分的95%置信区间	
									下限	上限
参与总分	假设方差相等	6.875	0.009	1.666	1091	.096	1.96111	1.17732	-.34897	4.27118
	假设方差不相等			1.627	863.506	.104	1.96111	1.20533	-.40462	4.32683

从表8-25数据可知,小学生几何直观能力测试总体平均分为67.6分,城市学生平均分是68.4分,乡镇学生平均分是66.4分,城市学生成绩高于乡镇学生成绩。但从表8-26数据可知,本书选择的城市学生成绩与乡镇学生成绩没有显著性差异(p=0.104>0.05)。

(二)城乡差异的具体情况分析

从上述城乡学生学业成绩的总体情况分析可知,总体上城市学生成绩均分比乡镇学生要高,但两者之间的差异性不显著。为进一步分析小学生几何直观能力各指标的情况,本书对三个能力指标和各个题项进行了分析,结果如表8-27、表8-28和图8-15所示。

表8-27　三个能力指标测试的城乡比较

城乡	形成图形的认识	利用图形描述问题	利用图形分析问题
城市	23.4793	29.8407	15.0766
乡镇	24.6932	28.3682	13.3818

从表8-27中的数据可知,对城乡学生的三个能力指标"形成图形的认识""利用图形描述问题""利用图形分析问题"测试成绩存在差异。从表8-28中数据可知,三

个能力指标的城乡差异具有显著性($p<0.05$)。同时在“均值差值”中的数据还表现，在“形成图形的认识”上乡镇学生比城市学生表现更好，而在“利用图形描述问题”和“利用图形分析问题”两个方面城市学生成绩比乡镇表现更好。

表8-28　三个能力指标测试成绩的城乡差异性检验

		方差方程的Levene检验		均值方程的*t*检验						
		F	Sig.	*t*	*df*	Sig.（双侧）	均值差值	标准误差值	差分的95%置信区间 下限	差分的95%置信区间 上限
形成图形的认识	假设方差相等	13.280	0.000	−3.408	1091	.001	−1.21386	.35614	−1.91266	−.51505
	假设方差不相等			−3.355	889.102	.001	−1.21386	.36186	−1.92405	−.50366
利用图形描述问题	假设方差相等	15.190	0.000	3.433	1091	.001	1.47255	.42891	.63097	2.31414
	假设方差不相等			3.300	809.610	.001	1.47255	.44627	.59658	2.34853
利用图形分析问题	假设方差相等	4.784	0.029	2.300	1091	.022	1.69475	.73669	.24927	3.14024
	假设方差不相等			2.272	900.577	.023	1.69475	.74595	.23074	3.15876

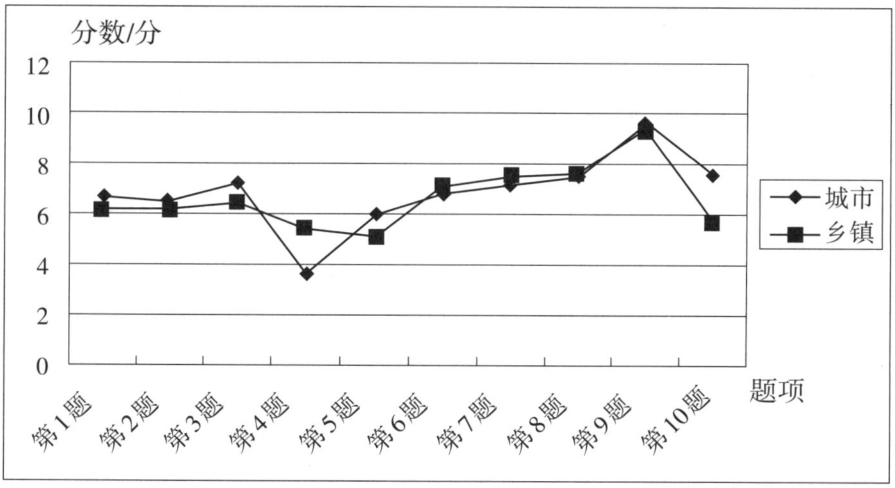

图8-15　各个题项得分的城乡差异比较

由图8-15数据可以看出，第1～3题、第5题、第9～10题城市学生成绩高于乡镇，而第4题和第6～8题乡镇学生成绩高于城市，特别是第4题，即在折叠展开能力上乡镇学生有明显优势。通过访谈得知，乡镇学生有更多的动手操作体验经历。

总之，城市学生几何直观能力比乡镇学生高，两者在三个能力指标上差异性显著，这与我国已有研究成果基本一致。

除了上述的研究成果外，通过深入分析还发现了一些具体的成果，包括小学生在形成对图形的认识、利用图形描述问题的能力上表现得要好，而小学生在利用图形分析问题的能力上表现比较差，也体现在数与代数领域的综合运用上能力不足；学生普遍在动态知识（折叠与展开等）的认识过程中遇到障碍，四、五年级学生对"用图形表示分数的意义"掌握有困难；学生在学习中出现"学校数学"与"日常数学"的冲突，文字比较长的应用题对学生解题来说是重大障碍；在形成图形的认识上乡镇学生明显比城市学生表现好等。这些发现对小学数学教育教学具有积极的参考意义。

五、小学生几何直观能力的民族特征

多项调查结果显示，小学阶段少数民族学生的数学学习平均成绩低于同地区（同县、乡镇）汉族学生约10～20分[①]。吕世虎、孙名符等对藏、汉学生的数学思维能力和学习学校数学课程的能力进行了跨文化比较研究，在《藏、汉儿童数学思维能力发展差异性的研究》[②]、《藏、汉中学生数学能力发展水平的比较研究》[③]等文章中介绍了研究的方法和结果，研究结果表明，藏族学生的数学思维能力和学习学校数学课程的能力都显著低于同地区的汉族学生[④]。藏族是有语言有文字的民族，他们在日常生活中使用藏文进行书写与交流，而在西南少数民族地区，大部分少数民族，包括苗族、侗族、布依族、瑶族、畲族、土家族、仡佬族、仫佬族等有语言没有文字（1957年国务院通过了改制和创制少数民族文字的提议，我国以拉丁字母为基础为壮、彝、苗、侗等12个民族改制和创制文字）或者在日常生活中不用本民族文字进行交流[⑤]。那么，在西南少数民族地区关于数学思维能力和学习学校数学课程的能力方面是否存在汉族学生明显高于少数民族学生的情况[⑥]？为做好少数民族地区数学教育教学工作，这些问题需要思考、了解与研究。

①郑新蓉，王学男．少数民族理科学习困境的因素分析[J]．教育学报，2015，11(1)：63-70.

②孙名符，吕世虎，王仲春．藏、汉儿童数学思维能力发展差异性的研究[J]．教育研究，1991(8)：57-63.

③吕传汉．文化背景与民族教育[M]．贵阳：贵州教育出版社，1991：266-273.

④吕世虎，付敏，孙名符，等．藏、汉学生智力因素和非智力因素对数学能力发展影响的跨文化研究[J]．教育研究，1995(1)：70-74.

⑤张和平，毛家贵．新时代民族地区双语教育的内涵、特征及问题研究[J]．凯里学院学报，2019，37(1)：90-93.

⑥2016年11月在贵阳召开的"学校民族民间文化教育传承创新研究"课题进展检查工作汇报中，教育部民族教育发展中心张强主任提出："在西北民族地区同一文化背景汉族学生学业成绩明显高于少数民族学生，在西南少数民族地区是否也存在这样的情况？原因何在？"他认为，这些情况需要研究，相关部门需要进行监测，以了解、掌握情况．

鉴于此，本研究从1093个调查数据中提取了在贵州黔东南苗族侗族自治州测查的四、五、六年级863名学生试卷进行分析，旨在考查同一民族地区汉族学生与少数民族学生在几何直观能力方面的发展是否存在差异。

(一)总体特征分析

通过对数据进行统计处理，具体结果如表8-29和表8-30所示。

表8-29 同一民族地区汉族与少数民族学生几何直观能力发展差异

	民族	*N*	均值	标准差	均值的标准误
总成绩	汉族	110	68.2091	18.93499	1.80538
	少数民族	753	66.4781	19.30563	.70354

表8-30 同一民族地区汉族与少数民族学生几何直观能力发展差异性检验

		方差方程的Levene检验		均值方程的*t*检验						
		F	Sig.	*t*	*df*	Sig.（双侧）	均值差值	标准误差值	差分的95%置信区间 下限	差分的95%置信区间 上限
总成绩	假设方差相等	.429	.513	.881	861	.379	1.73100	1.96584	−2.12739	5.58940
	假设方差不相等			.893	144.137	.373	1.73100	1.93762	−2.09881	5.56082

由黔东南苗族侗族自治州的5所小学（ESYX、LTXX、DPXX、SLXX、JNXX）的863名学生的测试成绩可以看出（表8-29），测试卷总分为100分，汉族学生成绩均分是68.2091分，少数民族学生成绩均分为66.4781分，均分大约相差2分，差距不大。表8-30显示，同一民族地区的汉族学生与少数民族学生成绩没有显著差异（$p>0.05$）。

(二)各题项的得分差异比较

尽管上述数据表明黔东南苗族侗族自治州的汉族与少数民族学生成绩总体上没有显著差异，但是汉族的均分是高于少数民族学生的成绩，那么是否存在某些题项具有显著差异呢？为此，我们对各测试题进行差异比较分析，数据结果如表8-31与图8-16所示。

表8-31 各题项汉族与少数民族学生成绩差异比较

	1	2	3	4	5	6	7	8	9	10
汉族	6.43	6.36	6.76	3.27	6.36	7.20	7.39	7.55	9.32	7.55
少数民族	6.39	6.34	6.81	4.11	5.48	7.04	7.21	7.13	9.44	6.52

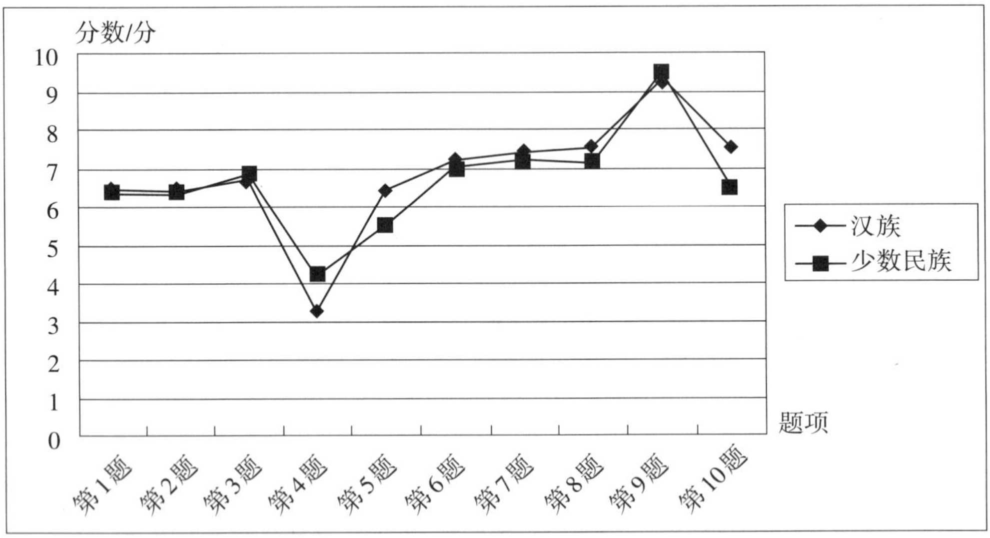

图8-16 各题项汉族与少数民族学生成绩差异比较

从表8-31和图8-16可以中看出，总体上汉族学生成绩高于少数民族学生，这结论与我国相关研究①具有一致性。但是也有特殊，第3题、第9题少数民族学生成绩稍高于汉族学生，第4题少数民族学生成绩明显占优势。这些差异是否具有统计学上的显著性意义呢？进一步分析数据可知，除了第4、第5题具有显著性差异($p<0.05$)外，其他题项均无显著差异，数据如表8-32所示。这说明，第4题少数民族学生成绩高于汉族学生且具有显著性，而第5题汉族学生成绩高于少数民族学生也具有显著性。

表8-32 各题项同地区汉族与少数民族学生成绩差异显著性检验

		方差方程的Levene检验		均值方程的 t 检验						
		F	Sig.	t	df	Sig.（双侧）	均值差值	标准误差值	差分的95%置信区间 下限	差分的95%置信区间 上限
1	假设方差相等	.166	.684	.203	861	.840	.041	.202	-.355	.436
	假设方差不相等			.207	144.731	.837	.041	.197	-.349	.431
2	假设方差相等	.052	.820	.113	861	.910	.024	.209	-.386	.433
	假设方差不相等			.114	143.630	.909	.024	.207	-.385	.432

①吕世虎，付敏，孙名符，等.藏、汉学生智力因素和非智力因素对数学能力发展影响的跨文化研究[J].教育研究，1995(1):70-74.

续表

		方差方程的Levene检验		均值方程的 t 检验						
		F	Sig.	t	df	Sig.(双侧)	均值差值	标准误差值	差分的95%置信区间	
									下限	上限
3	假设方差相等	.100	.751	-.159	861	.873	-.046	.291	-.619	.526
	假设方差不相等			-.157	141.366	.875	-.046	.296	-.631	.538
4	假设方差相等	20.995	.000	-2.057	861	.040	-.839	.408	-1.639	-.038
	假设方差不相等			-2.076	143.632	.040	-.839	.404	-1.637	-.040
5	假设方差相等	53.016	.000	3.086	861	.002	.879	.285	.320	1.438
	假设方差不相等			4.003	181.170	.000	.879	.220	.446	1.312
6	假设方差相等	1.469	.226	.594	861	.552	.156	.263	-.360	.672
	假设方差不相等			.628	148.461	.531	.156	.249	-.335	.647
7	假设方差相等	.008	.929	.469	861	.639	.184	.391	-.585	.952
	假设方差不相等			.465	141.870	.643	.184	.395	-.597	.965
8	假设方差相等	.860	.354	.662	861	.508	.422	.637	-.828	1.671
	假设方差不相等			.674	144.362	.502	.422	.626	-.816	1.659
9	假设方差相等	1.493	.222	-.599	861	.549	-.124	.207	-.530	.282
	假设方差不相等			-.538	133.928	.591	-.124	.230	-.580	.332
10	假设方差相等	1.379	.241	1.316	861	.188	1.035	.787	-.509	2.579
	假设方差不相等			1.291	140.925	.199	1.035	.802	-.550	2.621

(三)民族地区的汉话区与民族语言区小学生几何直观能力发展情况

在调查中,我们关注年级、性别、城乡、民族等差异的同时,还发现民族语言区(大部分小学生在日常交流中几乎都使用民族语言交流的区域)小学生比汉话区(即小学生较早使用汉话交流的区域,或汉化程度较高的区域)小学生成绩要差得多。我们在重庆、贵州两个省(直辖市)调查了6个学校,各学校学生民族分布及语言交流情况如表8-33所示。

表8-33　学校学生民族及语言交流情况表

	学校名称	学校情况说明
城市小学	ESYX	少数民族学生与汉族学生，几乎汉语交流
	SJEX	全部是汉族学生，日常全用汉语交流
乡镇小学	LTXX	大部分是少数民族学生，经常用汉语交流
	JNXX	全是少数民族学生，日常全用民族语言交流
	SLXX	几乎是少数民族学生，日常多用汉语交流
	DPXX	几乎是少数民族学生，日常多用汉语交流

从表8-33的数据中可知，JNXX的学生全是少数民族学生，在日常生活中都是用本民族语言进行交流。对数据统计分析结果如表8-34所示。

表8-34　JNXX学生各题项均分及平均总分情况　（单位：分）

	1	2	3	4	5	6	7	8	9	10	平均总分
四年级	4.95	5.12	5.27	3.71	2.39	6.05	4.10	1.76	5.61	0.00	38.95
五年级	6.22	6.22	6.76	5.33	3.58	5.33	4.71	3.02	9.78	0.47	51.42
六年级	5.21	6.02	5.21	5.58	4.07	7.63	8.14	5.81	9.65	4.09	61.41

从表8-34的数据中看出，四年级平均总分38.95分，五年级是51.42分，六年级是61.41分，均分都很低。特别是第8题和第10题，四年级学生第8题（总分17分）均分是1.76分，第10题（总分18分）均分是0分。五年级、六年级学生的第8题、第10题均分也非常低。

把JNXX与6所学校全体学生、SJEX（全部是汉族学生，日常全用汉语言交流）学生测试成绩均值相比较，结果如表8-35和图8-17所示。

表8-35　JNXX与6所学校、SJEX的学生测试均值比较　（单位：分）

	6所学校均值	SJEX均值	JNXX均值
四年级	54.59	76.49	38.95
五年级	69.05	68.88	51.42
六年级	77.28	81.20	61.41
总计	66.97	75.52	50.60

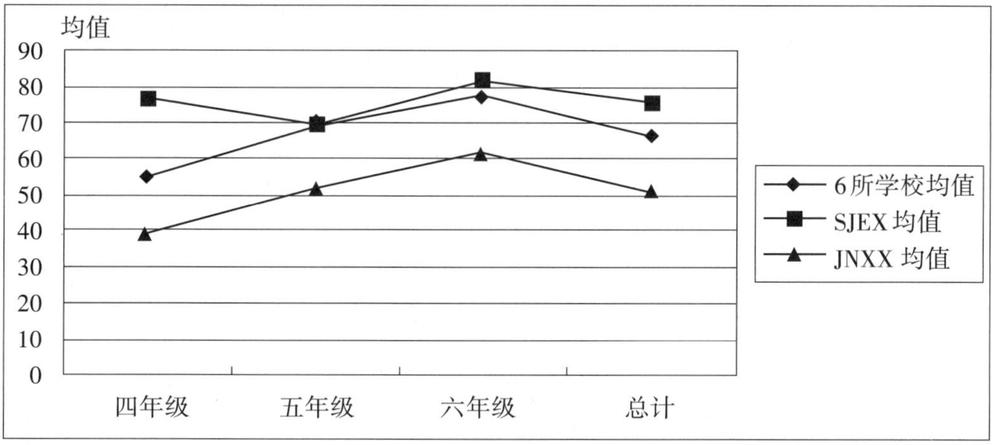

图 8-17　JNXX 与 6 所学校、SJEX 的学生测试均值对比

由表 8-35 和图 8-17 的数据，“日常全用汉语交流”的 SJEX 学生成绩均值要高于 6 所学校均值和 JNXX 均值，特别是明显高于“日常全用民族语言交流”的 JNXX 学生。究竟是什么原因产生这些差异？为什么 JNXX 学生第 8 题、第 10 题均分如此低甚至 0 分？经与任课教师和参与测试学生交流发现，主要是以下的观点。老师认为“这类问题在课堂上很少遇到”“我们教材中的行程问题或者练习中的行程问题都是理想化的问题，像路标这样的题目很少训练”等，学生认为“读不懂路标指示”“以前没做过这类型题目”“读不懂题目”等。对测试题以及师生的观点进行深入分析，针对“日常全用民族语言交流”的 JNXX 学生来说主要原因是语言文字转换的障碍。JNXX 是苗族聚居区域的学校，苗族语言与汉语对照，在某些方面存在语序结构差异或是某些词汇缺失等现象，造成语言文化冲突。因此，在解决诸如植树问题、行程问题等的数学应用题时学生将会遇到障碍，造成学习困难。

第九章

小学生几何直观能力培养路径

开展此项研究工作,目的至少有两个方面:一方面是提高自己专业知识和科研素养,使自身得到发展,能更好地服务于教育教学;另一方面是通过研究发现问题、总结经验,形成解决问题的参考、对策或建议。

随着基础教育课程改革的深入,整个教育界对发展学生数学素养空前的关注[①②③④]。几何直观能力是数学素养的重要指标,我国数学课程很重视几何直观能力的培养,《标准(2011年版)》把“几何直观”列为核心概念,在《标准(2011年版)》中5次提到“几何直观”。随着《标准(2011年版)》的推行,当前我国小学数学课程教材也安排有诸多相应的教学内容,但在调查中一线老师仍然反映对于培养学生几何直观能力方面的教学目标要求不够明确,针对性不是很强。我们通过实证调查探索测评指标和构建测评模型,开发测试工具,测试分析一部分小学生几何直观能力的特征,对数学教育专家、一线教师与教研员进行访谈,了解和发现学生发展几何直观能力的过程中普遍出现的一些困难和短板,诸如学生“用图形表示数及其运算”表现不足、学生在动态知识(折叠与展开等)的认识过程中遇到障碍,以及学生在学习中出现“日常数学”与“学校数学”冲突等问题,基于研究的结果,对小学阶段的数学课程建设、课堂教学与评价提出一些可供参考的思考与建议。

第一节　对课程中几何直观培养目标的重构

一、课程建设总体框架构建

实证研究发现,形成图形的认识、利用图形描述问题和利用图形分析问题是几何直观能力培养的三个目标点,但《标准(2011年版)》和小学数学课本缺少相应的、系统的具体内容设置。在《标准(2011年版)》中的第一学段目标看似没有直接要求培养学生几何直观能力,但其实是有要求,只是要求层次比较低[⑤]。针对研究的指标体系构

①张侨平.西方国家数学教育中的数学素养:比较与展望[J].全球教育展望,2017(3):29-44.

②王娅婷,毛秀珍.数学素养的测量及评价[J].数学教育学报,2017(3):73-77.

③王光明,张楠,周九诗.高中生数学素养的操作定义[J].课程·教材·教法,2016,36(7):50-55.

④辛涛,姜宇,刘霞.我国义务教育阶段学生核心素养模型的构建[J].北京师范大学学报(社会科学版),2013(1):5-11.

⑤张和平.对小学第一学段几何直观目标要求的认识[J].教学与管理(小学版),2016(11):54-56.

建和测评结果，本书对小学阶段学生几何直观能力发展有关的课程内容进行了总体的设计思考，见表9-1所示。

表9-1　小学阶段几何直观能力培养的课程建设框架

领域内容	第一学段	第二学段
图形与几何	了解和认识实物，由物体抽象出图形，认识基本图形、估测长度、感受简单图形的运动及其相对位置；能用实物或图形表示长度、面积，能画简单的图形；等等	认识图形、估计图形面积大小、认识图形的运动、确定图形的位置；能用图形表示面积、体积，能画基本图形；等等
数与代数	用实物或图形帮助识数（如自然数），能用实物或图形表示数的大小，用实物或图形表示数的运算（如自然数四则运算等），能画简单线路图来帮助思考、理解实际问题，用图形关系列算式，利用图形解决简单的问题，等等	能用图形帮助理解数的意义（如整数、小数、分数等），用图形表示数的运算（如小数、分数、倍数等），能根据实际问题画线路图，根据图形关系建立数量关系，如在行程问题中根据图形列算式或方程等，能利用图形解决问题，等等
统计与概率	认识简单的统计图和表，并能用表格、图形对简单数据进行整理，等等	能用表格、图形整理数据，能用条形统计图、扇形统计图、折线统计图直观有效地表示数据，等等

需要说明的是，尽管在测评研究中没有测评第一学段学生的能力发展情况，但通过对数学教育专家、一线优秀教师和教研员的咨询、访谈，对第一学段学生的观察和交流以及对《标准（2011年版）》目标要求的分析，在第一学段应该设置有相应的学习内容。因此，在此对整个小学阶段课程内容设置通过列举方式进行一并考虑。表9-1是针对小学生几何直观能力培养设计的数学课程内容，对课程教材建设以及教学都具有参考价值。鉴于数学课本已经有一些相关内容呈现但教师依然对目标认识不足的实际，特别建议，在教师用书中需要明确包括几何直观能力在内的各个核心概念的培养目标，细化学段指标，便于教师的课堂教学实施，不仅教学知识，更要关注能力培养。

二、课程建设具体思考

在测评指标探索和测试研究中还发现一些具体的问题，针对存在的问题在课程教材建设中还提出如下一些思考和建议。

（一）在认识图形过程中增加动态素材容量

关于图形变换（如折叠与展开等）的认识有一些研究成果，有学者分析了小学生关于一次、二次折叠与展开的研究（各2个题），结果表明四、五、六年级得分率都是0.6以上（Ⅱ部分），数据如图9-1所示。

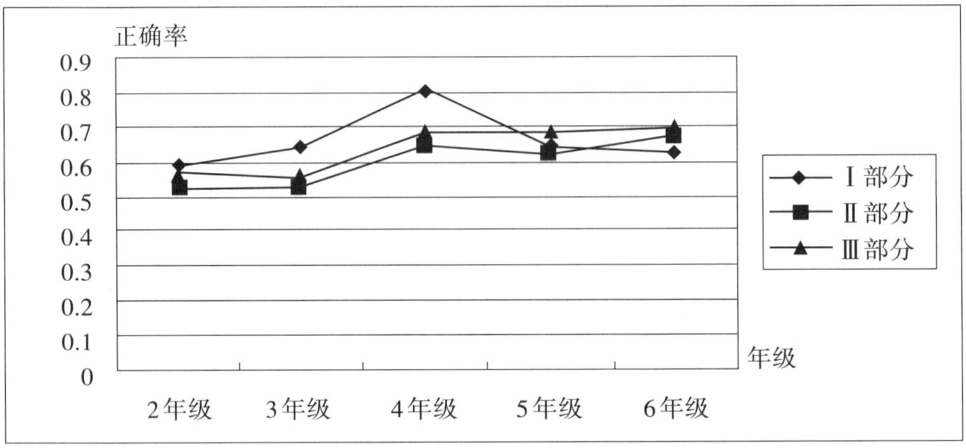

图9-1　已有对“折叠与展开”测试(Ⅱ部分)的研究结果

已有研究的结论是,折叠的次数(从空间观念视角研究)对不同年级的学生来说有不同的结果,二、三年级的学生更适合在一次折叠的水平上解决问题,而涉及两次折叠的问题对于低年级的学生来讲就与高年级学生的表现存在显著性的差异①。在研究中还设计了一次折叠与展开测试(与已有研究同一测试题),分析结果发现,学生普遍在此认识过程中遇到障碍,即全体学生均分得分率是0.54,四年级学生得分率是0.43,更别说是二次折叠与展开的层次。

这两次测试结果有差别但也有一致性。尽管前一次测试四、五、六年级成绩得分率高于0.6,但是Ⅱ部分即折叠与展开是这三个测试内容(即Ⅰ、Ⅱ、Ⅲ)中成绩最差的一部分,而在本测试中同样也是成绩最差的一个部分。因此,总体上学生对动态的图形素材(折叠与展开等)认识有困难。

基于上述的分析,研究认为,在小学数学课程的内容设置(图形的认识)中要加大动态素材的容量包括平移、对称(包括折叠与展开)、旋转等,注重操作性活动的开展,为小学生累积基本活动经验提供平台。

(二)在数学课本中注重由“日常数学”到“学校数学”的过渡

从“利用图形分析问题”能力的测试分析中发现,第8题植树问题和第10题行程问题得分率很低,分别是0.44和0.38。第8题是数学新教材五年级上册的“数学广角”的教学内容,第10题是TIMSS 2015小学四年级数学测试题。这两个题都不是什么怪题、难题,是学生在现实生活中经常遇到的实际问题,但是学生的得分率却很低,有些学校四年级全体学生第10题甚至全是0分。分析之后发现原因很多,但主要原因是

①刘晓玫.小学生空间观念的发展规律及特点研究[D].长春:东北师范大学,2007:37-39.

课本例题、习题更多的是经典、理想化素材,往往对现实生活中的数学(日常数学)进行了精细加工、提炼,当学生遇到“日常数学”与“学校数学”冲突时,更多考虑的是“学校数学”的解决方案,从而造成学生学习困难。

因此,建议在小学数学课本中注重现实生活问题解决的呈现形式,特别是小学低年级的教材要更多设计解决学生生活中的问题,教材编写中尽量保持情景问题的原形,数学课本还要提供体验“日常数学”与“学校数学”问题解决的通道机会,促进从“日常数学”到“学校数学”的过渡。但我们也要清醒地认识到,从数学的历史发展中容易发现数学内容的几何直观水平逐渐减弱,更多抽象知识逐渐占优势[①]。因此,在数学课程教材建设中义务教育阶段的第一学段几何直观有更大优势,教材知识内容要尽量直观,便于学生理解和掌握,第二学段、第三学段到高中数学教材内容呈现直观性将逐渐减弱。

第二节　开展有针对性、发展性的课堂教学

在对部分小学生几何直观能力进行测试分析中发现,学生存在诸如动态知识掌握缺乏、“日常数学”与“学校数学”冲突、不能用图形表示分数的意义以及缺乏画图分析问题的习惯等问题,这些问题的解决更多是依靠课堂教学来解决。

一、有层次地培养学生几何直观能力

针对《标准(2011年版)》中关于“几何直观”要求以及一线教师的疑虑(诸如第一学段是否需要培养学生几何直观能力?第二学段仅仅是“感受几何直观的作用”?等等),有必要对《标准(2011年版)》和课本进行综合分析。《标准(2011年版)》指出:“几何直观是指利用图形描述和分析问题。借助几何直观可以把复杂的数学问题变得简明、形象,有助于探索解决问题的思路,预测结果。几何直观可以帮助学生直观地理解数学,在整个数学学习过程中都发挥着重要作用。”这些话展现了几何直观的描述性定义、意义与作用。在《标准(2011年版)解读》[②]中指出在整个数学教育中都应该重

①Longo G, Viarouge A. Mathematical intuition and the cognitive roots of mathematical concepts[J].Topoi: An International Review of Philosophy, 2010, 29(1): 15-27.

②史宁中.义务教育数学课程标准(2011年版)解读[M].北京:北京师范大学出版社,2012:92-95.

视几何直观，培养几何直观能力应该贯穿义务教育数学课程的始终。因此，从学段上讲，在第一、二、三学段都要培养学生几何直观能力。

对《标准(2011年版)》的课程目标分析不难发现，各学段对“几何直观”的目标要求是不同的，其安排顺序是：发展空间观念(第一学段)—感受几何直观的作用(第二学段)—初步建立几何直观(第三学段)。在学段目标中第一学段看似没有对几何直观能力培养提出要求，事实上，空间观念是几何直观发展的基础，在文献综述中分析可知，空间观念和几何直观关系密切、有交叉之处，在《标准(实验稿)》中还没提出“几何直观”一词时就把很多“几何直观”的课程目标放在“空间观念”里陈述，可以说它们共同构成“图形与几何”课程的主要目标。因此，第一学段的课程目标对“几何直观”是有要求的，只是层次相对较低，包括认识实物、由物体抽象出图形、认识和会画简单图形、能度量简单物体、能体会利用示意图描述问题和分析问题的作用等，在数学课本中也得到验证。因此，在第一学段的教学中要注意对学生几何直观能力的适当培养①。

在《标准(2011年版)》中对第二学段的要求是“感受几何直观的作用”。关键动词是“感受”。在《标准(2011年版)》的“附录1”“有关行为动词的分类”中解释“经历”的同类词是“感受”“尝试”。对“经历”的解释是：“在特定的数学活动中，获得一些感性认识”。从这个解释中发现，课程目标对“感受几何直观的作用”要求可能低了。对学生课本分析发现，在四年级、五年级就已经有通过画图来分析行程、植树等问题。因此，在本学段应该达到掌握一些画图、读图技能，并利用图形描述与分析简单的数学问题的目标。然而，研究结果发现，四、五、六年级学生普遍在行程问题、植树问题等学习中遇到障碍，能力表现不足，在教学中应加强对突出问题的引导和解决。

二、利用测评指标进行有针对性的教学

本书基于构建操作性定义、探索测评指标和测试分析等研究成果提出培养小学生几何直观能力的策略，特别是按照“小学生几何直观能力测评指标分解表”开展课堂教学，改变了多年来从单一的教师或单一的学生角度去探讨几何直观能力的培养模式。这个思路抓住了几何直观能力的本质特征，抓住了数学素养的核心部分，体现了“淡化形式、注重实质”②的一种教育教学理念。

①张和平.对小学第一学段几何直观目标要求的认识[J].教学与管理(小学版),2016(11):54-56.

②陈重穆,宋乃庆.淡化形式 注重实质[J].数学教育学报,1993(2):4-9.

(一)培养学生"形成图形的认识"能力

形成图形的认识,是指能由具体物体抽象成图形,形成对图形及其形状的认识,并会画基本图形及度量简单物体的能力。由此可知,这一个行为维度主要体现在"图形与几何"领域的学习上。在《标准(2011年版)》中的"图形与几何"(第一、二学段)主要内容分图形的认识、测量、图形的运动、图形与位置四个部分。第一学段"图形的认识"课程内容[①]包括:

·能通过实物和模型辨认长方体、正方体、圆柱和球等几何体。

·能根据具体事物、照片或直观图辨认从不同角度观察到的简单物体。

·能辨认长方形、正方形、三角形、平行四边形、圆等简单图形。

……

上述课程内容以及一年级下册数学课本"认识图形(二)"[②]都只是设计辨认长方形、正方形、平行四边形、三角形、圆等,并没有明确对从物体抽象出图形呈现过程提出要求。通过对数学教育专家、一线数学教师与教研员进行访谈后得知,他们认为由具体物体抽象成几何图形意义重大。因此,我们在"图形与几何"领域的教学中要注重从具体物体抽象成图形的发生、发展过程,注重学生的识图、画图、读图能力的培养。

在测试分析中发现,我们学生的"折叠与展开"能力普遍比较差,全体学生平均得分率是0.54,四年级学生平均得分率是0.43。尽管《标准(2011年版)》与数学课本设计有"图形的运动"(平移、旋转、对称)模块学习,但是学生依然存在学习困难,需要解决动态问题能力的不足。同时,研究发现,在"折叠与展开"方面乡镇学生比城市学生有明显优势,探究原因得知,乡镇儿童对操作性、动态性事情有更多的体验,他们经常"玩"过这些"游戏"。因此,我们建议,要吸收经验与教训,在"图形的运动"模块教学中要注重学生动手操作,尽可能让学生真实体验变化的过程。

(二)培养学生"利用图形描述与分析问题"的能力

第七章对小学生几何直观能力的3个一级指标与9个二级指标进行认同度问卷调查,结果显示,"利用图形描述问题"的认同度比"形成图形的认识""利用图形分析问题"都低,在二级指标中"用图形表示数及其运算"认同度最低,是4.17,"用图形表示几何问题"倒数第二,是4.26,它们都是"利用图形描述问题"二级指标,说明小学数

①中华人民共和国教育部.义务教育数学课程标准(2011年版)[S].北京:北京师范大学出版社,2012:18.

②课程教材研究所,小学数学课程教材研究开发中心.义务教育教科书 数学(一年级下册)[M].北京:人民教育出版社,2012:2.

学教师对“利用图形描述问题”关注较少，甚至忽视。对于“利用图形分析问题”指标，经调查或咨询得知，专家、一线教师都认为这一指标很重要，是几何直观能力的核心部分。但在小学四、五、六年级数学教学中可能重视不够，或者教学方法策略不具有针对性，造成教学效果不佳。

另外，从测试结果也能发现课堂教学中需要关注的一些问题，例如，第7题即“用分数表示下列两个图形的阴影部分面积，并比较这两个分数大小”。该题得分的方差为14.181，波动性很大，且得分率不高，这与教师对“用图形表示数及其运算”的关注较少有关（图8-1）。学生答案形式多样，但比较集中的错误类型主要有下列三种情况，如图9-2所示。

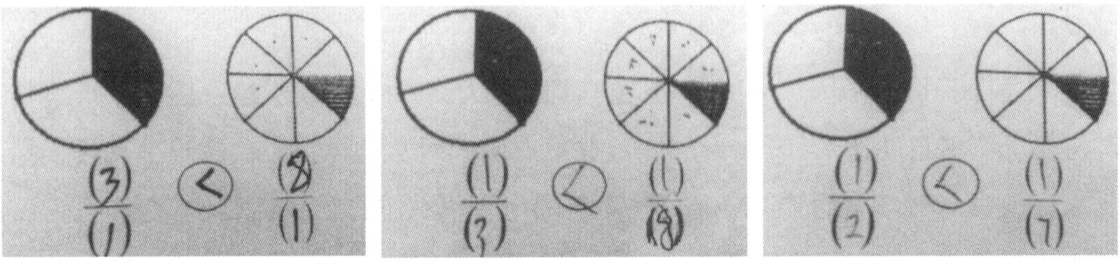

图9-2　第7题学生解答错误类型

从图9-2中看出，第一幅图说明学生不明白图中“用分数表示的阴影部分面积”是什么意思，第二幅图说明学生明白阴影部分面积但不会利用阴影部分图形大小来判断比较两个分数的大小，第三幅图说明学生没有理解分数的意义甚至不理解题意，造成解答结果不正确。

其实第8题和第10题如果学生能正确地“用图形表示现实问题”即依题意画出一个正确的示意图，利用图形分析问题就可以得出正确答案。

然而，上述这3个题目事实上是“数与代数”领域的内容，在第八章中的测试分析结论是“数与代数”领域学生成绩最低，说明小学生几何直观能力在“数与代数”领域中表现不足。因此，我们建议，一方面，按照“小学生几何直观能力测评指标及其具体描述”（详见表6-5）中的“利用图形描述问题”3个二级指标（用图形表示数及其运算、用图形表示几何问题、用图形表示现实问题）和“利用图形分析问题”3个二级指标（借助图形探索问题思路、由图形建立数量关系、利用图形解决问题）开展针对性的教学；另一方面，要在“数与代数”领域教学中加强对学生几何直观能力的培养，加强“利用图形描述和分析问题”的教学，特别是加强“用图形表示数及其运算”的教学，使算术或代数问题图形化，把抽象问题变成直观形象，借助图形直观认识新知识和解决问题。

三、利用图形直观指导学生数学学习

由于很多数学题是比较抽象的，特别是应用题，都是用抽象语言符号表达题目的意思，造成小学生对语言文字表达复杂、抽象的问题理解产生障碍。在解决问题的过程中，学生需要把现实问题转化成数学问题，甚至再把数学问题转化成几何图形问题，便于学生直观理解。因此，在小学数学教学中要善于引导学生借助图形直观描述与分析数学问题，把复杂的数学问题变得尽量可触摸、可操作、可观察，使问题变得简单、形象，有助于学生理解数学知识，有助于学生探究解决问题的思路，从而使学生喜欢数学，学好数学。正如Mary等说的一样，在教导数学学习困难的学生解题时，让学生会画出示意图是一种辅助策略①。

此外，也要加强提升教师自身几何直观素养。新课程改革对发展和培养学生几何直观能力尤为重视，使教师在学生的教育阶段承担了重要的培养任务。教师自身的几何直观素养，不管是在理论知识方面还是在实践教学方面都对学生的几何直观能力是否达到课程标准的要求产生直接影响。有研究发现，有些教师只是停留在课本知识的教学中，在涉及几何直观的结构和几何直观的内涵方面，教师的理解是比较浅显和片面的，大多数教师只是知道几何直观是课标中新纳入的核心概念，但是对于其内涵的理解以及上课如何教学，他们没有专门探讨、学习过②。因此，教师应该抓住学校组织的教研和培训机会，在学校营造的教研学习氛围中，深入认识几何直观的价值，加强对几何直观内涵的理解，特别是依据学生几何直观能力的测评指标体系掌握几何直观素养相关知识。另外，教师可以在教研活动中不断提出相关问题，通过提问、讨论分析、交流成果等方式，提高学校教研活动的针对性和学习效率，将学习到的理论知识付诸教学实践，不断反思和改进，促进教师几何直观素养发展。只有对几何直观进行系统的学习和研究，才能更深入地了解几何直观的知识体系，根据教授班级学生的发展特点和具体情况实施教学，提高学生几何直观能力水平。

①Anne M, Landi G. Helping students with learning disabilities make sense of word problems [J]. Intervention in School and Clinic, 2001, 37(1): 13-18.

②韩云雪.小学生几何直观能力的调查研究——以上海市D小学为例[D].上海:上海师范大学,2021.

第三节　实施有建设性育人目标的多元评价

当前学界对学生学习评价方式提出众多不同的形式，依据不同目的有不同的分类，诸如结果评价、过程评价与综合评价，诊断性评价、形成性评价和总结性评价，以及表现性评价和发展性评价等。2013年教育部启动的教育质量综合评价改革实验，也称作认定性评价，主要是提供管理、考核两种基本功能[①]。2014年《国务院关于深化考试招生制度改革的实施意见》提出了“两依据一参考”模式，综合素质评价开始受到前所未有的重视。2015年正式启动的教育质量监测，明确提出决策性评价改革。由此，教育评价在应用上出现了分化：第一个是决策性评价，即教育质量监测；第二个是认定性评价，即教育质量管理、考核性评价；第三个是服务性评价，即诊断、甄别和教学育人服务。[②]教育评价可分为宏观、中观和微观三个层次，针对学科知识技能、数学思考、问题解决和情感态度的评价，选择恰当的评价方式对学生和教师发展甚至是教育发展至关重要。

2001年基础教育课程改革启动，至今已有20余年。2021年，北京师范大学中国教育创新研究院院长刘坚教授在回答《中国教师报》记者采访时指出，新一轮课程变革，把课程发展的重心指向教学方式的变革、学习方式的变革、评价方式的改革、管理方式的变革，这些方面的追求是新课程的应有之义。“几何直观”是《标准（2011年版）》的一个核心概念，在《标准（2011年版）》的总目标“数学思考”中明确：“建立数感、符号意识和空间观念，初步形成几何直观和运算能力，发展形象思维与抽象思维。”[③]因此，对几何直观能力的评价属于课程目标“知识技能”“数学思考”“问题解决”等综合范畴，相比“知识技能”是一项比较复杂工程。本书基于相关研究成果，为促进教育发展，建议从以下几个方面对学生几何直观能力进行评价。

一、围绕几何直观能力测评指标实施评价

“以评促教，以评促学，评教合一”[④]，这是测评在教学中的意义体现。蒋澍指出：“2017年，核心素养是一个热点问题……关于核心素养、关键能力的评价问题也需要

①张勇.测评技术是影响教育评价改革的关键[N].中国教育报，2019-03-28(7).

②张勇.测评技术是影响教育评价改革的关键[N].中国教育报，2019-03-28(7).

③中华人民共和国教育部.义务教育数学课程标准(2011年版)[S].北京：北京师范大学出版社，2012:9.

④周婷婷.我国高校学生评教指标体系的比较研究[D].汕头：汕头大学，2007.

我们开展实证研究。对于素养的评价更难把握，如果对核心素养评价的研究不能取得突破，那么教学最终就很可能出现偏差。”[①]《标准（2011年版）》把“几何直观”列为核心概念，它的提出有利于教师把握课程内容的线索，抓住教学中的关键。然而，当前我国数学教育教学对几何直观能力的测评还在探索中，还没有更好的办法，特别是没有一个可参照的测评工具和考查方法。有研究认为，破解中国学生发展核心素养评价难题，更好地培养学生的数学核心素养，亟须研制以核心素养为本的评价技术，亟须培养懂这些技术的中小学数学教师[②]。通过团队系列研究工作，我们已经探索出了几何直观能力的测评指标、构建了测评模型以及开发了测评样卷，小学数学教师可以参照和利用该测评指标以及测试样卷对学生进行学习测评，或以此为依据开发更有针对性的测量工具对学生学习进行有效的诊断，促进教学发展。

二、注重结果评价与过程评价相结合

评价的目的是什么？我们认为至少应该包括三个方面：一是诊断学习结果，二是促进改进教学，三是提升学生学习能力。我们的教育评价往往是在学习的某一个阶段，通过一种特定的方式，来评价该阶段学习的结果，甚至通过学习的成绩来评价。但是还有一个问题，学习过程中的评价也是值得关注的，学习是一个复杂的过程，我们的评价是从评价结果来促进学生的学习能力，同时，还要通过深入了解学习过程中真实发生的现象和问题来改进教育评价。教育评价应该是结果与过程并重，并进一步关注学生发展的相关因素。

《标准（2011年版）》强调：“评价的主要目的是全面了解学生数学学习的过程和结果，激励学生学习和改进教师教学。评价应以课程目标和课程内容为依据，体现数学课程的基本理念，全面评价学生在知识技能、数学思考、问题解决和情感态度等方面的表现。评价不仅要关注学生的学习结果，更要关注学生在学习过程中的发展和变化。应采用多样化的评价方式，恰当呈现并合理利用评价结果，发挥评价的激励作用，保护学生的自尊心和自信心。通过评价得到的信息，可以了解学生数学学习达到的水平和存在的问题，帮助教师进行总结与反思，调整和改进教学内容与教学过

①蒋澍.小学数学教育教学研究年度综述——基于2016年《小学数学教与学》论文转载情况的统计分析[J].小学教学研究，2017(4):9-12.

②孔凡哲，史宁中.中国学生发展的数学核心素养概念界定及养成途径[J].教育科学研究，2017(6):5-11.

程。"[①]评价是数学课程实施的重要环节，评价是对学习结果的检验，也是对学习过程的考查。在《小学教师专业标准(试行)》中也指出："对小学生日常表现进行观察与判断，发现和赏识每一位小学生的点滴进步；灵活使用多元评价方式，给予小学生恰当的评价和指导；引导小学生进行积极的自我评价；利用评价结果不断改进教育教学工作。"这也体现了国家对小学教师关于学生学习的评价及评价方式、评价结果利用的重视。几何直观能力的培养，是知识与能力并重，在教学中是一个逐步形成的过程。因此，教师在教学过程中要设计和实施有效的评价方式，恰当运用评价的内容和结果，例如利用开发的测评工具进行测评、统计出学生成绩结果、诊断优良，也要注重对学生过程发展的关注，特别是学生学习过程操作图形、演示实验、表现情感等行为的进步或改善，都需要捕捉和认可。在课堂上教师的正确评价有利于激发学生的学习兴趣，增强学生学习的自信心，促进学生几何直观能力发展。同时，评价也是教师了解学生学习状况、诊断学习的效果、改进教学的重要途径。在课程实施的过程中必须有效地设计、组织和实施评价，并不断探索改进。

2020年6月30日，中央全面深化改革委员会第十四次会议审议通过了《深化新时代教育评价改革总体方案》(下称《总体方案》)，更是强调了教育评价的结果与过程结合。会议指出"教育评价事关教育发展方向，要全面贯彻党的教育方针，坚持社会主义办学方向，落实立德树人根本任务，遵循教育规律，针对不同主体和不同学段、不同类型教育特点，改进结果评价，强化过程评价，探索增值评价，健全综合评价，着力破除唯分数、唯升学、唯文凭、唯论文、唯帽子的顽瘴痼疾，建立科学的、符合时代要求的教育评价制度和机制。"教育评价改革是一项巨大的系统工程，要建立指标体系、评价标准、方式方法，还要科学运用评价结果；要协同教学改革、课程改革、育人改革、考试招生制度改革，使之互相配套，否则将可能导致失败。

三、加强表现性评价和发展性评价

教育评价是由教育目标所决定的。现在的教育目标既关注教育的目标和结果，又关注过程与方法、情感与价值等。所谓学科素养，就是把知识、技能、观念、方法提炼为关键能力，把情感、态度、价值观提炼为必备品格。如何发展学生几何直观能力

①中华人民共和国教育部.义务教育数学课程标准(2011年版)[S].北京：北京师范大学出版社，2012：52.

是新课程标准要求的目标之一,是关键能力和必备品格的融合。这就要求对学生几何直观能力的评价必须基于“三维目标”或学科素养,这是一个极具挑战性的技术与智慧工作。“三维目标”重视知识与方法的形成和过程的评价,从技术理论上可以采用认知诊断理论,通过“知识结构+认知结构+思维模型”的测量评价结构,解决针对“三维目标”的学科学习评价问题,形成“三维测量与评价”①。测评技术,是影响教育评价发展改革的关键问题。从操作实践与目标发展上来说,对学生几何直观能力发展的评价,更需要加强表现性评价和发展性评价。

(一)加强对学生的表现性进行评价

根据已有的研究结果,把小学生几何直观能力的一级测评指标划分为形成图形的认识、利用图形描述问题、利用图形分析问题3个维度,在教学中实施操作、演示等方式更为适合,在评价上将适合表现性评价。

美国教育评定技术处将表现性评价界定为“通过学生自己给出的问题答案和展示的作品来判断学生所获得的知识和技能”。此定义主要有三层含义:一是学生自己必须创造出问题解决方法(即答案)或用自己的行为表现来证明自己的学习过程和结果,而不是选择答案。表现性评价侧重于评价学生实际操作的能力,要求学生建构各自独特的答案,且答案不存在对错之分,只存在程度之别(如优秀、中等、合格或不合格)。二是评价者必须观察学生的实际操作或记录学业成果。表现性评价需要记录学生实际操作(如学生的口头陈述、操作几何图形等在问题解决过程中的外显行为)或学业成果(如学习感想、图形设计方案等),以此评价学生的操作能力。在表现性评价中,教师必须在教学中根据详细的评分规则进行观察。三是能使学生在实际操作中学习知识和发展能力。它很重视学生参与评价的过程,很重视学生在教师的帮助下自定目标、自我评价、自我调整,从而促进学生学习非结构性知识,发展实际操作能力,获得全面发展。在传统的教育评价中,学生作为被动的客体只能接受评价。这种被动性评价,很容易造成学生在学校教育背景下发展缓慢,或是造成被认为成绩不好的学生的信心受到打击。表现性评价,则是指通过观察学生在完成实际任务时的表现来评价学生已经取得的发展成就,容易抓到闪光点,发现学生的优点并及时表扬,利于激发学生学习兴趣。

①张勇.测评技术是影响教育评价改革的关键[N].中国教育报,2019-03-28(7).

(二)加强对学生的发展性进行评价

国务院关于基础教育改革与发展的决定和教育部《基础教育课程改革纲要(试行)》等文件,强调建立促进教师和学生发展的评价体系,改变课程评价过分强调甄别与选拔功能,发挥评价促进学生发展、促进教师提高和改进教学实践能力的作用,实现教师与学生的共同发展。

发展性教学评价是以多元智能理论、成功智力理论和建构主义理论等为基础的。一方面注重教师个人价值、专业价值的体现,最大限度地发掘教师的潜能,提高教师的职业道德水平,培养业务能力和创新素质,促进教师的长远发展;另一方面,通过搭建发展性课堂教学平台,有效地发现和发展学生的潜能,促进全体学生的全面自主发展,提高学生创新素质和实践能力。

教育以促进学生的发展为根本目的,评价作为教育的一个重要组成部分,自然也应该以此为己任。基于此,以促进学生的全面发展、差异发展和主体发展为根本目的的学生评价的理念和评价体系,就是我们所提倡建立的发展性的学生评价。不管是什么学科或是数学学科的基础知识、数学素养(如数感、空间观念、几何直观、数学运算)等,都应该以促进学生发展为目标,加强使用发展性评价。发展性评价的关键是教师要以发展的眼光来看待学生,而不是用一把固定的尺子对学生进行分类。它不是为了评价而评价,更多的是体现一种全新的评价理念,其理想的情况是,教学和评价融为一体,以评促教。评价的目的是促进学生的发展,而非奖惩;评价要在科学客观的基础上让学生能感受到教师的暖意和鼓励,是一种师生情感的交流。

总之,上述关于学生几何直观能力培养评价提出围绕几何直观能力测评指标实施评价、注重结果评价与过程评价相结合、加强表现性评价和发展性评价等对策建议,并做了较详细阐述。然而,在数学课堂教学、期中、期末等评价中授课教师考虑的问题众多、复杂,既有评价的内容、目的,也有评价的方式、方法以及工具等,特别是在每次编制的测试题所考虑的内容也是方方面面,一份测试卷既要测查知识点,又要考察能力与思想方法。因此,我们所构建的小学生几何直观能力的测评体系中提供的操作性定义、测评指标、测评模型、测评样卷以及诊断结果等,仅仅是关注数学课程中的某一个关键能力问题,一线教师与教研员在课堂教学或编制测试卷等工作中需要对这些资源(包括数感、符号意识、空间观念、几何直观、数据分析观念、运算能力、推理能力和模型思想等的研究成果)进行融合使用,结合实际充分利用结果性评价、过程性评价、表现性评价和发展性评价等评价方式的优势，促进学生发展。这是本书关于小学生几何直观能力测评研究的一个指导思想，也是落脚点。

基于研究过程中的一点思考，学生的数学能力测评是一个系统性工程，包括构建操作性定义、探索测评指标以及构建测评指标体系或测评模型、开发测试工具等多个环节的有效组合，这些工作能更好地保证学生学习评价的科学性、可靠性和可操作性。

第十章

小学生几何直观能力测评模型应用的典型案例

本书界定了操作性定义，构建了测评指标体系和测评模型，尤其是开发了测评工具，对中小学一线数学教师教学与评价以及后期的研究都具有极大的参考意义。2018年论文《小学生几何直观能力测评模型的构建研究》在中国知网收录后，得到了专家学者、一线数学教师和在读研究生等的高度关注，截至2022年5月，在四年时间里，论文已被引用40次，下载2013次。还有多个一线数学教师、教研员电话咨询依据测评模型如何开发测评工具以及借鉴使用，甚至有些研究生和小学数学教师联系能否直接使用测试卷进行测试，笔者基本上是一一解答，并同意使用测试卷和表示感谢。一方面，构建测评模型，需要对模型的可靠性、合理性和适用性进行验证，要关注模型是否具有更大范围样本(研究对象)的普适性；另一方面，小学生几何直观能测评模型是不是能真正解决一线数学教师关于几何直观评价问题，需要实践者和其他研究者的推广使用。当前已有研究《六年级学生几何直观能力的调查研究》[①]《小学高年级学生几何直观能力现状调查研究》[②]《小学高年级学生几何直观能力的现状调查研究》[③]《小学五年级学生几何直观能力的现状调查研究》[④]《四年级学生几何直观能力调查研究》[⑤]《苗族聚居地区小学生几何直观能力的调查研究》[⑥]等都是成果《小学生几何直观能力测评模型的构建研究》的推广应用，非常感谢这些作者的信任与推广应用，使“小学生几何直观能力测评模型”从理论研究上升到实践应用，大大丰富了该测评模型的研究成果。

为了不显得重复啰嗦及堆砌，以下只选择了五个典型案例进行简单介绍与分析：(1)地域的广泛性，即在天津市、新疆石河子市、河南省新乡市、甘肃省天水市和重庆市万州区五个地区调研；(2)年级分布的差异性，即在四年级、五年级、六年级以及推广到初二、初三等五个不同年级进行调研。通过对五个典型案例分析，展现本研究成果应用的合理性、适用性、可操作性以及应用的广泛性。

①甄兆楠.六年级学生几何直观能力的调查研究[D].天津：天津师范大学，2019.

②赵辰柯.小学高年级学生几何直观能力现状调查研究——以新乡市H小学为例[D].新乡：河南师范大学，2019.

③肖雪飞.小学高年级学生几何直观能力的现状调查研究——以兰州市某小学为例[D].兰州：西北师范大学，2020.

④宋健.小学五年级学生几何直观能力的现状调查研究[D].天津：天津师范大学，2020.

⑤夏爱玲.四年级学生几何直观能力调查研究[D].石河子：石河子大学，2020.

⑥肖玉.苗族聚居地区小学生几何直观能力的调查研究——以贵州省L市M村为例[D].贵阳：贵州师范大学，2021.

第一节　案例1:六年级学生几何直观能力的调查研究

天津师范大学甄兆楠同学依据成果《小学生几何直观能力测评模型构建研究》构建《六年级学生几何直观能力的调查研究》的研究框架[①],并利用成果中测评工具开展调查研究。

一、小学生几何直观能力测评指标应用

甄兆楠团队依据数学教育界对几何直观能力含义的界定以及《标准(2011年版)》的定义,抽取《标准(2011年版)》中的3个描述性词:掌握图形、利用图形描述问题和利用图形分析问题。作者在研究文章中写道:“结合张和平的几何直观能力评估模型,将学生的几何直观能力行为分为3个一级评价指标和9个二级指标。”文中直接使用了小学生几何直观能力测评指标及其具体描述作为研究的基础,并在文中列出具体的图表,详见书中图6-10(小学生几何直观能力测评指标分解框架图)和表6-5(小学生几何直观能力测评指标及其具体描述)所示。而且,作者进一步细化了小学生的几何直观能力的内涵,即小学生的几何直观能力是指学生对图形形成认识和理解,运用图形描述数学问题以及对数学问题进行整体的感知和把握的综合能力和素质[②]。

二、测试工具的应用

针对测量工具的开发与应用,可以说,硕士研究生阶段还是属于学习型研究,主要学习较广泛的领域知识和做研究的方法,在学习写论文的过程中提高自己,更主要是个人得到发展。因此,能借用一些已开发的较成熟测量工具开展调查研究,感受研究过程和掌握研究方法,是一种不错的做法,因为有一点儿突破就是进步了。

该文指出,“试题编制中借鉴张和平博士论文中的相关题目,由于张和平博士的测试题具有层次性,并且内容维度和能力维度设置合理,但又考虑到本研究中主要是针对测试六年级学生的几何直观能力水平,所以在借鉴张和平博士论文试题的基础上又参考了隋佳源硕士论文中相关测试题,再结合六年级教材进行相应的编制。”经整理,形成《六年级几何直观能力测试卷》(注:原文《小学生几何直观能力测试卷》)。测试卷《六年级几何直观能力测试卷》与《小学生几何直观能力的测试题》题量、题型

①甄兆楠.六年级学生几何直观能力的调查研究[D].天津:天津师范大学,2019.
②甄兆楠.六年级学生几何直观能力的调查研究[D].天津:天津师范大学,2019.

基本一致，有5个题是原题，其他题目有些许改变。并且，在应用测试工具过程中学会了根据不同对象再次检测工具的信度和效度，这是一种较好的做法。

然而，有很多研究生分不清内容效度、校标关联效度、建构效度和专家效度的联系和差别，不知道什么时候使用哪一种方法检测测量工具的效度。针对这些情况，我们对教育测量研究论文有关效度使用情况进行分析，发现存在一些问题，包括测量工具没有进行效度检验、效度概念表达混乱、效度类型使用混乱、效度检验方法错误、对效度及其相关指标的报告不够全面等。

例如，有些学位论文利用SPSS软件对调查问卷数据做KMO与巴特利特（Bartlett）球形度检验，结果如表10-1和表10-2所示。

表10-1　学生问卷数据4、6~11题效度

KMO和巴特利特球形度检验		
KMO 取样适切性量数		.712
巴特利特球形度检验	近似卡方	527.158
	自由度	21
	显著性	.000

表10-2　教师问卷6~11题效度

KMO和巴特利特球形度检验		
KMO 取样适切性量数		.776
巴特利特球形度检验	近似卡方	98.736
	自由度	21
	显著性	.000

分析结果认为，由表10-1，10-2知KMO值分别为0.712与0.776，均大于0.7；巴特利特球形度检验结果p值为0.000，小于显著性水平0.01，因此认为该学生与教师问卷数据都适合做因子分析，效度较好。这种检验效度是不正确的或者是表达不准确的，利用KMO和巴特利特球形度检验仅仅说明“适合做因子分析”①，还需要进一步分析，构建结构方程模型，观察模型的因素负荷量，最终确定建构效度的“好”与“差”。事实上，如果不做因子分析，就没必要检验建构效度，做好内容效度和专家效度就很好了。

①蔡佳丽.苏科版初中数学教材习题使用情况的调查研究——以H市为例[D].南京：南京师范大学，2020.

三、调研对象选择

《六年级学生几何直观能力的调查研究》选取天津市F小学和Z小学六年级学生作为测试和调查的对象，随机选择了四个班，共计141人。

四、测评模型的验证与调查结果分析

（一）六年级学生几何直观能力整体情况分析

《六年级学生几何直观能力的调查研究》对学生测试卷的10道题目的各自得分率以及总体得分率进行了统计，数据结果如图10-1所示。

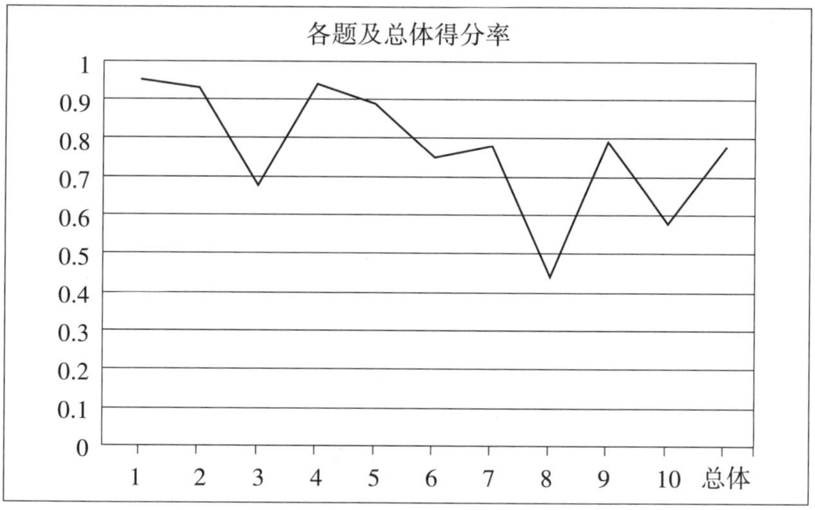

图10-1 测试总体情况

从图10-1可知，题3（折叠题）、题8（应用题）和题10（情景题）得分率比较低。这个结果，与本书第八章第四节结论一致，即"由图8-2可知，除了题号为4、8、10的题目失分较多外，其他题项得分基本合理。"

（二）六年级学生几何直观能力性别差异分析

《六年级学生几何直观能力的调查研究》对测试整体的成绩与性别进行分析，数据结果如表10-3和表10-4所示。

表10-3 六年级学生几何直观能力性别差异分析

性别	人数/人	成绩均值/分	标准差
男	78	77.23	12.647
女	63	78.44	11.536

表10-4　六年级学生几何直观能力性别差异独立样本检验

		莱文方差等同性检验		平均值等同性t检验						
		F	显著性	t	自由度	显著性（双尾）	平均值差值	标准误差差值	差值的95%置信区间	
									下限	上限
测评总分	假定等方差	.929	.337	-.589	139	.557	-1.214	2.061	-5.288	2.860
	不假定等方差			-.595	136.911	.553	-1.214	2.040	-5.248	2.821

由表10-3和表10-4可知，几何直观能力性别测试男生平均分为77.23分，女生平均分为78.44，$p>0.05$，所以认为六年级学生几何直观能力没有显著的性别差异，说明六年级学生的几何直观能力情况无性别差异。

（三）六年级学生几何直观能力与数学成绩的相关分析

《六年级学生几何直观能力的调查研究》将测试卷的得分与六年级学生的毕业成绩进行相关性分析，选取了学生结业测评成绩作为参考。因为小学结业测评是对小学六年级学生的综合测评，结业测评试卷也较平时的测试卷有较高的可信度，所以更能反映出学生的综合知识表现及能力水平。结果如表10-5所示。

表10-5　学生几何直观能力与数学成绩相关分析表

		测评总分	毕业成绩
测评总分	皮尔逊相关性	1	.801**
	显著性（双尾）		.000
	个案数	141	141
毕业成绩	皮尔逊相关性	.801**	1
	显著性（双尾）	.000	
	个案数	141	141

从表10-5可知，小学生几何直观能力的整体水平与学生的数学成绩形成显著的正相关，两者间的相关系数为0.801。

从上述调查数据分析可知，一方面，这个研究再次验证了测评模型和测试工具的合理性；另一方面，本研究取得了很好的效果，也是小学生几何直观能力测评模型成果推广应用的成效。

第二节　案例2:四年级学生几何直观能力调查研究

石河子大学夏爱玲同学依据《小学生几何直观能力测评模型构建研究》构建《四年级学生几何直观能力调查研究》的研究框架①,并利用成果中测评指标、测评模型权重以及借鉴测评工具编制测试卷开展调查研究。

一、小学生几何直观能力内涵及测评指标应用

(一)直接使用了"小学生几何直观能力内涵"

夏爱玲同学的论文采用了《小学生几何直观能力测评模型构建研究》中小学生几何直观能力内涵的定义,即小学生几何直观能力是指学生形成图形的认识并利用图形描述和分析数学问题,从而直接感知与整体把握问题的一种能力。

(二)测评指标应用

针对测评指标构建,《四年级学生几何直观能力调查研究》指出:"具体分布参照张和平的'小学生几何直观能力测评指标'。"《四年级学生几何直观能力的调查研究》相应列出了小学生几何直观能力测评指标及其具体描述表。为避免重复出现相同内容,在此不列出,详见本书的表6-5"小学生几何直观能力测评指标及其具体描述"所示。

二、测评模型的应用

《四年级学生几何直观能力调查研究》指出,几何直观能力测试卷是研究的重点工具,它是否合理编制直接影响其研究的客观结果,因此合理编制几何直观能力测试卷很关键也很重要。在编制过程中《四年级学生几何直观能力调查研究》主要从三个方面思考:首先是该测试卷内容的选择;其次是该测试卷题目难易程度的确定;最后是测评指标权重比例的确定。四年级学生几何直观能力测试的内容选择主要从知识范围和试题的来源两个方面进行考虑。内容知识范围主要集中在数与代数、图形与几何、统计与概率三大领域,具体分布参照张和平的"小学生几何直观能力测评指标",并列出具体表格。为避免一本书相同内容的重复出现,在此省略,详见书中的表6-5"小学生几何直观能力测评指标及其具体描述"所示。

①夏爱玲.四年级学生几何直观能力调查研究[D].石河子:石河子大学,2020.

在编制测试题中关于测评指标权重比例的确定上,《四年级学生几何直观能力调查研究》指出:"本研究基于西南大学张和平博士论文中的小学生几何直观能力测评模型,将学生几何直观三大能力指标权重比例确定为形成图形的认识(30%)、利用图形描述问题(30%)、利用图形分析问题(40%)。基于TIMSS四年级数学测试框架,将学生几何直观三大领域内容权重比例确定为数与代数(50%)、图形与几何(35%)、统计与概率(15%)。基于以上分析,文章形成了双向细目表,进而编制"四年级学生几何直观能力测试卷。"

三、调研对象选择

《四年级学生几何直观能力调查研究》选取了石河子市三所不同层次学校的四年级400名学生为研究对象,使其样本具有典型性和代表性。X小学为石河子市示范性重点小学;Y小学为普通公办小学;Z小学为一所普通公办小学,位于城乡接合部,该校生源多为外来务工子弟。教师访谈对象为三个学校的四年级任课教师,共12名。学生访谈对象分别选取了三个不同分数段的学生,共计12名。

四、测评模型的验证与调查结果分析

《四年级学生几何直观能力调查研究》做了很多调研工作,本书旨在考查小学生几何直观能力测评模型的再次验证结果以及应用的适合性、可操作性,因此,我们主要探讨测试成绩总体分析、性别差异分析以及测试成绩与数学成绩的相关性三个方面。

(一)总体成绩分析

一共发放测试卷400份,收回有效测试卷373份。测试成绩如表10-6所示。

表10-6 测评结果总体水平分析表

分数段	分数<60	分数≥60	分数≥80
人数/个	124	249	79
百分比/%	33	67	21
总平均分/分	65.59	标准差	14.80

由表10-6数据可知,平均分为65.59分,及格率为67%,优秀率为21%,说明石河子市四年级学生几何直观能力处于中等水平。为了解全体学生在各个题项中的得分情况,《四年级学生几何直观能力调查研究》进行了比较分析,结果如图10-2所示。

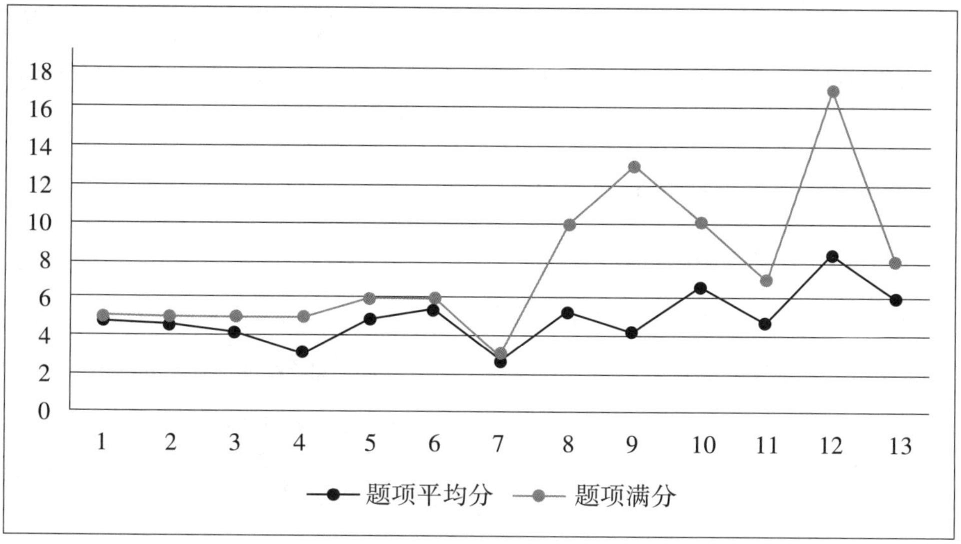

图 10-2　各题项均分与该题总分比较图

由图 10-2 可知，有四个题失分较多，得分率比较低，说明学生在这方面教育的缺失，需要教师在课堂教学中重点培养。

（二）小学生几何直观能力的性别差异分析

对测试的总体情况进行分析，数据结果如表 10-7 和表 10-8 所示。

表 10-7　总体水平的性别差异

	性别	N	平均值（E）	标准偏差	标准误差平均值
几何直观能力测试成绩	男	178	64.1629	15.38439	1.15311
	女	195	66.8923	14.15903	1.01395

表 10-8　不同性别独立样本检验

		方差方程的 Levene 检验		均值方程的 t 检验						
		F	Sig.	t	df	Sig.（双侧）	平均差	标准误差值	差值的 95% 置信区间 下限	差值的 95% 置信区间 上限
几何直观能力测试成绩	假设方差相等	2.58	0.11	−1.78	371	0.08	−2.73	1.53	−5.74	0.28
	假设方差不相等			−1.78	360.11	0.08	−2.73	1.54	−5.75	0.29

从表10-7可知，在几何直观能力平均得分方面，女生要稍微好于男生。从表10-8中发现，$p=0.08>0.05$，说明男生和女生在几何直观的总体水平上不存在显著的性别差异。

（三）学生几何直观能力测试成绩与期末成绩的关系

关于几何直观能力的表现究竟与数学成绩有无联系问题，作者对调查数据进行了数据统计与分析。由于测试是在四年级期末复习阶段进行的，所以期末考试结束后，同时对研究对象的400名学生的期末成绩进行了统计分析，结果如表10-9所示。

表10-9　几何直观能力测试成绩和期末成绩的相关性分析

		几何直观能力测试成绩	期末成绩
几何直观能力测试成绩	Pearson相关性	1	.949**
	显著性（双尾）		.000
	N	373	373
期末成绩	Pearson相关性	.949**	1
	显著性（双尾）	.000	
	N	373	373

从表10-9的数据结果可知，Pearson相关性系数是0.949，显著性概率p值为0.000，说明几何直观能力的测试成绩与期末成绩之间相关性显著，并且都存在着较强的正相关。

综上述分析，小学生几何直观能力测评模型的应用取得很好的效果。同时，《四年级学生几何直观能力调查研究》再次验证测评模型工具应用的一致性，体现模型构建的合理性和适应性，值得推广应用。

第三节　案例3：小学高年级学生几何直观能力现状调查研究

河南师范大学赵辰柯同学依据《小学生几何直观能力测评模型构建研究》构建《小学高年级学生几何直观能力现状调查研究——以新乡市H小学为例》的研究框架①，并利用成果中测评工具开展调查研究。

①赵辰柯.小学高年级学生几何直观能力现状调查研究——以新乡市H小学为例[D].新乡：河南师范大学，2019.

一、小学生几何直观能力测评指标应用

《小学高年级学生几何直观能力现状调查研究——以新乡市H小学为例》指出："笔者把小学高年级学生几何直观能力测试卷和教师访谈提纲作为研究的工具。笔者通过在实习中的体验和课堂观察，以及与小学生的日常学习交流，并借鉴张和平论文《小学生几何直观能力测评模型的构建研究》测评指标，张和平首先通过学术论述、课标课本和教育教学专家们对小学生几何直观能力的行为表现进行统计和梳理，初步获得了五个维度的测试指标。然后经过探索性因子分析将行为表现划分为三个一级指标和九个二级指标，并且一线优秀数学教师和教育教学专家们对测试指标的认同度较高。"①最后，对测试指标进行模型构建。

二、测试工具的应用

《小学高年级学生几何直观能力现状调查研究——以新乡市H小学为例》指出："笔者结合人教版数学教材以及咨询H校数学高级教师的情况下，借助张和平的测试模型设计了测试问卷。"②学生测试卷是为了解小学高年级学生几何直观能力现状，测试题主要从形成图形的认识、利用图形描述问题和利用图形分析问题三个维度进行考察。总共10题，1、2、4和6题是考查学生在形成图形的认识中的表现，3、5、7和9题是考查学生在利用图形描述问题中的表现，8和10题是考查学生利用图形分析问题中的表现。

测试的实施，是在数学老师的协助下，对学生进行测试，测试时间为30分钟。

三、调研对象选择

《小学高年级学生几何直观能力现状调查研究——以新乡市H小学为例》的调查对象是河南新乡市H小学高年级学生，也就是该校五、六年级的学生。对该校五、六年级所有学生进行测试，其中测试卷发放总数332份，回收332份，回收率为100%。除去无效测试卷后，有效测试卷数量为329份，有效率为99%。

四、测评模型的验证与调查结果分析

（一）小学高年级学生几何直观能力测试总体情况

为了了解小学高年级学生几何直观能力水平，对三个能力指标进行测试分析，结果如表10-10所示。

①赵辰柯.小学高年级学生几何直观能力现状调查研究——以新乡市H小学为例[D].新乡：河南师范大学，2019.

②测试问卷题量、内容和考查知识点、题目顺序等都不变，只是第1、2、7题的素材有些许修改。

表 10-10　小学高年级学生几何直观能力测试总体情况

能力指标	形成图形的认识	利用图形描述问题	形成图形分析问题	合计(四项平均)
得分率	83.7%	89.1%	48.9%	73.9%
平均分	25.1	31.2	17.1	73.4

由表 10-10 可知,小学高年级学生几何直观能力总体平均分是 73.4 分,三个测试能力指标具体情况是:形成图形的认识方面的平均分为 25.1 分,得分率为 83.7%;利用图形描述问题方面的平均分为 31.2 分,得分率为 89.1%;利用图形分析问题方面的平均分为 17.1 分,得分率为 48.9%。这个测试结果与本书构建测评模型时实施的验证数据("形成图形的认识"得分率为 80%,"利用图形描述问题"得分率为 84%,"利用图形分析问题"得分率为 41%)具有高度的一致性。

(二)题项均分与得分率比较

为了解小学高年级学生几何直观能力各个表现指标具体情况,将对各题项均分和得分率进行考查,结果如图 10-3 所示。

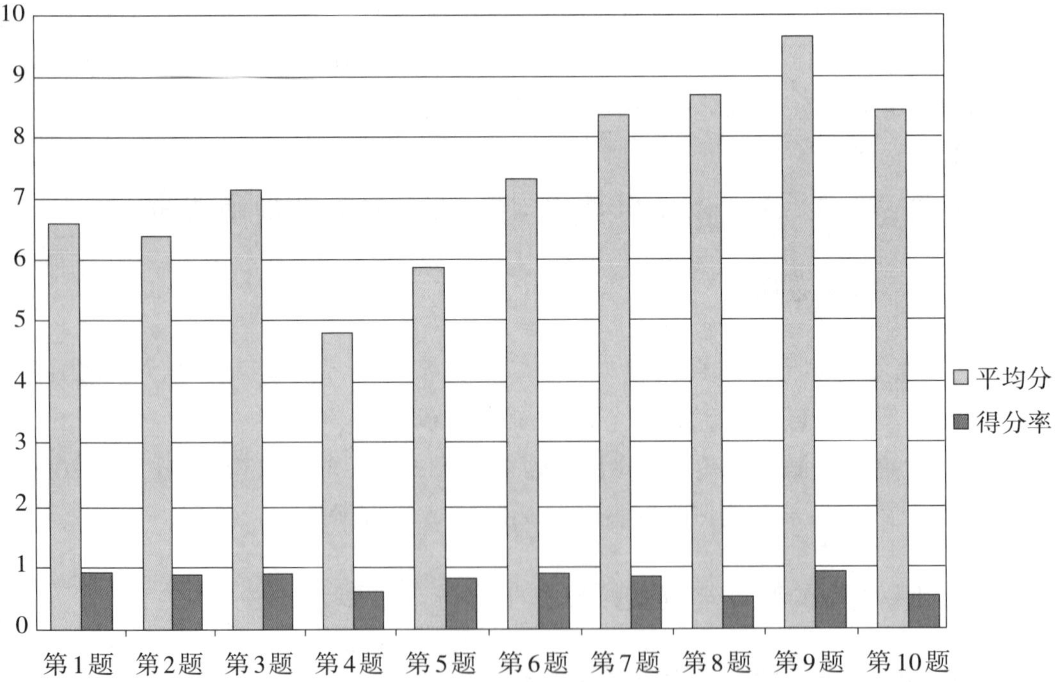

图 10-3　各题项均分与得分率比较图

从图10-3可知，在“形成图形的认识”指标中，第4题的平均分为4.8分，得分率为0.60，得分率比较低。该题是关于图形折叠与展开的问题，将一张纸进行对折，然后在纸的特定位置打个洞，要求学生了解展开后洞的位置关系。在“利用图形分析问题”指标中，选择了植树问题和行程问题。第8题（植树问题）的平均分8.7分，得分率是0.51。在植树问题上，大致可以分为以下几种错误情况：题目未读懂或者理解错误，将“一侧”和“两端”进行了错误解读，主要集中在“一侧”问题上，有些学生想当然地认为马路两侧都要进行种植；还有的学生题目都读懂了，并且能够利用画小树或是简约符号替代小树的形式帮助自己思考，但是在1000米的条件上理解出现了偏差。有的同学说以前做过类似的题目，但是路程很短，一般是20~30米之类的，通过草稿纸的画图模拟情境就可以得出结果。但是这个1000米就不能运用之前的办法，这让他们陷入了困境；第10题（行程问题）的平均分是8.4分，得分率为0.46。在行程问题上，将学生常见的甲、乙两地作为终点和起点改为了路标的形式。学生基本上采用画出线段图的方式帮助自己对题目进行理解，但是有部分学生对于路标不能正确理解，认为以往的题目都是将两个地点作为起点和终点，也就是把甲镇或乙镇作为出发点，所以对题目理解错误。

（三）五、六年级几何直观能力表现情况

为了清楚了解五、六年级学生几何直观能力表现的差异情况，《小学高年级学生几何直观能力现状调查研究——以新乡市H小学为例》研究了三个一级指标并进行统计分析，结果如图10-4所示。

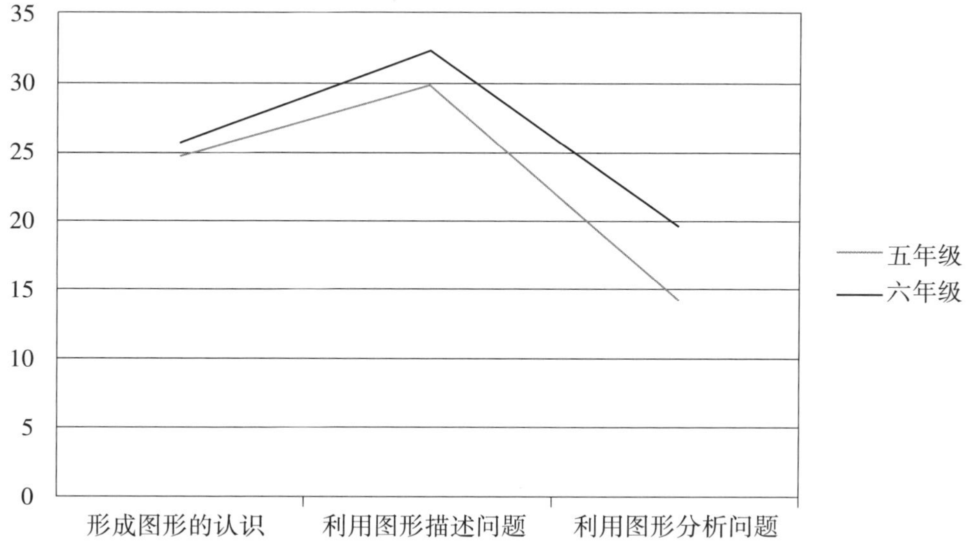

图10-4　各年级几何直观能力得分情况

研究发现，由数据可以看出两个年级在各测试指标方面确实存在差异，六年级学生普遍比五年级学生成绩高。为进一步了解年级间差异情况，对两年级进行独立样本t检验，五、六年级在形成图形认识方面差异性不显著$p=0.053>0.05$，五、六年级在利用图形描述问题能力显著性差异$p=0.000<0.05$，五、六年级在利用图形分析问题能力显著性差异$p=0.000<0.05$。

综上，利用“小学生几何直观能力测评模型构建研究”的测试工具在河南新乡实施调查研究，结果与构建模型的验证数据高度一致，体现该测评模型的适合和可靠。

第四节　测评模型应用的突破：从小学阶段推广到初中阶段

在推广应用上，学界已经把几何直观能力测评模型从小学阶段研究与实践，推广到了初中阶段的实践，这是一件值得欣慰的事情，也是一个突破。例如，胡雨和郎颜潞等把小学生几何直观能力测评模型的研究成果推广到初中几何直观能力的调查研究中，研究成果值得肯定。

一、案例4：八年级学生几何直观能力的现状调查及培养策略研究

（一）测评指标与模型的应用

在构建测评指标和模型上，天水师范学院胡雨同学认为：“综合各种测评方式的分析，笔者最终选择张和平构建的小学生几何直观能力测评模型$Y=0.3A+0.3B+0.4C$。将几何直观能力(Y)从形成图形的认识(A)、利用图形描述问题(B)、利用图形分析问题(C)三个维度测评。”[①]并在表6-5“小学生几何直观能力测评指标及其具体描述”中一、二级指标基础上建立了二级指标的具体描述以及案例说明，在初中数学内容上做了很多工作，如表10-11所示。

①胡雨．八年级学生几何直观能力的现状调查及培养策略研究——以天水市YF中学为例[D]．天水：天水师范学院，2020.

表 10-11 八年级几何直观能力测评指标及其具体描述

一级指标	二级指标	二级指标的具体描述以及案例说明
形成图形的认识	由具体物体抽象出图形	生活中的立体图形抽象出数学中的几何图形，例如，将金字塔抽象成三棱锥
	认识图形并能用符号表示图形	认识图形的形状、运动、位置关系等，并能用符号表示。例如，用“△”表示三角形，用“⊥”表示两直线的垂直关系
	形成图形映像并会画基本图形	对图形有基本了解，能画出三角形、正方形、圆等基本图形的对称图形、平移图形等
利用图形描述问题	用图形表示数及其运算	用图形表示数学公式等，例如，用图形表示勾股定理、平方差公式等
	用图形表示几何问题	用符号图形表示问题中点、线、面的位置关系等
	用图形表示现实问题	用统计图、表格、线段等图形表示实际问题中的数据关系
利用图形分析问题	借助图形探索问题思路	利用图形寻找解题思路，例如，在图形中观察到全等三角形，再用相关条件验证
	由图形建立数量关系	利用图形观察图形与数的关系，例如，在数轴中的区域得到不等式组的取值范围
	利用图形解决问题	利用图形直观解决实际问题，例如，用方位图找到变动中物体的位置关系

从表 10-11 中发现，一、二级指标使用小学生几何直观能力测评模型的指标，而“二级指标的具体描述以及案例说明”内容换成相应的初中阶段知识点，同时，基于表 10-11 中的测评指标，从数与代数、图形与几何、概率与统计、综合与实践四大领域中选择难度适中的测试题，研究成果取得较大的突破性进展。

(二)研究对象的选择

《八年级学生几何直观能力的现状调查及培养策略研究——以天水市 YF 中学为例》对甘肃省天水市 YF 学校八年级 5 个班学生进行测评，共发放试卷 280 份，收回 251 份，回收率为 89.6%，笔者将答题数低于 4 个题的试卷视为无效试卷，5 个班级共有 6 份无效试卷，有效率为 97.6%。

(三)调查结果与原因分析

1.整体分析

几何直观能力不同指标平均分及其占分比如表10-12所示。

表10-12　几何直观能力不同指标平均分及其占分比

能力指标	形成图形的认识	运用图形描述问题	运用图形分析问题
平均分	28.02	21.04	15.24
得分率	90%	70%	39%

由表10-12可知,运用图形分析问题得分率比较低,说明学生在学习该方面的内容时存在困难。

2.具体分析

对各班各几何直观能力一级指标进行分析,得分率如图10-5所示。

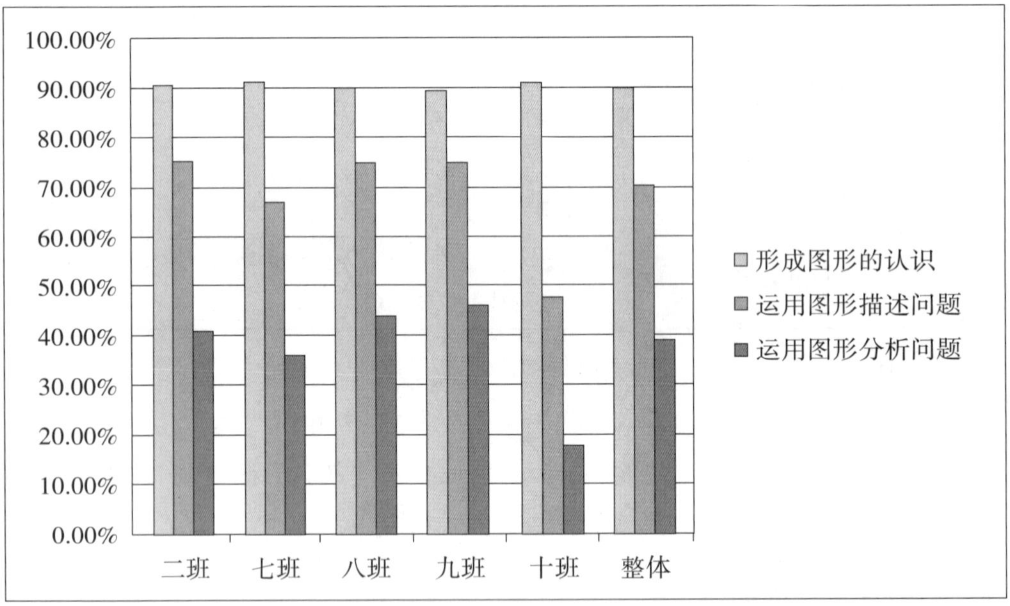

图10-5　各班各几何直观能力一级指标得分率

由图10-5可知,各班在形成图形的认识的能力水平差不多,该指标的得分率都在90%左右,说明八年级学生在形成图形的认识能力指标上表现较好。各班在运用图形描述问题能力指标上也基本持平,除十班之外的班级在该指标上的得分率都在70%左右,而十班只在50%以下。在运用图形分析问题能力指标上,也是十班较低,得分率不到20%。与整体各能力指标比较,二、七、八、九班与整体几乎都保持一致性,十班在形成图形认识指标上与整体统一,但其他指标的得分率都整体相差较多。

针对具体指标"形成图形的认识"的分析，胡雨认为："根据张和平的几何直观能力测评模型，形成图形的认识是一级指标中的第一个，在测试卷中对应的是1、2、3、4题，涉及的都是图形与几何领域的知识，考查了学生抽象实物中的几何图形、用数学符号语言表示图形、轴对称图形、三视图的知识点，满分31分。"，通过分析，该能力指标下被测试者最低分为11分，最高分31分，平均分28.02分，标准差为3.86，标准差较小，众数为31分，由输出该能力指标的百分比可知，分数在29分及以下的人数占45.7%，不到总人数的一半。说明学生对图形的认识能力较强。

该研究发现，现阶段八年级学生的几何直观能力整体处于中等水平，从各指标能力来看，学生形成图形的认识能力较强，利用图形描述问题的能力较好，但利用图形分析问题的能力较弱。各班级之间整体差距不明显，但在利用图形分析问题方面存在差异，并且学生之间几何直观能力差距较大。

由于八年级学生在几何直观能力测试中的一般表现，为了进一步提出解决策略，通过学生在测试中的具体表现以及教师对学生的平时的表现，分析出学生处于现状的原因，了解他们在运用几何直观能力解决相关问题时可能存在的障碍。从讨论中可知学生利用图形描述和分析问题的主要障碍有学生图感低、对代数知识的几何背景重视程度不够。从学生在利用图形分析问题的能力较弱的现状来说，八年级学生在分析问题方面还比较欠缺，特别是运用图形的主动性不够，图形作为几何直观的关键，可以帮助学生发现和描述问题，也可以帮助学生理解和记忆所得到的结果，但学生在运用几何直观时也表现出缺少发现、理解和记忆等特征。对学习过的知识点或解决过的问题没有深刻的理解，很容易就遗忘了。教师在教学过程对学生几何直观能力培养的重视程度不够，也是学生运用图形分析问题的障碍之一。

二、案例5：初中生几何直观能力现状调查研究

（一）能力测评指标以及测试内容的确定

在测评指标的应用上，重庆三峡学院郎颜潞同学在文中表示，"基于相关研究计量统计分析，并参照张和平博士的研究，我们把几何直观能力的测试指标分为3个一级指标。在参照了大量的研究结果，与多个不同学校、不同教龄的一线教师共同研究，并在导师的指导下确定了测试题的基本构想，在测试题中大致将测试题分为3个维度（形成图形的认识、利用图形描述问题、利用图形分析问题）"①，如表10-13所示。

①郎颜潞.初中生几何直观能力现状调查研究[D].重庆：重庆三峡学院，2021.

表10-13　初中生几何直观能力测评指标划分

一级指标	二级指标
形成图形的认识	由具体物体抽象出图形
	认识图形并能用符号表示图形
	形成图形映象并会画基本图形
利用图形描述问题	用图形表示数及其运算
	用图形表示几何问题
	用图形表示现实问题
利用图形分析问题	借助图形探索问题思路
	由图形建立数量关系
	利用图形解决问题

测试内容和具体题目对应了三个能力维度，如表10-14所示。

表10-14　初中生几何直观能力测评指标划分

	形成图形的认识	利用图形描述问题	利用图形分析问题
数与代数			4、5、7、9
图形与几何	1、2、3	6	
概率与统计		8	

（二）调查对象选择

《初中生几何直观能力现状调查》选取重庆万州区某中学初三年级2个班共106名学生作为调查研究对象。一共发放了106份测试题，共收回104份测试题，在这当中有效的测试卷为100份，测试卷总分数低于30分的视为无效测试卷，有效率为96.2%。

（三）调查结果及原因分析

1.总体分析

《初中生几何直观能力现状调查》在能力维度分为形成图形的认识、利用图形描述问题、利用图形分析问题三个方面，在测试题中形成图形的认识主要是通过1、2、3题来进行考查的，总分值为30分；第6、8题用于考查学生利用图形描述问题的能力，共计30分；第4、5、7、9题考查的是利用图形分析问题这方面能力，总分值40分。学生在各个能力维度具体的得分情况如表10-15所示。

表10-15　测试题的内容维度得分情况表

	总人数	最低分	最高分	平均分	得分率
形成图形的认识	100	9	30	26.7	0.89
利用图形描述问题	100	10	30	22.4	0.75
利用图形分析问题	100	5	40	20.8	0.52

在研究中所划分的三个维度实际上也符合学生的认知发展规律，由“形成图形的认识”到“利用图形描述问题”再到“利用图形分析问题”，这三个维度好比三个阶段，难度不断攀升。从表10-15可以看出，三个能力维度的得分率分别为0.89、0.75和0.52，“形成图形的认识”得分率较高，证明大部分学生已经形成了这方面的能力；接着是“利用图形描述问题”，得分率略逊于前一个维度，这说明部分学生的几何直观能力在前一个维度的基础上已有所提升，但仍要注意还有部分学生需要再加强指导；反观“利用图形分析问题”的得分率就不太乐观，得分率只有0.52，证明学生利用图形分析问题的能力不足，这也反映了学生的综合应用能力有待提高。

2.具体能力指标分析

①形成图形的认识。在此维度中，学生的得分率较高，第1题和第2题出现的错误极少，出错率较高的主要是第3题，考查的是学生对于图形的旋转变换这一知识的理解。选到答案A的同学对于题目的理解有误，或是说没有看清题目中给出的图形是一个三角形，这提示一线教师在日常教学中要注意对学生强调仔细审题的重要性；选到答案B、D的同学是由于对立体图形的认识不够准确，空间想象能力不够丰富，若在教学中能够生动形象地展示图形的各种变化过程，学生就可以更容易理解，也更能够加深印象。

②利用图形描述问题。这个维度中的两个题学生解答都出现了不少的错误，对第6题出现的问题进行分析如下。这个题目所要考查的是学生在图形与几何方面的知识，要求学生能够熟练掌握平行四边形的性质，其中也考查到了图形的平移变换。选到A、C选项的同学，都是由于对图形的平移理解不够透彻，若能够在老师的指点之下将不规则的图形通过平移其中不规则的边来构成我们熟悉的规则的图形，问题便迎刃而解了，这也需要引导学生自主操作，从而形成深刻的认识。

③利用图形分析问题。在整个测试题中，“利用图形分析问题”这个维度所占的比重最大，但同时得分率也是最低的，在第4、5、7、9题这四个题目中，得分率最高的

是第4题,第二是第5题,第三是第7题,最后是第9题。第4题考查的数与代数方面的知识,此题目出现问题的原因主要是学生没有准确找到图形之间的规律,也就是说学生未把图形的个数与图形的形状变化规律结合起来,若是利用图形的变化来寻求规律,相信同学们都可以解决此类问题。

经对调查数据分析和访谈发现,学生几何直观能力存在三个问题:一是动手操作能力欠缺。几何直观能力的培养需要学生能够动手操作,这样才能对图形有更深刻的认知,在此基础之上利用图形解决问题就容易许多。调查结果显示,第9题中学生作图不规范、不准确,甚至有学生不知道如何作图。并且,在对教师的访谈中也发现学生无法正确地利用图形和作出图形,究其原因仍然是学生动手操作的能力较为欠缺。二是对图形的感知较低。测试结果显示,第3题中出现的问题是学生对图形的感知不够,对几何图形的变换掌握不够透彻,无法想象出图形变换后的形状。若学生对图形的感知不够,会导致几何直观能力只停留在形成图形的认识,无法进一步提升到利用图形描述问题以及利用图形分析问题。三是几何直观教学的渗透不够。几何直观能力的培养不应该只停留于表象,在调查中发现在日常教学中对几何直观的渗透不够或者只是一笔带过。并且在练习题中只注重了对知识的考查,或是说几何直观能力的考查只出现在几何相关的章节。

总之,胡雨和郎颜潞两位同学已经把小学生几何直观能力测评模型从小学阶段研究与实践,推广到了初中阶段的实践,并取得了很好的效果:一方面是进一步验证了小学生几何直观能力测评模型的合理性和可操作性,另一方面是小学生几何直观能力测评模型得到了更广泛、跨学段的推广应用。这是一个突破,希望小学生几何直观能力测评模型能得到更好的使用和完善。

第十一章

小学生几何直观能力测评研究的结论与展望

借鉴教育科学领域中已有的构建测评模型研究的思路和方法，经过艰辛努力和实证调查研究，本书基本完成了用于测评小学生几何直观能力的测评模型研究工作，成果发表后还得到广泛的推广应用。在构建测评模型和推广应用过程中获得了许多成果，需要总结提炼，同时也发现了一些问题，需要对问题展开讨论与思考。

第一节 需要讨论的问题

每一项目研究后要讨论的问题其实是多方面的，可能是研究内容，也可能是研究过程与方法，抑或是研究的设计和工具等，也许讨论的方向还是跟研究本身有关系。我们主要关注研究成果与已有研究是否有差异，与研究假设是否基本一致，在研究中可能还存在哪些不足等问题，以及问题背后可能存在的原因和应对措施。鉴于此，以下针对研究结果的一些问题进行讨论。

一、小学生几何直观能力测评指标及其权重值

本书是基于文献梳理、专家咨询以及《标准（2011年版）》的基础上经探索性因子分析确定测评指标，提出了3个一级指标和9个二级指标，并获得较高的认同度，但从文献梳理和操作性定义探索可知，几何直观能力测评涉及数与代数、图形与几何、统计与概率三大领域内容，确定测评指标难度很大，可能存在多种测评视角。本书在构建测评模型过程中主要考虑测评对象是全年级小学生，三个能力指标权重比例3∶3∶4具有一般性。在调查中，一线教师认为，对不同年龄段的学生各个指标的能力要求是存在差异的，一年级可能注重认识图形的能力，而六年级可能更注重培养学生利用图形分析问题的能力。因此，在使用测评模型过程中要根据需要适当调整指标权重系数①。

另外，对于3个一级指标和9个二级指标的权重比例值是否四舍五入取整问题，为了方便使用有些作了调整后取整。其实，不进行四舍五入取整也是可以的，甚至更准确，在现实编制测试题中权重占比多少由一线教师根据情况可以做适当调整为好，特别是二级指标各权重值之间差别本来就不足5%。

①张和平，裴昌根，宋乃庆．小学生几何直观能力测评模型的构建探究［J］．数学教育学报，2017(5)：49-53.

二、利用测试和问卷分别探索与验证测评指标

根据学科不同,探索测评指标方法存在差异,对调查对象群体选择也不同,主要有3种形式:第一种方法是通过问卷调查探索与验证测评指标;第二种方法是通过测试调查探索与验证测评指标;第三种方法是混合法,利用问卷数据探索测评指标然后利用测试成绩进行验证,反之亦然。本书在文献梳理和专家咨询的基础上,考虑到学生参与测试对能力指标的提取具有积极意义,因此通过测试分析探索测评指标;同时,考虑到依据几何直观能力测评指标梳理的测试题目与测评指标很难做到一一对应,对指标的解释度分析缺乏针对性和可靠性,也为了便于针对每个指标进行认同度确认,因此,本书把小学生几何直观能力测评指标编制成问卷,通过问卷调查进行验证性因子分析以及构建测评模型。

在探索与验证测评指标过程中,使用了两种调查工具。测试卷编制几乎都是使用TIMSS 2005—2015年小学四年级数学测试题和数学课本、练习题等原题,并经专家讨论与预试修改,测试结果的Cronbach's Alpha系数为0.624,保证测试卷具有较好的信效度。但对于问卷,本书是基于测评指标编制的问卷,对测评指标的认同度与内在代表性的调查,属于新开发的工具。经调查分析,问卷调查结果的Cronbach's Alpha系数为0.852,而且在编制问卷过程中考虑专家效度和建构效度,因此,也保证了问卷具有良好的信效度。

三、利用主客观赋值法构建测评模型

本书采用因子分析法和专家评分法分别构建了两个测评模型,即模型①与模型②。两种模型的权重系数具有一致性,经综合分析及求均值,四舍五入取整十数后3个能力指标(形成图形的认识、利用图形描述问题、利用图形分析问题)的系数比例是3∶3∶4。因子分析法是借助统计软件包进行统计分析的一种定量分析方法,其推算严谨、科学;而专家评分并辅以咨询的方法更体现的是一种质性分析,有学者认为专家评分仅仅是估计分数,难以达到精确,但专家评分可能更符合事实,具有合理性。基于这样的考虑,本文采用的因子分析法和专家评分法(即主客观赋值法)综合构建测评模型,是定性研究与定量研究相结合的一种构建方法,既严谨科学又符合实际,研究结果值得信赖[①]。对于二级指标的测评模型构建,专家与一线教师的基本观点是:①计算各个指标的权重系数旨在考查它们的重要性,便于教学以及为编制测试题提

①张和平,裴昌根,宋乃庆.小学生几何直观能力测评模型的构建探究[J].数学教育学报,2017(5):49-53.

供参考;②确定一级指标意义更大,二级指标在每次编制测试题时未必都能测查到,利用因子分析法构建的二级指标测评模型已有代表性,并得到专家认同。因此,二级指标测评模型直接使用因子分析法构建的模型。

四、对测评模型验证及其应用的一些思考

一是构建测评模型时的验证。我们在构建小学生几何直观能力测评模型时进行了两方面验证工作,包括专家对模型判断的一致性验证和测试分析的验证。考虑到验证的可靠性,我们从年级、性别和城乡等几个方面开展测试分析,考查基于测评模型编制的测试题能否测试小学生几何直观能力的实际水平,与已有数学能力测试结果是否具有一致性。研究结果发现,该研究确实与已有成果具有一致性,经访谈了解,一线教师也认为这个结果可靠。然而,还存在一些问题值得思考。①当前已有研究主要是参照数学能力的测试调查结果,没有将几何直观能力方面的研究成果作为参照,还需要编制更好的测试题、进行更大范围的调查来对模型进行反复验证。②测试卷的大多数题目来自TIMSS 2005—2015年小学四年级数学测试题,并经专家检视与预试修改,测试结果的Cronbach's Alpha系数为0.616,保证测试卷具有较好的信效度。但从严格统计意义上说,题目数量和类型可能还是有些偏少。③在测试分析中发现,学生普遍在折叠与展开的认识过程中遇到障碍,这结果与已有研究[①]具有一致性;城市学生成绩高于乡镇学生成绩,但差异不显著。这可能有多种原因,其中一个原因可能是抽取的城市学校并不是优质小学,而且乡镇学校大部分是中心小学,成绩差异不明显也是可以接受。同时也要反思,乡镇中心校学生“形成图形的认识”能力整体上比城市学生显著优秀,这个结论值得深思。④在测评模型验证研究过程中,还发现了一些有意义的结论。例如,学生普遍在动态知识(折叠与展开等)的认识上遇到障碍;四、五年级学生对“用图形表示分数的意义”掌握有困难;学生在学习中出现“学校数学”与“日常数学”的冲突以及解决文字比较长的应用题出现困难,等等。这些结论对数学课程教材建设与课堂教学是重要参考,同时初显构建测评模型的应用价值。⑤依据建模理论框架,构建测评模型就是为了有效应用,因此,在后续的研究中要编制更科学、合理和适用的测试工具,在更大范围实证后,构建小学生几何直观能力测评常模和标准,为促进几何直观能力评价、督导和培养发挥更大作用。

①刘晓玫.小学生空间观念的发展规律及特点研究[D].长春:东北师范大学,2007.

二是一线小学数学教师、教研员和研究员的应用推广。《小学生几何直观能力测评模型的构建研究》在中国知网收录后，得到一线小学数学教师、教研员和研究员等的关注，甚至电话咨询如何使用。从中国知网上查找到引用《小学生几何直观能力测评模型的构建研究》的文章有《六年级学生几何直观能力的调查研究》《小学高年级学生几何直观能力现状调查研究》《小学高年级学生几何直观能力的现状调查研究》《小学五年级学生几何直观能力的现状调查研究》《四年级学生几何直观能力调查研究》《苗族聚居地区小学生几何直观能力的调查研究》等40篇，经研读发现都是本研究成果的推广应用。这些调查研究成果与构建模型时的验证成果具有高度的一致性，说明构建的测评模型是合适、合理和可靠的。

五、调研样本量、区域以及统计工具操作的一些问题

在研究期间，尽管努力做了很多工作，相关研究成果在国内主流期刊中刊载或全文转载，但由于时间、精力、经费等有限，在研究中依然还存在样本量还不大、地域范围不宽等问题，但是，构建的小学生几何直观能力测评模型在中国知网公开发表后得到了大量推广应用，解决了研究时存在样本量还不大、地域范围不宽等问题。同时，小学生几何直观能力测评模型是一个定性与定量相结合的研究，在探索测评指标、构建测评模型以及对模型进行验证等方面都使用了统计学工具，考虑到我们对数理统计学理论与应用软件（包括SPSS、AMOS等）操作有些地方还掌握不够，在计算过程中可能存在考虑不周全的地方。此外，在实证研究中，测量工具是关键，如同销售中秤一样重要，尽管我们已经尽量保证测量工具有良好的信效度，但信效度还有待提高的空间。

第二节　结论与展望

一、取得的一些结论

我们通过文献研究以及专家咨询与访谈、测试调查和问卷调查等实证研究，对数据结果进行定量与定性分析，结合对研究结果的讨论，归纳和总结出以下几个方面结论。

(一)构建了小学生几何直观能力的操作性定义

小学生几何直观能力内涵可表述为学生形成图形的认识并利用图形描述和分析数学问题,从而直接感知与整体把握问题的一种能力。依据概念内涵,构建了小学生几何直观能力的操作性定义:①学生由具体物体抽象出图形;②认识图形并能用符号表示图形,会画基本图形及度量简单物体;③利用图形描述问题,主要是利用图形表示数以及运算、数学问题,把复杂问题变得简明、形象;④利用图形分析问题,探索解决问题的思路;⑤利用图形解决问题,通过图形建立数量关系,直接感知和整体把握问题。

(二)探索出小学生几何直观能力的测评指标

依据已有文献研究和小学生几何直观能力的操作性定义,梳理了5个测评指标,借此编制测试卷(Cronbach's Alpha系数为0.624)对学生测试,运用探索性因子分析提取特征值大于1的因子即主成分,初步探索出3个潜在变量和9个观测变量。基于测评指标编制调查问卷并对数学教育专家、一线数学教师与教研员进行问卷调查,对测评指标进行认同度分析和验证性因子分析,最后形成了"小学生几何直观能力测评指标"。

(三)构建了小学生几何直观能力测评模型

基于相关文献理论和测评指标,结合对专家的咨询与访谈,我们设计、编制了调查问卷(Cronbach's Alpha系数为0.852),对来自中国的东北、东部、中部、西部四个区域563名高校与研究院数学教育专家、一线小学数学教师和教研员等进行问卷调查,利用因子分析法和专家评分法综合构建小学生几何直观能力的测评模型:

$Y=0.3A+0.3B+0.4C$,

其中,$A=0.32a_1+0.33a_2+0.35a_3$,

$B=0.30b_1+0.35b_2+0.35b_3$,

$C=0.35c_1+0.32c_2+0.33c_3$。

利用综合权重系数表示,可记为:

$Y^*=0.08a_1+0.09a_2+0.09a_3+0.11b_1+0.12b_2+0.12b_3+0.13c_1+0.13c_2+0.13c_3$。

在这里,符号$Y,A,B,C,a_1,a_2,a_3,b_1,b_2,b_3,c_1,c_2,c_3$代表的含义见表6-16所示,$Y^*$代表利用综合权重表示"小学生几何直观能力"。

由此可得,小学生几何直观能力的一级指标由"形成图形的认识""利用图形描述问题""利用图形分析问题"3个维度构成,三者的权重比约是3:3:4。9个二级指标的权重比约是8:9:9:11:12:12:13:13:13。并能根据反映学生几何直观能力的测评指标指数判断或预测学生几何直观能力的发展情况。

(四)检验出测评模型是可操作、可靠和合理的

我们对测评模型的验证主要是专家对模型结构的判断和利用测评指标及其模型权重编制测试卷对学生进行测试分析。首先,通过32位专家的判断结果,认为构建的测评模型能够比较合理地刻画小学生几何直观能力的基本情况,符合专家们的经验和认识;然后,按照测评指标及模型编制的测试题(Cronbach's Alpha系数为0.616),经检测分析,检测结果能反映小学生几何直观能力的实际发展情况,与已有研究结果具有一致性;最后,小学生几何直观能力测评模型在中国知网公开发表后,得到一线教师、教研员和研究者对测评模型的应用推广,应用结果与构建测评模型时的验证数据具有一致性,表明我们探索的测评指标和构建的测评模型可靠、合理和可操作,据此编制的测试工具,具有良好的信效度。

(五)发现了小学生几何直观能力一些较突出的特征

检验测评模型过程中还发现一些值得关注的结论,归纳有以下几个方面:①小学生在"形成图形的认识""利用图形描述问题"的能力上表现较好,主要体现在"图形与几何""统计与概率"领域内容学习上。而小学生在"利用图形分析问题"的能力上表现比较弱,体现在"数与代数"领域的综合运用上表现出能力不足。②小学生几何直观能力与数学成绩正相关性显著,说明小学生几何直观能力的发展对数学学习有帮助。③学生普遍在动态知识(折叠与展开等)的认识过程中遇到障碍,四、五年级学生在"用图形表示分数的意义"上表现不足。④在"形成图形的认识"上乡镇学生比城市学生优秀,特别在第4题"折叠与展开"上乡镇学生成绩显著高于城市学生。而在"利用图形描述问题""利用图形分析问题"两个方面,城市学生成绩比乡镇优秀。⑤学生在学习中出现"日常数学"与"学校数学"冲突。

二、创新与展望

(一)研究创新

小学生几何直观能力测评模型构建是本书研究的重要内容,尽管国内外还没有几何直观能力测评模型的构建研究,但是在教育科学领域中其他测评模型的构建研

究已经存在，因此，这些成果给我们研究提供了有益启示。我们通过构建几何直观能力的操作性定义、编制测试题和调查问卷来探索与验证测评指标、构建测评模型，借此讨论、研制出比较全面的、系统的能测量学生几何直观能力的测试卷，并利用该测试工具验证了测评模型是可操作、可靠和合理的。鉴于此，我们取得了一定的创新成果，包括构建小学生几何直观能力的操作性定义、探索测评指标和构建测评模型以及开发新的测试题，测试分析发现小学生几何直观能力的一些突出特征等几个方面。

(1)首次构建小学生几何直观能力的操作性定义和探索测评指标。我们从明确小学生几何直观能力内涵出发，经过文献研究、实证调查以及基于《标准(2011年版)》的分析，构建小学生几何直观能力的操作性定义，利用探索性因子分析探索出了测评指标，这是一项新的研究成果。

(2)首次构建用于测评小学生几何直观能力的测评模型，并用比较系统、科学的方法开发新的测试题。基于探索出的小学生几何直观能力的测评指标，利用主客观赋值法构建用于测评小学生几何直观能力的测评模型。然后，基于一系列的研发系统工程以及结合TIMSS四年级数学测试框架综合开发新的测试题。通过专家初步判断和测试验证，构建的测评模型是可靠的、合理的和有效的，同时测试卷是适合的和可操作的。

(3)通过对测评模型的验证，还发现一些重要结论。比如，小学生在"形成图形的认识""利用图形描述问题"的能力上表现较好，学生普遍在动态知识(折叠与展开等)的认识过程中遇到障碍，四、五年级学生在"用图形表示分数的意义"上表现不足，学生在学习中出现"日常数学"与"学校数学"冲突等。这些成果将为数学课程教材建设、课堂教学提供理论支撑，值得参考。

(二)研究展望

在本书中，尽管研究者和实践者做了大量的研究工作，但这是一个系统性工程，课题难度大，关于几何直观能力测评研究可以借鉴和参考的研究成果资料并不多，需要进行大样本的、反复的专家咨询、问卷调查和学生测试，更需要深入的思考和做原创性设计。经过潜心调研和深入研究，相关研究成果诸如《小学生几何直观能力测评模型的构建探究》《对小学第一学段几何直观目标要求的认识》《文化差异与教育回归——对少数民族数学教育中文化差异产生障碍的认识》《基于结构方程的几何直观能力测评模型构建》《少数民族学生几何直观能力评价体系的初步构建——对贵州民族地区教师的问卷调查》等得到了国内教育学核心刊物刊载或人大复印资料全文转载，研究课题“几何直观能力测评模型构建及实证研究”获得贵州省科技厅立项（合同编号：黔科合LH字〔2017〕7164号），现已经结题。这些研究成果在探索测评指标、构建测评模型以及开发测试工具等方面都是一种尝试性探索，还有一些问题需要进一步深入思考和研究：比如编制调查工具的信效度有待提高，第一学段测试卷有待开发等；本书主要从数学教育的视角探讨几何直观能力的测评问题，还没有从学习心理学视角来思考几何直观能力的内涵以及测试分析学生的能力特征；本书中的研究以定量研究为主，大量使用统计学工具，但是我们对数理统计学的理论与应用软件包（包括SPSS、AMOS等）的操作有些地方掌握得还不够；在数据分析方面，本书作了各个方面的分析，获得了很多有价值的结论，但是，充分利用、合理分析这些数据，从而获得更多的结论，仍然值得继续思考和研究。构建测评模型是为了应用，为了解决现实中的问题，因此，还需要基于小学生几何直观能力测评模型开发更科学、合理和适合的测量工具，在更大范围实证后，构建小学生几何直观能力测评常模和标准等是后续研究中的重要课题。

总之，几何直观能力是公民的一项基本素养，是数学素养的重要指标，是人思维能力发展的重要基础。关于小学生几何直观能力内涵、测评指标与模型研究以及对小学生几何直观能力特征的测评研究是一项潜在而丰富的研究领域，衷心希望本书能够抛砖引玉，同时作为其他数学素养的一个研究导向，推进义务教育数学课程与教学的改革与发展。

附　录

附录1　关于小学数学新课程“几何直观”的调查

尊敬的老师，您好！

以下是小学数学新课程中有关“几何直观”的调查问卷，对问题答案选择与回答无所谓对与错，衷心希望您能结合实际来完成问卷，目的是想了解在小学数学新课程与教学中有关“几何直观”的一些真实情况和老师们所共同关注与思考的一些议题。您的回答对我们至关重要，为使研究结果真实可靠，请您认真作答。谢谢您的合作！

一、基本情况

1.职称是______，学历是______，教______年级。

2.现在使用的是______教材（A.人教版；B.西师版；C.北师大版；D.其他）

3.您所在的学校是______（城市，农村（包括乡、镇））

二、根据您的认知，请完成下列测试题

1.您知道“几何直观”这一核心概念吗？（　　）

A.知道　　B.听说，不是很清楚　　C.没听说或没见到

2.您了解“几何直观”的含义吗？（　　）

A.了解　　B.有一些了解　　C.不了解

3.您认为在小学培养学生几何直观能力重要吗？（　　）

A.重要　　B.一般　　C.不重要

4.您认为在小学1~3年级数学课程与教学中是否存在“几何直观”？（　　）

A.存在　　B.不存在　　C.不清楚

5.教材中有关几何直观的内容设置和呈现方式，对您来说适应吗？（　　）

A.很适应　　B.基本适应　　C.不太适应　　D.很不适应

6.您平时在课堂教学中是否有意识地培养学生的几何直观能力？（　　）

A.经常有意识培养　　B.偶尔有意识培养　　C.照本宣科　　D.根本没考虑

7.民族文化（包括语言、风俗习惯、传统数学资源、思维方式等）对小学生几何直观能力培养是否有影响？（　　）

A.促进小学生几何直观的发展　　B.阻碍小学生几何直观发展

C.没有影响　　D.没考虑这个问题

8.对培养学生几何直观能力，您有哪些建议？

附录2 几何直观能力行为表现统计表

序号	文章信息
1	关于几何直观的含义与表现形式[孔凡哲、史宁中,《课程·教材·教法》,2012(7)]
2	小学生几何直观能力发展的四个阶段[宋健泳,《教学月刊(小学版)》,2015(1-2)]
3	跨越断层,走出误区:"数学课程标准"核心词的实践解读之四——几何直观(上)[曹培英,《小学数学教师》,2013(6)]
4	浅谈初中数学教学中如何培养学生几何直观能力[李登竹,《考试与评价》,2015(2)]
5	高一学生几何直观能力调查与培养策略研究(薛恒,陕西师范大学学位论文,2013)
6	初三学生"几何直观"的调查研究(刘心怡,南京师范大学学位论文,2014)
7	小学生几何直观能力现状调查及培养策略研究(刘霖,东北师范大学学位论文,2013)
8	初中生几何直观能力培养研究(杨开凤,福建师范大学学位论文,2015)
9	两类教材对学生几何直观能力影响的调查研究(李姝,东北师范大学学位论文,2009)
10	对"几何直观"及其培养的认识与分析[刘晓玫,《中国数学教育》,2012(Z1)]
11	几何直观:探索解决小学数学问题的重要手段[冯崇和,《内蒙古师范大学学报(教育科学版)》,2014(8)]
12	基于几何直观在低段数学中的运用探讨与分析[沈佳璐,《课程教育研究》,2015(8)]
13	中学生几何直观能力研究(杜佩璟,辽宁师范大学学位论文,2009)
14	几何直观:小学数学教学的视角[蔡宏圣,《课程·教材·教法》,2013(5)]
15	几何直观的内涵、表现形式及教育价值[秦德生,《福建教育》,2012(12)]
16	发挥几何直观作用,培养几何直观能力[刘新敏,《中小学数学》,2013(6)]
17	几何直观在问题表征中的应用[姚高文,《中学数学月刊》,2013(11)]
18	从"图导"走向"图构":几何直观教学的新视野[许冰彬,《江苏教育》,2014(1)]
19	培养几何直观能力的教学思考[黄伟星、顾晓华,《教育研究与评论(小学教育教学)》,2011(6)]
20	重视几何直观能力的培养[石丽辉,《湖南教育》,2008(7)]
21	用"图形语言"思考问题——也谈"几何直观"在小学数学教学中的运用[贾兰,《新教育》,2015(6)]
22	立足三个方面,培养小学生几何直观能力[乔玲玲,《小学教学参考》,2016(1)]
23	义务教育阶段几何直观分析框架[唐平、付天贵,《教学与管理》,2016(30)]
24	对小学第一学段几何直观目标要求的认识[张和平,《教学与管理(小学版)》,2016(11)]
25	小学生几何直观能力培养的三个着眼点[马丽娇,《教学月刊(小学版)》,2014(5)]
26	少数民族地区五年级学生几何直观能力的案例分析(李想妍,中央民族大学学位论文,2016)

续表

序号	文章信息
27	Geometrical intuition and the learning and teaching of geometry [Fujita T, at the 10th International Congress on Mathematical Education (ICME-10), Copenhagen, Denmark, 2004]
28	Research on visualization in learning and teaching mathemetics (Presmeg, N C, Erlbaum, 1997)
29	Mathematical problem solving (Schoenfeld A H, Academic Press, 1985)
30	关于视觉思维问题[傅世侠,《北京大学学报(哲学社会科学版)》,1999(2)]
31	Mathematical problem solving [Hegarty M, Kozhevnikov M, Education Psychology, 1999, 91(4)]
32	十三国数学课程标准评介(曹一鸣,北京师范大学出版社,2012)
33	小学生“几何直观”能力的现状分析[黄瑛玮,《中小学教学研究》,2016(5)]

附录3 小学生几何直观能力及其测评指标的访谈提纲

尊敬的各位专家/教师,您好!

这是一份关于小学生几何直观能力的内涵及其测评指标的访谈提纲。希望通过访谈,了解您对小学生几何直观能力的内涵是什么、如何划分一级维度和二级维度等问题的意见和建议,这对我们的研究具有重要意义。感谢您的支持!

访谈时间: 访谈地点: 访谈者:

访谈者身份:□数学专家 □数学教育专家 □一线数学教师 □数学教研员

□小学数学教材编委 □数学教育博士 □其他

1. 您认为,什么是几何直观能力?

2. 小学生几何直观能力主要表现在哪些方面?

3. 以下给出的8个能力行为指标中,您认为哪些比较恰当地描述小学生几何直观能力?请在相应指标的下面栏目里划"√"(多选)。

行为指标	利用图形描述问题	用图形语言思考问题	由具体物体抽象出图形	利用图形分析问题	利用图形解决问题
认为恰当请画"√"					
行为指标	直观洞察	认识图形	直观感知		
认为恰当请画"√"					

4. 关于小学生几何直观能力测评的研究,您是否还有一些其他更好的建议?

附录4　小学生几何直观能力测评指标的测试题

同学们，感谢您的答卷。这是一份关于探索小学生几何直观能力测评指标的测试卷，请您认真看完题目后按要求回答。测试的结果仅供我们研究使用，与您的数学学习成绩无关。谢谢您的合作！

TM1. 根据右边纸箱的具体形状，请写出几何图形名称__________。

TM2. 按照右边纸箱形状画出它的几何图形。

TM3. 将一张纸对折起来，用铅笔在上面扎个洞，再把纸展开，正确图形是(　　)

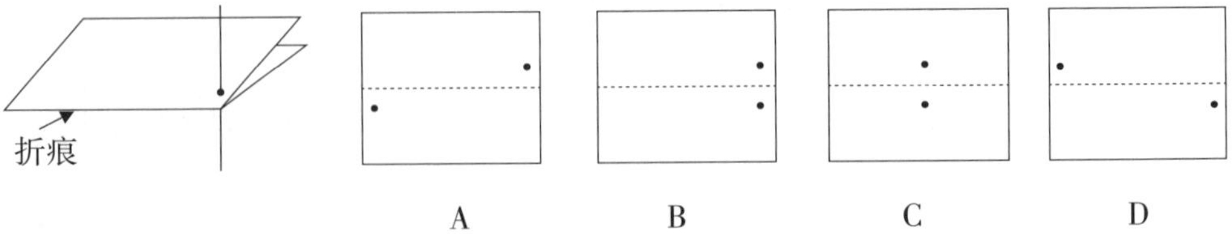

TM4. 如图，此图表示面包店卖出不同口味的饼干种类，卖得最多的饼干是__________。

TM5. 从甲地到丙地，途中经过乙地，各个路段的距离如下图所示，那么乙地到丙地的距离是__________千米。

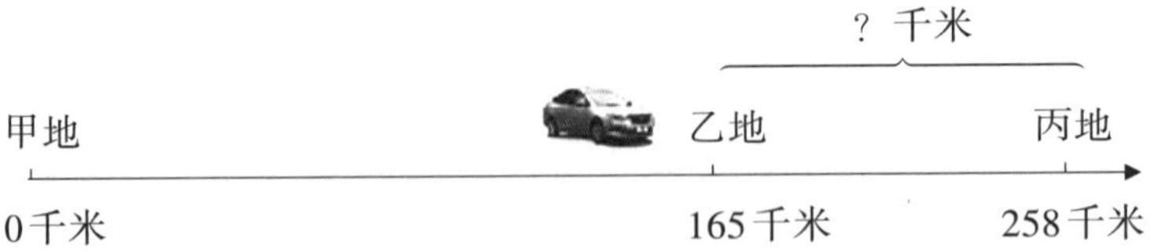

TM6. 甲、乙两人从A、B两地相向而行，甲先行2分钟后乙才出发，又经过3分钟，两人第一次相距100米。已知甲每分钟行70米，乙每分钟行80米，求A、B地间的路程。(要求：只列算式，不需要计算结果。)

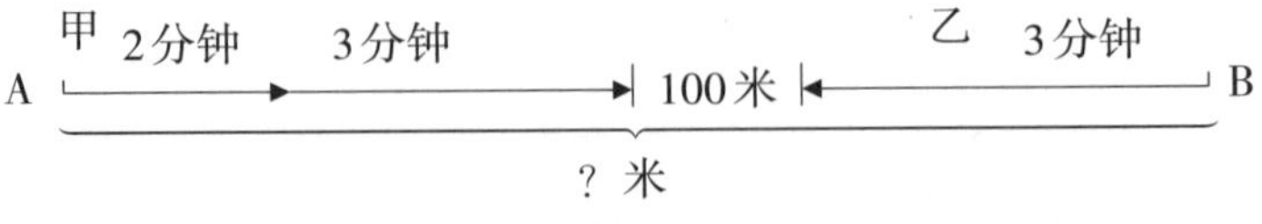

TM7. 下列各图形中，哪一个的面积最大(　　)

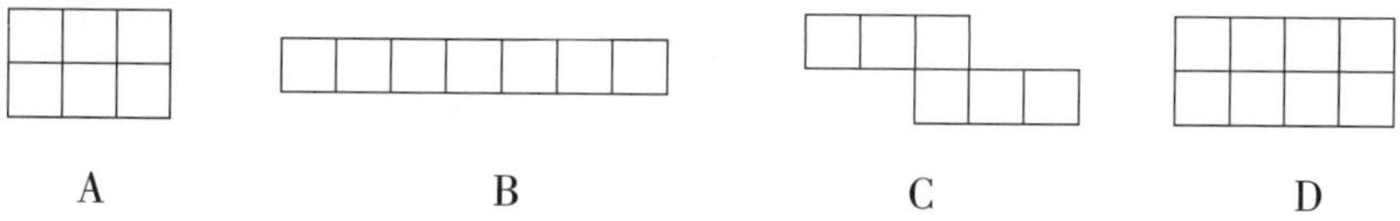

TM8. 下表是调查收集到小朋友喜欢颜色的人数。

颜色	小朋友人数/个	颜色	小朋友人数/个
红色	4	蓝色	6
绿色	2	黄色	7

根据表格的信息完成下图，即画蓝色与黄色的条形统计图。

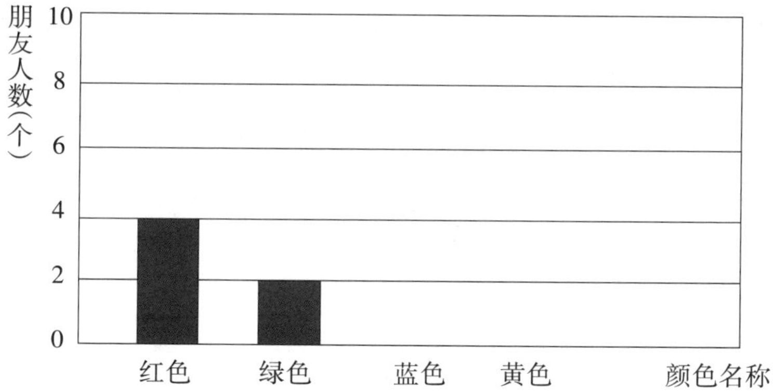

TM9. 3 月 12 日是植树节，我们班准备在新修的一条公路 A 与 B 之间种一行树。只要求在公路一侧，但 A、B 两端都要种树。这条公路全长 100 米，每隔 5 米种一棵树。一共需要多少棵树苗？

TM10. 下图中每个小正方形为 1 平方厘米，试估计曲线所围成图形的面积是多少？

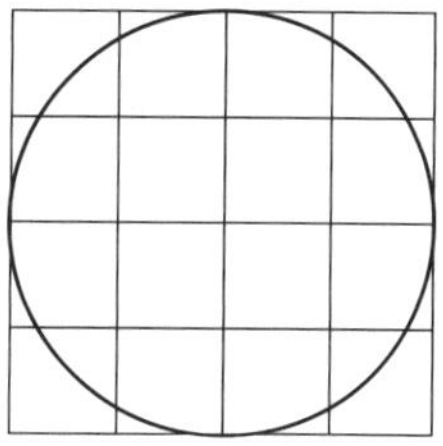

附录5 小学生几何直观能力测评指标的调查问卷

各位专家,您好!

这是一份关于小学生几何直观能力测评指标的调查问卷。几何直观能力是指形成图形的认识并利用图形描述与分析数学问题的能力。请根据您的观察与思考情况认真填写。感谢您的支持!

一、您的基本信息,请在方框内划"√"。

1. 性别:□男 □女

2. 单位:□普通高校 □科研院所 □中小学校 □其他

3. 年龄:□30岁及以下 □31~40岁 □41~50岁 □51岁以上

4. 职称:□教授/正高级 □副教授/副高级 □讲师/一级 □其他

二、根据您的认知,请在相应的选项内划"√"。

一级指标	二级指标	二级指标的具体描述以及案例说明	完全同意	较同意	不清楚	较不同意	完全不同意
形成图形的认识	由具体物体抽象出图形	由具体物体抽象出几何图形,如由黑板抽象出长方形,由纸箱抽象出长方体等。					
	认识图形并能用符号表示图形	认识图形的形状、位置与运动等,并能用符号表示图形,如"∠"表示角、"△"表示三角形。					
	形成图形映像并会画基本图形	形成物体与图形的映像,会度量简单图形;会画一般的几何图形、表格和统计图,如能画直线、线段、长方形、圆等。					
利用图形描述问题	用图形表示数及其运算	用图形表示数及数的运算、数学算式,如用"○○∅"表示运算"3-1",用图形表示数的乘法分配律等。					
	用图形表示几何问题	用图形表示几何问题,如用图形表示长度、周长、面积、体积,以及描述物体的相对位置。					
	用图形表示现实问题	能根据实际问题画几何图形、表格、统计图等,如列车问题、调查统计问题、温差变化问题。					

续表

一级指标	二级指标	二级指标的具体描述以及案例说明	完全同意	较同意	不清楚	较不同意	完全不同意
利用图形分析问题	借助图形探索问题思路	运用图形及形象关系探索解决问题思路，如几何计算、几何推理、行程问题等。					
	由图形建立数量关系	根据图形关系建立数量关系，如在行程问题中根据图形列算式或方程等。					
	利用图形解决问题	借助图形直接感知与整体把握问题，预测结果，验证与解释问题，如花坛植树问题、分数加减的图解问题。					
以上一级、二级指标划分是否合理？如果还有其他的划分指标，请写出您的建议。							

三、请给出三个维度所占的百分比。

一级指标	形成图形的认识	利用图形描述问题	利用图形分析问题
分值(共100分)	______%	______%	______%

附录6 小学生几何直观能力测评模型验证的专家调查问卷

尊敬的老师：

您好！感谢您在百忙之中参与此次调查。本问卷意在了解您对小学生几何直观能力测评模型及其权重分配的看法。该问卷仅供学术研究之用，填写的答案无对错之分，敬请按照您的实际情况和想法严格填写。谢谢您的合作！

一、基本信息

小学教师（　　），教研员（　　），高校教师或研究员（　　），其他（　　）

二、填写说明

1.通过研究，把小学生几何直观能力划分为形成图形的认识、利用图形描述问题和利用图形分析问题3个一级指标，每个指标下又分为3个二级指标，具体指标分解如下表所示：

	一级指标	二级指标
小学生几何直观能力(Y)	形成图形的认识(A)	由具体物体抽象出图形(a_1)
		认识图形并能用符号表示图形(a_2)
		形成图形映像并会画基本图形(a_3)
	利用图形描述问题(B)	用图形表示数及其运算(b_1)
		用图形表示几何问题(b_2)
		用图形表示现实问题(b_3)
	利用图形分析问题(C)	借助图形探索问题思路(c_1)
		由图形建立数量关系(c_2)
		利用图形解决问题(c_3)

2.测评模型是指用数学表达式将上表指标表示为：$Y = \alpha A + \beta B + \gamma C$，其中：$A = \alpha_1 a_1 + \alpha_2 a_2 + \alpha_3 a_3$，$B = \beta_1 b_1 + \beta_2 b_2 + \beta_3 b_3$，$C = \gamma_1 c_1 + \gamma_2 c_2 + \gamma_3 c_3$。权重分配则是指数学表达式中的$\alpha_i$，$\beta_i$，$\gamma_i$等，而$\alpha + \beta + \gamma = 1$，$\alpha_1 + \alpha_2 + \alpha_3 = 1$，$\beta_1 + \beta_2 + \beta_3 = 1$，$\gamma_1 + \gamma_2 + \gamma_3 = 1$。

利用综合权重表示，则测评模型表达式可写为：

$Y* = \mu_1 a_1 + \eta_2 a_2 + \eta_3 a_3 + \eta_4 b_1 + \eta_5 b_2 + \eta_6 b_3 + \eta_7 c_1 + \eta_8 c_2 + \eta_9 c_3$，

其中，$\mu_1 + \eta_2 + \eta_3 + \eta_4 + \eta_5 + \eta_6 + \eta_7 + \eta_8 + \eta_9 = 1$。

三、调查内容

1.在上表中对小学生几何直观能力的一级、二级测评指标的划分，您认为是否合理？若有不同的指标划分或需要补充，请写出来，并说明理由。

2.您认为本研究构建小学生几何直观能力测评模型的线性表达式是否合适?

测评模型表达式	合适	一般	不合适
$Y=0.3A+0.3B+0.4C$			
$A=0.32a_1+0.33a_2+0.350a_3$			
$B=0.3b_1+0.35b_2+0.35b_3$			
$C=0.35c_1+0.32c_2+0.33c_3$			
$Y*=0.08a_1+0.09a_2+0.09a_3+0.11b_1+0.12b_2+0.12b_3+0.13c_1+0.13c_2+0.13c_3$			

若对表达式的系数(或权重值)有不同看法,请写出来,并说明理由。

附录7　小学生几何直观能力的测试题

学校：________________　　年级：________________　　姓名：________________

性别：________________　　上学期数学期末考试成绩：

同学们，感谢您的答卷。这是一份测试小学生几何直观能力的测试卷，请您认真看完题目后按要求回答。测试的结果仅供我们研究使用，与您的数学学习成绩无关。谢谢您的合作！

一、选择题（每个题只有一个正确答案，请把正确答案写在括号内）

1. 下面图形是长方体的是（　　）

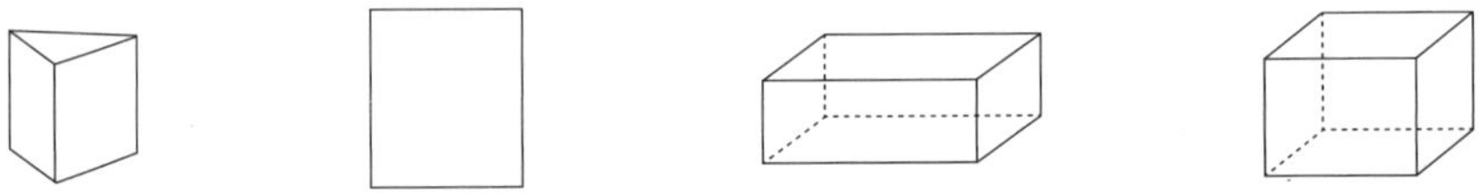

A　　B　　C　　D

2. 如图，小亮看到的恐龙是选项中的哪个部分（　　）

A　　B　　C

3. 下列各图形中，哪一个的面积最大（　　）

A　　B　　C　　D

4. 如图，将一张纸对折起来，用铅笔在上面打个洞，再把纸展开，正确图形是（　　）

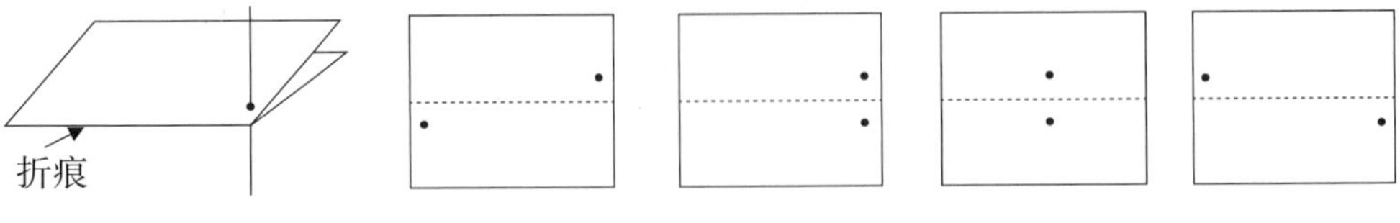

A　　B　　C　　D

5. 如图，此图表示面包店卖出不同口味的饼干种类，卖得最多的饼干是（　　）

A.燕麦　　B.香草　　C.砂糖　　D.巧克力

6.数一数,下图中共有________个方块。

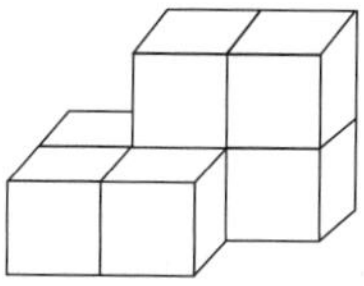

A.5个　　B.6个　　C.7个　　D.8个

二、解答题(请详细写出每个题目的解答过程)

7.用分数表示下列两个图形的阴影部分面积,并比较这两个分数大小。

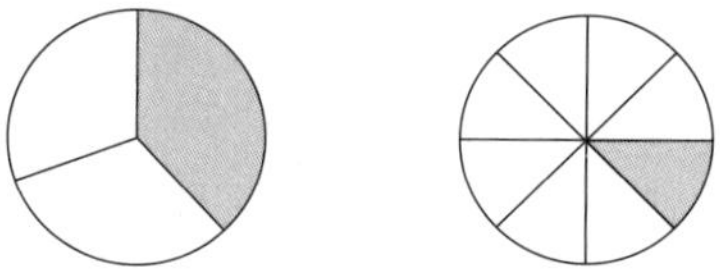

$\frac{(\quad)}{(\quad)} \bigcirc \frac{(\quad)}{(\quad)}$

8. 3月12日是植树节,我们班准备在新修的一条公路种一行树。只要求在公路一侧,但两端都要种树。这条公路全长1000米,每隔5米种一棵树。一共需要多少棵树苗?(请画线段图分析问题)

9.下表是调查收集到小朋友喜欢颜色的人数。

颜色	小朋友人数/个	颜色	小朋友人数/个
红色 绿色	4 2	蓝色 黄色	6 7

根据表格的信息完成下图,即画蓝色与黄色的条形统计图。

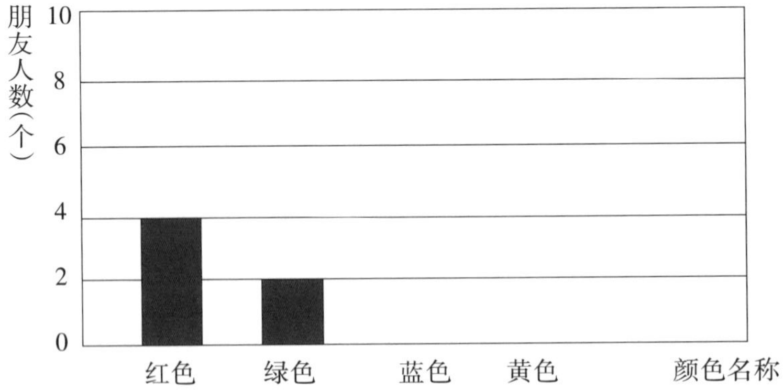

10. 玛丽离开了甲镇，匀速骑车2小时到达了下图所示的标志处。玛丽以同样的速度骑车去乙镇，请问她需要再骑多少个小时才能到达乙镇?(请画线段图分析问题)

附录8 综合测评指标以及判断准则

配适指标	判断准则
绝对拟合度指标	
χ^2	一般以卡方值p>0.05作为判断,意即模型具有良好的拟合度。(作者注释)但是,在大样本情况下,p<0.05,可参看其他综合指标。
GFI	越接近1表示模型适合度越好,通常采用GFI>0.9
RMR	越接近于0表示模型适合度越好,通常采用RMR<0.05
RMSEA	越接近于0表示模型适合度越好,通常采用RMSEA<0.1
增值拟合度指标	
AGFI	越接近1表示模型适合度越好,通常采用AGFI>0.9
NFI	越接近1表示模型适合度越好,通常采用NFI>0.9
CFI	越接近1表示模型适合度越好,通常采用CFI>0.9
IFI	越接近1表示模型适合度越好,通常采用IFI>0.9

参考文献

[1]王元，等．华罗庚科普著作选集[M]．上海：上海教育出版社，1984.

[2]李文林．数学史概论[M]．北京：高等教育出版社，2002.

[3]秦元勋．几何学通论[M]．长沙：湖南科学技术出版社，1981.

[4]马忠林．几何学[M]．长春：吉林人民出版社，1984.

[5]课程教材研究所.20世纪中国中小学课程标准·教学大纲汇编（数学卷）[M]．北京：人民教育出版社，2001.

[6]代婷.1949—2000年中国小学数学教学大纲的比较研究[D]．兰州：西北师范大学，2007.

[7]中华人民共和国教育部．全日制义务教育数学课程标准（实验稿）[S]．北京：北京师范大学出版社，2001.

[8]中华人民共和国教育部．义务教育数学课程标准（2011年版）[S]．北京：北京师范大学出版社，2012.

[9]赵凌云．传承与担当：青少年公民素养研究[M]．上海：上海交通大学出版社，2011.

[10]夸美纽斯J A.大教学论[M]．傅任敢，译．北京：教育科学出版社，1999.

[11]徐本顺，商应钢．关于思维中的几何直观问题[J]．西北大学学报（自然科学版），1984(2)：91-96，105.

[12]周学海．数学形象思维及其教育意义[J]．数学教育学报，1992(1)：83-84.

[13]滕珺.21世纪核心素养：国际认知及本土反思[J]．教师教育学报，2016(2)：103-110.

[14]魏锐，刘晟，师曼，等.21世纪核心素养教育的支持体系[J]．华东师范大学学报（教育科学版），2016(3)：46-51.

[15]王丽娟．小学生几何直观能力培养的课堂教学研究[D]．哈尔滨：哈尔滨师范大学，2015.

[16]史宁中．义务教育数学课程标准（2011年版）解读[M]．北京：北京师范大学出版社，2012.

[17]刘晓玫．小学生空间观念的发展规律及特点研究[D]．长春：东北师范大学，2007.

[18]郭民．小学生数感的发展及特征研究[D]．长春：东北师范大学，2009.

[19]李红婷.7~9年级学生几何推理能力发展及其教学研究[D]．重庆：西南大学，2007.

[20]张丹．小学生数据分析观念发展过程的研究[D]．长春：东北师范大学，2015.

[21]李艳琴．小学低段数学符号意识测评模型的构建研究[D]．重庆：西南大学，2017.

[22]张和平．对小学第一学段几何直观目标要求的认识[J]．教学与管理（小学版），2016(11)：54-56.

[23]宋乃庆．义务教育教科书　数学（四年级下册）[M]．重庆：西南师范大学出版社，2012.

[24]课程教材研究所，小学数学课程教材研究开发中心．义务教育教科书　数学（五年级上册）[M]．北京：人民教育出版社，2012.

[25]教育实证研究华东师范大学行动宣言[J]．全球教育展望，2017(3)：3-5.

[26]史宁中,孔凡哲,李淑文.课程难度模型:我国义务教育几何课程难度的对比[J].东北师大学报:哲学社会科学版,2005(6):151-155.

[27]蔡庆有,邝孔秀,宋乃庆.小学数学教材难度模型研究[J].教育学报,2013(5):97-105.

[28]杨欣.课业负担测评模型的构建研究——基于义务教育阶段学生的调查[D].重庆:西南大学,2015.

[29]徐红.教育科学研究方法[M].武汉:华中科技大学出版社,2013:46.

[30]裴娣娜.教育研究方法导论[M].合肥:安徽教育出版社,1995.

[31]吴明隆.问卷统计分析务实——SPSS操作与应用[M].重庆:重庆大学出版社,2010.

[32]王晓民.Excel 2002高级应用——数理统计[M].北京:机械工业出版社,2003.

[33]朱德全.数学素养构成要素探析[J].中国教育学刊,2002(5):53-55.

[34]石鸥.核心素养的课程与教学价值[J].华东师范大学学报(教育科学版),2016,34(1):9-11.

[35]林崇德.21世纪学生发展核心素养研究[M].北京:北京师范大学出版社,2016.

[36]桂德怀,徐斌艳.数学素养内涵之探析[J].数学教育学报,2008,17(5):22-24.

[37]宋乃庆.义务教育教科书 数学(四年级下册)[M].重庆:西南师范大学出版社,2012.

[38]何小亚.学生"数学素养"指标的理论分析[J].数学教育学报,2015,24(1):13-20.

[39]马云鹏.关于数学核心素养的几个问题[J].课程·教材·教法,2015(9):36-39.

[40]史宁中.推进基于学科核心素养的教学改革[J].中小学管理,2016(2):19-21.

[41]蔡金法,徐斌艳.也论数学核心素养及其构建[J].全球教育展望,2016,45(11):3-12.

[42]中华人民共和国教育部.普通高中数学课程标准(2017年版2020年修订)[M].北京:人民教育出版社,2020.

[43]中华人民共和国教育部.义务教育数学课程标准(2022年版)[M].北京:北京师范大学出版社,2022.

[44]陈昌平.介绍美国最新课程标准[J].数学教学,1990(2):35-37,22.

[45]鲍建生.追求卓越:从TIMSS看影响学生数学成就的因素[M].上海:上海教育出版社,2003.

[46]盛秋玲.基于TIMSS 2011数学测试框架的小学数学试题研究——以上海市小学三、四年级为例[D].上海:上海师范大学,2014.

[47]陆璟.PISA测评的理论和实践[M].上海:华东师范大学出版社,2013.

[48]魏爱芳.PISA数学素养测试及其对我国青少年数学素养评价的启示[J].考试研究,2011(6):78-87.

[49]汪文贤.数学思维论[M].杭州:浙江摄影出版社,2007.

[50]冯国瑞.钱学森关于思维科学的构想[J].西安交通大学学报(社会科学版),2011,31(6):26-33.

[51]涂元季.钱学森书信:第1卷[M].北京:国防工业出版社,2007.

[52]涂元季.钱学森书信:第4卷[M].北京:国防工业出版社,2007.

[53]鲍建生,周超.数学学习的心理基础与过程[M].上海:上海教育出版社,2009.

[54]谢茜.欣赏《几何不仅仅是证明》一文随感[J].数学教学,2005(5):11-13.

[55]冯雪娇.多元文化背景下初中生几何认知水平比较研究[D].大连:辽宁师范大学,2011.

[56]胡凤娟.数学自主学习教学模式的研究[D].北京:首都师范大学,2012.

[57]祁明衡.范希尔理论下的初中生几何思维水平现状研究[D].北京:首都师范大学,2013.

[58]王健吾.数学直观思维研究[J].湖北民族学院学报(自然科学版),1996(2):77-78.

[59]钱学森.关于思维科学[M].上海:上海人民出版社,1986.

[60]蔡宏圣.几何直观:小学数学教学的视角[J].课程·教材·教法,2013,33(5):109-115.

[61]蒋文蔚.几何直观思维在科学研究及数学教学中的作用[J].数学教育学报,1997,6(4):67-71.

[62]王建军.论康德直观理论的三个层次[J].天津社会科学,2012(2):46-50.

[63]康德.纯粹理性批判[M].蓝公武,译.北京:商务印书馆,1960.

[64]黄铭.康德与胡塞尔论直观问题———从先天直观到本质直观[J].浙江大学学报(人文社会科学版),2001,31(4):36-41.

[65]倪梁康.康德"智性直观"概念的基本含义[J].哲学研究,2001(10):49-54,65.

[66]郝一江.柏拉图与康德逻辑主义与直观主义之源[J].宁波大学学报(人文科学版),2001(2):83-87.

[67]秦德生.关于几何直观的思考[J].中学数学教学参考,2005(10):9-11.

[68]康德.纯粹理性批判[M].邓晓芒,译.北京:人民出版社,2004.

[69]黑格尔.小逻辑[M].贺麟,译.北京:商务印书馆,1980.

[70]中共中央马克思恩格斯列宁斯大林著作编译局.马克思恩格斯选集:第三卷[M].北京:人民出版社,1972.

[71]中共中央马克思恩格斯列宁斯大林著作编译局.列宁全集:第三十八卷[M].北京:人民出版社,1959.

[72]吕志强.感性与理性思维互动教学模式与精品课程建设[J].辽宁教育研究,2006(9):83-84.

[73]孔凡哲,史宁中.关于几何直观的含义与表现形式——对《义务教育数学课程标准(2011年版)》的一点认识[J].课程·教材·教法,2012(7):92-97.

[74]钱学森.关于思维科学[J].自然杂志,1983(8):563-567,572.

[75]于秀彬.试论形象思维与抽象思维的协同性[J].社会科学战线,2008(1):239-242.

[76]傅世侠.关于视觉思维问题[J].北京大学学报(哲学社会科学版),1999(2):63-68.

[77]萨克斯G,牛顿JW.教育和心理测量与评价原理[M].王昌海,等译.南京:江苏教育出版社,2002.

[78]汪德营,李玉琪.数学教育测量与评价[M].海口:南海出版公司,1992.

[79]胡中锋.教育测量与评价(第2版)[M].广州:广东高等教育出版社,2006.

[80]黄牧航.从教育测量走向教育评价——论新课程改革后高考考试评价制度改革的趋向[J].中国考试,2009(5):3-10.

[81]辛涛,田伟,邹舟.教育结果公平的测量及其对基础教育发展的启示[J].清华大学教育研究,2010(3):21-26.

[82]张和平.义务教育数学课程核心词测评体系构建探究[J].凯里学院学报,2018(6):102-106.

[83]黄希庭.简明心理学辞典[M].合肥:安徽人民出版社,2004.

[84]何小亚,李耀光,张敏.数学教育研究与测量[M].北京:科学出版社,2015.

[85]沈以淡.简明数学词典[M].北京:北京理工大学出版社,2003.

[86]数学辞海编辑委员会.数学辞海:第五卷[M].南京:东南大学出版社,2002.

[87]威廉·维尔斯马,斯蒂芬·G.于尔斯.教育研究方法导论(第9版)[M].袁振国,译.北京:教育科学出版社,2010.

[88]范涌峰,宋乃庆.大数据时代的教育测评模型及其范式构建[J].中国社会科学,2019(12):139-155.

[89]张和平,裴昌根,宋乃庆.小学生几何直观能力测评模型的构建探究[J].数学教育学报,2017,26(5):49-53.

[90]荣泰生.AMOS与研究法方法[M].重庆:重庆大学出版社,2010.

[91]吴明隆.结构方程模型:Amos实务进阶[M].重庆:重庆大学出版社,2013.

[92]张和平.基于结构方程的几何直观能力测评模型构建[J].贵州师范大学学报(自然科学版),2017,35(2):104-108.

[93]孙琰.硕士研究生胜任特征模型与测评研究[D].大连:辽宁师范大学,2010.

[94]吕建华.中学教师胜任素质模型构建与测评[D].长春:东北师范大学,2011.

[95]李翠萍.地方高校大学生满意度指数模型构建及其测评研究[D].天津:河北工业大学,2011.

[96]徐建平.教师胜任力模型与测评研究[D].北京:北京师范大学,2004.

[97]张杨.基于结构方程模型的初中生学校满意度测评研究[D].天津:天津师范大学,2009.

[98]鲍建生.中英两国初中数学期望课程综合难度的比较[J].全球教育展望,2002(9):48-52.

[99]张辉蓉,杨欣,李美仪等.初中生信息素养测评模型构建研究[J].中国电化教育,2017(9):33-38.

[100]朱亚丽.义务教育资源配置均衡发展测评模型的构建研究——基于对重庆统筹城乡教育的调研[D].重庆:西南大学,2015.

[101]李艳琴,宋乃庆.小学低段数学符号意识测评指标体系的初步构建[J].教育学报,2016,12(4):23-28,38.

[102]李化侠.小学统计思维测评模型构建——基于学习进阶的视角[D].北京:北京师范大学,2017.

[103]孙成江,李琪.公共图书馆服务能力评价指标体系构建及实证研究[J].情报资料工作,2015(6):62-67.

[104]段冰.基于结构方程的顾客满意度测评模型[J].统计与决策,2013(12):48-50.

[105]张勇.测评技术是影响教育评价改革的关键[N].中国教育报,2019-03-28(7).

[106]尹弘飚.教育实证研究的一般路径:以教师情绪劳动研究为例[J].华东师范大学学报(教育科学版),2017(3):47-56.

[107]高耀明,范围.中国高等教育研究方法:1979—2008——基于CNKI中国引文数据库(新)"高等教育专题"高被引论文的内容分析[J].大学教育科学,2010,3(3):18-25.

[108]姚计海.教育实证研究方法的范式问题与反思[J].华东师范大学学报(教育科学版),2017(3):64-71.

[109]李刚,王红蕾.混合方法研究的方法论与实践尝试:共识、争议与反思[J].华东师范大学学报(教育科学版),2016(4):98-105,121.

[110]弗莱登塔尔.作为教育任务的数学[M].陈昌平,等译.上海:上海教育出版社,1995.

[111]徐利治.谈谈我的一些数学治学经验[J].数学通报,2000(5):0-3.

[112]普通高中数学课程标准研制组.普通高中数学课程标准(实验)[S].北京:人民教育出版社,2003.

[113]中华人民共和国教育部.普通高中数学课程标准(2017年版)[S].北京:人民教育出版社,2017.

[114]夸美纽斯J A.图画中见到的世界[M].杨晓芬,等译.上海:上海书店出版社,2001.

[115]马云鹏.数学核心素养及其特征分析[J].小学教学(数学版),2017(1):8-11.

[116]魏建香.学科交叉知识发现及可视化[M].南京:南京大学出版社,2011.

[117]让·皮亚杰.儿童的心理发展(心理学研究文选)[M].傅统先,译.济南:山东教育出版社,1982.

[118]中共中央马克思恩格斯列宁斯大林著作编译局.马克思恩格斯选集(第一卷)[M].北京:人民出版社,1995.

[119]列宁.哲学笔记[M].中共中央马克思恩格斯列宁斯大林著作编译局译.北京:人民出版社,1993.

[120]南京师范大学.心理学(第二段)[M].南京:河海大学出版社,1991.

[121]杜佩璟.中学生几何直观能力研究[D].大连:辽宁师范大学,2009.

[122]薛恒.高一学生几何直观能力调查与培养策略研究[D].西安:陕西师范大学,2013.

[123]刘霖.小学生几何直观能力现状调查及培养策略研究[D].长春:东北师范大学,2013.

[124]戚双.培养高中生几何直观能力的案例分析:基于立体几何的教学[D].天津:天津师范大学,2013.

[125]杨开凤.初中生几何直观能力培养研究——以八年级学生为例[D].福州:福建师范大学,2015.

[126]曹培英.跨越断层,走出误区:“数学课程标准”核心词的实践解读之四——几何直观(上)[J].小学数学教师,2013(6):25-36.

[127]苏建伟,李鹏.国内几何直观研究综述[J].海南广播电视大学学报,2017,18(1):144-150.

[128]徐利治,郑毓信.数学抽象方法与抽象度分析法[M].南京:江苏教育出版社,1990.

[129]史宁中.数学思想概论(第1辑)——数量与数量关系的抽象[M].长春:东北师范大学出版社2008.

[130]何浩平.胡塞尔现象学中的数学直观及其可错性问题[J].自然辩证法研究,2016,32(3):84-89.

[131]毕力格图.试论数学直观[J].数学通报,2013,52(7):19-21,24.

[132]宋思思.初中生几何直观能力的调查研究——以苏州市某中学七八年级学生为例[D].上海:华东师范大学,2017.

[133]罗增儒.数学解题学引论[M].西安:陕西师范大学出版社,2001.

[134]徐斌艳.数学课程与教学论[M].杭州:浙江教育出版社,2003.

[135]波利亚.怎样解题——数学教学法的新面貌[M].涂泓,冯承天,译.上海:上海科技出版社,2002.

[136]刘晓玫.再从“几何直观”谈起[J].小学教学(数学版),2012(7):31-32.

[137]秦德生.几何直观的内涵、表现形式及教育价值[J].福建教育(小学版),2012(12):42-44.

[138]国家教育委员会基础教育司.全日制普通高级中学数学教学大纲(供试验用)[J].学科教育,1996(8):2-13.

[139]苏明强.几何直观的溯源[J].齐鲁师范学院学报,2013,28(3):112-115.

[140]曹一鸣.十三国数学课程标准评介(小学、初中卷)[M].北京:北京师范大学出版社,2012.

[141]冯崇和.几何直观:探索解决小学数学问题的重要手段[J].内蒙古师范大学学报(教育科学版),2014(8):120-123.

[142]宋健泳.小学生几何直观能力发展的四个阶段[J].教学月刊(小学版),2015(1-2):94-96.

[143]姚高文.几何直观在问题表征中的应用[J].中学数学月刊,2013(11):13-14.

[144]隋佳源.六年级学生几何直观测评研究[D].重庆:西南大学,2016.

[145]朱玉婷.高年级小学生几何直观的应用现状调查及教学建议研究——以长春市N小学为例[D].长春:东北师范大学,2015.

[146]李姝.两类教材对学生几何直观能力影响的调查研究[D].长春:东北师范大学,2009.

[147]刘心怡.初三学生“几何直观”现状的调查研究[D].南京:南京师范大学,2014.

[148]张瑞良.初中生几何直观能力现状调查与培养策略研究[D].济南:山东师范大学,2016.

[149]李想妍.少数民族地区五年级学生几何直观能力的案例分析[D].北京:中央民族大学,2016.

[150]潘进利.初中生几何直观运用能力的调查与研究[D].石家庄:河北师范大学,2015.

[151]蒋会兵,张定强.新课程实施以来国内“几何直观”研究综述[J].中学数学杂志,2014(8):1-4.

[152]课程教材研究所、小学数学课程教材开发研究中心.义务教育课程标准实验教科书 数学(一年级 上册)[M].北京:人民教育出版社,2001.

[153]宋乃庆.义务教育教科书 数学(一年级 上册)[M].重庆:西南师范大学出版社,2012.

[154]董奇.研究变量操作定义的设计[J].教育科学研究,1991(3):21-24.

[155]郑金洲,陶保平,孔企平.学校教育研究方法[M].北京:教育科学出版,2003.

[156]荣泰生.AMOS与研究方法[M].重庆:重庆大学出版社,2010.

[157]波利亚.怎样解题[M].阎育苏,译.北京:科学出版社,1982.

[158]吴明隆.问卷统计分析实务——SPSS操作与应用[M].重庆:重庆大学出版社,2010.

[159]林生传.教育研究法[M].台北:心理出版社,2002.

[160]刘钊,万松钱,黄战凤.论公共管理实践中的“试点”方法[J].东北大学学报(社会科学版),2006(4):280-283.

[161]张世斌.数学建模的思想和方法[M].上海:上海交通大学出版社,2015.

[162]姜启源,谢金星,叶俊.数学模型[M].北京:高等教育出版社,2011.

[163]沈继红,施振玉,高振滨.数学建模[M].哈尔滨:哈尔滨工程大学出版社,1996.

[164]郭秀英.区间数指标权重确定的熵值法改进[J].统计与决策,2012(17):32-34.

[165]王应明.运用离差最大化方法进行多指标决策与排序[J].系统工程与电子技术,1998(7):26-28,33.

[166]汤光华,曾宪报.构建指标体系的原理与方法[J].河北经贸大学学报,1997(4):60-62,65.

[167]齐宇歆,甘雅娟.Delphi法在学习素养评价指标权重中的应用探析[J].闽南师范大学学报(自然科学版),2016(3):122-128.

[168]常建娥,蒋太立.层次分析法确定权重的研究[J].武汉理工大学学报(信息与管理工程版),2007,29(1):153-156.

[169]程明熙.处理多目标决策问题的二项系数加权和法[J].系统工程理论与实践,1983(4):23-26.

[170]张和平.少数民族学生几何直观能力评价体系的初步构建——对贵州民族地区教师的问卷调查[J].兵团教育学院学报,2017(2):22-26.

[171]王小英,张明.心理测量与心理诊断[M].长春:东北师范大学出版社,2002.

[172]杜林致.心理测量学[M].天津:南开大学出版社,2011.

[173]王汉澜.教育心理学[M].开封:河南大学出版社,1987.

[174]张奠宙,宋乃庆.数学教育概论(第三版)[M].北京:高等教育出版社,2016.

[175]张和平,宋乃庆.文化差异与教育回归——对少数民族数学教育中文化差异产生障碍的认识[J].民族教育研究,2016(4):77-83.

[176]郑毓信.民俗数学与数学教育[J].贵州师范大学学报(自然科学版),1999(4):90-95.

[177]张春兴.教育心理学[M].杭州:浙江教育出版社,1998.

[178]贾旭杰,孙晓天,何伟.关于民族地区数学课程难度问题的研究与思考[J].数学教育学报,2013,22(2):33-36.

[179]郑新蓉,王学男.少数民族理科学习困境的因素分析[J].教育学报,2015,11(1):63-70.

[180]孙名符,吕世虎,王仲春.藏、汉儿童数学思维能力发展差异性的研究[J].教育研究,1991(8):57-63.

[181]吕传汉.文化背景与民族教育[M].贵阳:贵州教育出版社,1991.

[182]吕世虎,付敏,孙名符,等.藏、汉学生智力因素和非智力因素对数学能力发展影响的跨文化研究[J].教育研究,1995(1):70-74.

[183]张和平,毛家贵.新时代民族地区双语教育的内涵、特征及问题研究[J].凯里学院学报,2019,37(1):90-93.

[184]张侨平.西方国家数学教育中的数学素养:比较与展望[J].全球教育展望,2017(3):29-44.

[185]王娅婷,毛秀珍.数学素养的测量及评价[J].数学教育学报,2017,26(3):73-77.

[186]王光明,张楠,周九诗.高中生数学素养的操作定义[J].课程·教材·教法,2016,36(7):50-55.

[187]辛涛,姜宇,刘霞.我国义务教育阶段学生核心素养模型的构建[J].北京师范大学学报(社会科学版),2013(1):5-11.

[188]陈重穆,宋乃庆.淡化形式 注重实质[J].数学教育学报,1993(2):4-9.

[189]韩云雪.小学生几何直观能力的调查研究——以上海市D小学为例[D].上海:上海师范大学,2021.

[190]周婷婷.我国高校学生评教指标体系的比较研究[D].汕头:汕头大学,2007.

[191]蒋澍.小学数学教育教学研究年度综述——基于2016年《小学数学教与学》论文转载情况的统计分析[J].小学教学研究,2017(4):9-12.

[192]孔凡哲,史宁中.中国学生发展的数学核心素养概念界定及养成途径[J].教育科学研究,2017(6):5-11.

[193]甄兆楠.六年级学生几何直观能力的调查研究[D].天津:天津师范大学,2019.

[194]赵辰柯.小学高年级学生几何直观能力现状调查研究——以新乡市H小学为例[D].新乡:河南师范大学,2019.

[195]肖雪飞.小学高年级学生几何直观能力的现状调查研究——以兰州市某小学为例[D].兰州:西北师范大学,2020.

[196]宋健.小学五年级学生几何直观能力的现状调查研究[D].天津:天津师范大学,2020.

[197]夏爱玲.四年级学生几何直观能力调查研究[D].石河子:石河子大学,2020.

[198]肖玉.苗族聚居地区小学生几何直观能力的调查研究——以贵州省L市M村为例[D].贵阳:贵州师范大学,2021.

[199]蔡佳丽.苏科版初中数学教材习题使用情况的调查研究——以H市为例[D].南京:南京师范大学,2020.

[200]郎颜潞.初中生几何直观能力现状调查研究[D].重庆:重庆三峡学院,2021.

[201]胡雨.八年级学生几何直观能力的现状调查及培养策略研究——以天水市YF中学为例[D].天水:天水师范学院,2020.

[202]张华.论核心素养的内涵[J].全球教育展望,2016,45(4):10-24.

[203]褚宏启.核心素养的概念与本质[J].华东师范大学学报(教育科学版),2016,34(1):1-3.

[204]吕世虎,吴振英.数学核心素养的内涵及其体系构建[J].课程·教材·教法,2017,39(9):12-17.

[205]田运.思维辞典[M].杭州:浙江教育出版社,1996.

[206]希尔伯特,康福森.直观几何[M].王联芳,译.北京:高等教育出版社,1959.

[207]刘晓玫.小学生空间观念的发展规律及特点研究[D].长春:东北师范大学,2007.

[208]Mammana C, Villain V. Perspectives on the teaching of geometry for the 21st century: An ICMI study(new ICMI study series volume 5)[M].New York:Springer Science, Business Media, B.V., 1998.

[209]Webb N L. Mathematics content specification in the age of assessment [C]// Frank F K. Second handbook of research on mathematics teaching and learning : A project of the National Council of Teachers of Mathematics. Greenwich,Connecticut: Information Age Publishing Inc, 2007:1281-1292.

[210]Black P, Wiliam D. Assessment and classroom learning[J]. Assessment in Education: Principles, Policy & Practice, 1998, 5(1):7-74.

[211]Jablonka E. Mathematical Literacy [M]// Bishop A J. Second international handbook of mathematics education: Part I . Dordrecht, the Netherlands: Kluwer Academic Publishers, 2003.

[212]Colwell D, Macrae S, Boaler J, et al. Adult numeracy: Review of research and related literature [M]. London: National Research and Development Centre for Adult Literacy and Numeracy, 2003.

[213]Zacharias J R. The importance of quantitative thinking [J]. National Elementary Principal, 1974, 53(2): 8-13.

[214]D'Ambrosio U. Literacy, matheracy and technoracy—The new trivium for the era of technology [R]. The First Mathematics Education and Society Conference, Nottingham, 1998.

[215]Kilpatrick J, Swafford J, Findell B. Adding it up: Helping children learn mathematics [M]. Washington, DC: National Academy Press, 2001.

[216]Neill W Alex. The essentials of numeracy [C]. Paper prepared for New Zealand Association of Researchers in Education Conference, Christchurch, 6th-9th December 2001.

[217] Cockcroft Committee. Mathematics counts: A report into the teaching of mathematics in schools [R]. London: Her Majesty's Stationery Office, 1982.

[218] National Council of Teachers of Mathematics. Curriculum and evaluation standards for school mathematics [M]. Reston, VA: Author, 1989.

[219]OECD. Measuring student knowledge and skills: The PISA 2000 Assessment of Reading, Mathematical and Scientific Literacy[M]. Ogdensburg, NY: Renouf Publishing, 2000.

[220]Turner R. Exploring mathematical competencies[J]. Research Developments,2011(24):5.

[221]Lengnik K. Reflecting mathematics an approach to achieve mathematical literacy[J]. ZDM Mathematics Education, 2005,37 (3):246-249.

[222]Mullis I V S,Martin M O,Ruddock G J,et al. TIMSS 2007 assessment frameworks [R]. Boston: TIMSS & PIRLS International Study Center, Lynch School of Education, Boston College, 2005.

[223]Mullis I V S,Martin M O,Ruddock G J,et al. TIMSS 2011 assessment frameworks [R]. Boston: TIMSS & PIRLS International Study Center, Lynch School of Education, Boston College, 2009.

[224] Mullis I V S, Martin M O. TIMSS 2015 assessment frameworks[R]. Boston: TIMSS & PIRLS International Study Center, Lynch School of Education, Boston College, and IEA, 2013.

[225]Battista M T. The development of geometric and spatial thinking [C]// Lester F K. Second handbook of research on mathematics teaching and learning. Charlotte, NC: Information Age Publishing,2007:843-908.

[226]Clements D H, Battista M T. Geometry and spatial reasoning[C]// Grouws D A. Handbook of research on mathematics teaching and learning. New York, NY: National Council of Teachers of Mathematics/Macmillan Publishing Co. 1992:420-464.

[227]Chimuka A. The effect of integretion of geogebra software in the teaching of circle geometry on grade 11 students' achievement [D]. Institute for Science and Technology Education, 2017.

[228]Skelton C. Teaching geometry for IP and SP using Van Hiele levels [C]// Goba B, Naidoo J. Proceedings of the 22nd annual national congress of the association for mathematics education of South Africa. AMESA,2016:65-71.

[229]Van Hiele P M. Structure and insight [M].Orlando,FL:Academic Press,1986.

[230]Fuys D, Geddes D,Tischler R. Journal of research in mathematics education monograph 3: the Van Hiele model of thinking in geometry among adolescents[M].Reston:National Council of Teachers of Mathematics,1988.

[231]Holmes E E. New directions in elementary school maths: Interactive teaching and learning [M].London: Pearson,1995.

[232]Hoffer A. Geometry: A model of the universe[M]. Menlo Park, Calif.: Addison-Wesley, 1979.

[233]Usiskin Z. Van Hiele level and achievement in secondary school geometry [R].Chicago: University of Chicago,1982.

[234]Shavelson R J, Baxter G P, Pine J. Performance assessments: Political rhetoric and measurement reality[J]. Educational Researcher, 1992,21(4):22-27.

[235]Fergusson D M. Annotation: Structural Equation Models in Developmental Research [J]. Journal for Child Psychology and Psychiatry, 1997,38(8): 877-887.

[236]Daniel B K. Big data and data science: A critical review of issues for educational research [J].British Journal of Educational Technology, 2019,50(1):101-113.

[237]Noaman A Y, Ragab A H M, Madbouly A I, et al. Higher education quality assessment model: towards achieving educational quality standard[J]. Studies in Higher Education, 2015, 42(1): 1-24.

[238]Shavelson R J, Towne L. Scientific research in education[M]. Washington,DC: The National Academy Press,2002.

[239]Towne L,Wise L L, Winters T M. Advancing scientific research in education[M].Washington,DC: The National Academy Press,2004.

[240]Slavin R E. Evidence-based education policies: Transforming educational practice and research [J]. Educational Researcher,2002,31(7):15-21.

[241]Bridges D,Smeyers P, Smith R. Evidence-based education policy: What evidence? What basis? Whose policy? [M]. Malden,MA:Wiley-Blackwell,2009.

[242]Golding C. Must we gather data? A place for the philosophical study of higher education [J]. Higher Education Research and Development, 2013,32(1):152-155.

[243]Johnson R B, Onwuegbuzie A J. Mixed methods research: A research paradigm whose time has come [J]. Educational Researcher,2004,33(7) :14-26.

[244]Wiersma W, Jurs S G. Research methods in education: An Introduction (8th edition)[M]. 北京:中国轻工业出版社,2004.

[245]Cenci M. Design-based research in an educational research context [J]. Journal of Contemporary Educational Studies,2014(1) :62-75.

[246]Capraro R M, Thompson B. The educational researcher defined: What will future researchers be trained to do? [J]. Journal of Educational Research,2008 (4):247-253.

[247]Kim R Y, Suurtamm C, Silver E, et al. Large scale assessment and testing in mathematics education [C]// Kaiser G. Proceedings of the 13th International Congress on Mathematical Education. Hamburg: Springer, 2017:565-569.

[248]Yamamoto S. The meaning of spatial imagination in Geometrical Intuitive Instruction of P. Treutlein[J]. Journal of JASME: Research in Mathematics Education, 2001(7):105-116.

[249]Kjosavik F, Aas, Norwegen. Kant on geometrical intuition and the foundations of mathematics[J].Kant-Studien Philosophische Zeitschrift,2009(1):1-27.

[250]Poincaré J H. La valeur de la science[M]. Paris: Champs Flammarion,1905.

[251]Fischbein E. Intuition in science and mathematics: An educational approach[M]. Dordrecht: D. Reidel Publishing Company,1987.

[252]Fischbein E. The theory of figural concepts[J]. Educational Studies in Mathematics, 1993, 24 (2):139-162.

[253]Jones K. Researching geometrical intuition [J]. Proceedings of the British Society for Research into Learning Mathematics, 1993,13(3):15-19.

[254]Fujita T, Jones K, Yamamoto S. Geometrical intuition and the learning and teaching of geometry [C]//Paper Presented at the 10th International Congress on Mathematical Education (ICME-10), Copenhagen, Denmark,2004.

[255]Kadunz G, Yerushalmy M. Visualization in the teaching and learning of mathematics [C]// Sung Je Cho. The Proceedings of the 12th International Congress on Mathematical Education . New York: Springer,2015:463-467.

[256]Yerushalmy M, Rivera F, Chua B L, et al. Visualization in the teaching and learning of mathematics [C]// Kaiser G. Proceedings of the 13th International Congress on Mathematical Education. Hamburg: Springer, 2017:467-470.

[257]Presmeg N C. Visualisation in high school mathematics[J]. For the Learning of Mathematics, 1986,6(3):42-46.

[258]Presmeg N C. The role of visually mediated processes in classroom mathematics[J]. Zentralblatt fuer Didaktik der Mathematik, 1994,26(4):114-117.

[259]Eisenberg T. On understanding the reluctance to visualize[J]. Zentralblatt fuer Didaktik der Mathematik, 1994,26(4):109-113.

[260]Arcavi A. The role of visual representations in the learning of mathematics[J]. Educational Studies in Mathematics, 2003,52(3):215-241.

[261]Goldenberg E P, Cuoco A A, Mark J. A role for geometry in general education[C]// Lehrer R, Chazan D. Designing learning environments for developing understanding of geometry and Space. Mahwah. N J: Lawrence Erlbaum Associates, 1998.

[262]Presmeg N. Research on visualization in learning and teaching mathematics[C]//Gutiérrez A, Boéro P. Handbook of research on the psychology of mathematics education: Past, present and future. Rotterdam, Netherlands: Sense Publishers, 2006:205-235.

[263]Healy L, Powell A. Understanding and overcoming "disadvantage" in learning mathematics [C]//Clements M, et al. (Eds.). Third international handbook of mathematics education. New York: Springer, 2013:69-100.

[264]Owens K. Visuospatial reasoning: An ecocultural perspective for space, geometry and measurement education[M]. New York: Springer, 2015.

[265]Rivera F D. Towards a Visually-Oriented School Mathematics curriculm[M]. New York: Springer, 2011.

[266]Sinclair N, Bussi M G B, De Villiers M, et al. Geometry education, including the use of new technologies: A survey of recent research[C]// Kaiser G. Proceedings of the 13th International Congress on Mathematical Education. Hamburg: Springer, 2017:277-287.

[267]Lowrie T, Kay R. Relationship between visual and nonvisual solution methods and difficulty in elementary mathematics [J]. The Journal of Educational Research, 2001, 94(4): 248-255.

[268]Anne M, Landi G. Helping students with learning disabilities make sense of word problems [J]. Intervention in School and Clinic, 2001, 37(1): 13-18.

[269]Hegarty M, Kozhevnikov M. Type of visual-spatial representation and mathematical problem solving[J].Education Psychology, 1999, 91(4):684-689.

[270]Kozhevnikov M, Hegarty M, Mayer R E. Revising the Visualizer-verbalizer Dimension: Evidence for Two Types of Visualizers [J]. Cognition and Instruction, 2002, 20(1): 47-77.

[271]Aspinwall L, Shaw K L, Presmeg N C. Uncontrollable mental imagery: Graphical connections between a function and its derivative [J]. Educational Studies in Mathematics, 1997, 33 (3): 301-317.

[272]Piaget J, Inhelder B. Mental images [M]//Oléron P, Piaget J, Inhelder B, et al. Experimental psychology: Its scope and method(Volume VII: Intelligence). London: Psychology Press, 1969: 85-143.

[273] Chartier G. Using geometrical intuition to learn linear algebra [C]//Jarmila Novotná · Proceedings: European Research in Mathematics Education II. Mariánské Lázně, Czech Republic Charles University, Faculty of Education, 2001:533-541.

[274] Feferman S. Mathematical intuition VS mathematical monsters [J].Synthese, 2000, 125(3): 317-332.

[275] Longo G, Viarouge A. Mathematical intuition and the cognitive roots of mathematical concepts[J].Topoi: An International Review of Philosophy, 2010, 29(1): 15-27.

[276] Gorgorió N. Exploring the functionality of visual and non-visual strategies in solveing rotation problems[J]. Educational Studies in Mathematics, 1998, 35(3):207-231.

[277] Fennema E, Tartre L A. The use of spatial visualization in mathematics by girls and boys [J]. Journal for Research in Mathematics Education, 1985, 16 (3):184-206.

[278] Garderen D V, Scheuermann A, Poch A. Challenges students identified with a learning disability and as high-achieving experience when using diagrams as a visualization tool to solve mathematics word problems[J]. ZDM Mathematics Education, 2014, 46(1):135-149.

[279] Hair J F, Anderson R E, Tatham R L, et al. Multivariate data analysis (5th edition) [M]. Upper Saddle River, New Jersey: Prentice Hall, 1998.

[280] Burger W F, Shaughnessy J M. Characterizing the van Hiele levels of development in Geometry [J]. Journal for Research in Mathematics Education, 1986, 17(1): 31-48.

[281] Hoffer A. Geometry is more than proof[J]. Mathematics Teacher, 1981(1):11-18.

[282] Gilf J P. Psychometric methods (2nd ed.)[M]. New York, NY: McGraw-Hill, 1954.

[283] Barton B. Anthropological perspectives on mathematics and mathematics education [C]// Bishop A J(ed.) International Handbook of Mathematics Education.Boston: Kluwer Academic Publishers, 1996.

[284] Bishop A J. Cultural Conflict in Mathematics Education: Developing a Research Agenda [J]. For the Learning of Mathematics, 1994, 14 (2) :15-18.

[285] Bishop A J. Mathematical Enculturation: A Cultural Perspective on Mathematics Education [M]. Boston: Kluwer Academic Publishers, 1988.

[286] Alyman C. Peters M. Performance of male and female children, adolescents and adults on spatial tasks that involve everyday objects and settings [J]. Canadian Journal of Experimental Psychology, 1993, 47(4):730-747.

[287]Geary D C. Children's mathematical development: Research and practical applications[M]. Washington DC: American Psychological Association, 1994.

[288]Tate W F. Race-ethnicity, SES, gender, and language proficiency trends in mathematics achievement: An update[J]. Journal for Research in Mathematics Education, 1997, 28(6): 652-679.

[289]Lachance J A., Mazzocco M M M. A longitudinal analysis of sex differences in math and spatial skills in primary school age children[J]. Learning and individual differences, 2006, 16(3): 195-216.

后记

本书是在博士学位论文和贵州省科技厅项目“几何直观能力测评模型构建及实证研究”(黔科合LH字〔2017〕7164号)研究成果的基础上修改而成的。为达到“基础教育测评模型构建与应用丛书”的“大多内容源于博士论文而必须高于优于博士论文的论著”要求,我们重新梳理了文献和搭建了本书研究框架。

几何直观是公民的一项基本素养,是数学的一个核心素养,更是几何学显著的特征。因此,在原有研究基础上增加了“数学直观思维发展及特征”的内容,作为本书的第三章;构建小学生几何直观能力测评模型是本书的核心,为牢固测评模型的学理性基础,本书丰富了教育测评模型的基本理论。测评模型的推广应用在博士学位论文和科研项目成果中为展望内容,是研究之不足,在本书中为解决此问题,我们在网站上检索了发表学术论文《小学生几何直观能力测评模型的构建探究》《基于结构方程的几何直观能力测评模型构建》等和博士学位论文的推广应用情况。查阅资料发现,所构建的测评模型得到了一线数学教师、教研员和高校学者的积极关注、下载和大量引用,尤其是天津师范大学、石河子大学、河南师范大学、贵州师范大学、天水师范学院和重庆三峡学院等高校的学者、研究生团队已经进行了广泛推广应用。博士论文在构建测评模型与验证时存在的“调查中抽取样本量还不够大、区域还不宽,缺少重复的验证与推广应用”不足,经过几年学者们的广泛推广应用,在样本量、地域以及年级差异等方面都有极大的突破。在天津市、新疆石河子市、河南新乡市、甘肃天水市和重庆万州区等多个地区的四年级、五年级、六年级以及初二、初三等不同年级进行调查与研究,取得的很多、很好的成果,弥补了构建测评模型时存在的不足。在本书中将这些研究作为推广应用的典型案例进行介绍,即增加了“第十章小学生几何直观能力测评模型应用的典型案例”内容。最终,本书在原有研究基础上加上新增内容,形成了较为完整的“理论基础—构建模型—模型应用”框架格局的专著。

本书落实党的十九大“立德树人”的根本任务,凸显几何学的直观育人特性,聚焦核心素养研究,构建操作性定义与测评指标体系,通过主客观赋值法建立了几何直观能力测评模型，并得到了广泛推广应用，能够在数学课堂上切实落地核心素养，达到理论研究与实践教学并重之目的。然而，从本书出版时间节点上看，有人会问：为何不参考《义务教育数学课程标准（2022年版）》中对核心素养“几何直观”概念的表述？其实，本书提出的“几何直观”内涵和操作性定义都是在2018年12月前已经发表的，现在只是在完善后出版，但与《义务教学数学课程标准（2022年版）》中“几何直观”的表述也有很多共同之处，在此特别说明。

本书从博士论文选题到博士论文完稿再到论著成书出版凝聚了众多专家学者的智慧与艰辛，在此对他们的艰辛付出致以最真诚的感谢。感谢凯里学院和西南大学出版社对本书提供的支持，感谢天津师范大学甄兆楠、石河子大学夏爱玲、河南师范大学赵辰柯、天水师范学院胡雨和重庆三峡学院郎颜潞等学者和研究生对本测评模型推广应用的艰辛付出。

本书在写作过程中参阅了大量的文献资料，引用了著者的研究成果和观点，尽管极力在参考文献中一一列出，但疏漏在所难免，在此谨向有关作者致以诚挚的感谢。